法人税法

【実務と理論】

本庄資＋藤井保憲
Honjo Tasuku + Fujii Yasunori

弘文堂

はしがき

近年の経済情勢等を踏まえ、法人税法においても重要な改正が相次いで行われている。商法の会社分割制度創設に伴う企業組織再編税制導入、その延長上の措置としての連結納税制度の創設、新信託法に伴う信託税制の創設、公益法人制度改革に伴う公益法人関係税制の整備をはじめ、研究開発促進、情報基盤強化、設備投資の促進、事業承継などに対応する多くの措置が講じられてきた。その一方で、租税回避を防止するための規定も整備され、そうした変化の中で、これまで必ずしも明確でなかった法人税法の原則といえるものの明確化も進んでいる。本書は、このような近年の税制改正を反映させるために数年越しの準備作業を経てとりまとめたものである。

執筆者は、長年税制および税務執行に携わり、また税法の学究として大学および大学院で教育に従事してきた経験を活かして、最新の法人税法の教材をコンパクトにまとめるよう討議を重ねてきた。その成果物として、本書は、実務家はもちろんのこと法人税法を初めて学習する学部の学生にも理解しやすいわかりやすいものであるとともに、大学院で学ぶ研究者にとっても、法人税法の背景にある租税理論や租税政策、重要な裁判例を検討することができるよう工夫している。

本書の特色としては、第一に、本書の構成があげられる。第１編「総論」および第２編「各事業年度の所得に対する法人税」で体系的に法人税法の基礎知識を身につけたうえで、第３編「法人税の論点」では現在問題となっている５つの論点について掘り下げて学習できるよう企図している。さらに第４編では「法人税の手続き」について解説している。第二に、米国税制との比較をとおしてわが国の制度について考える学習方法を加味している。自主申告納税制度で２兆6,000億ドル超の税収をあげコンプライアンスを確保している米国税制を多く紹介しているが、米国税制に内蔵される秘訣を知ることは制度のあり方を考えるうえで参考になる。第三に、主として基礎知識を学習する第１編と第２編を中心として、理論、政策、判例動向等の学習を促すための**Q**（問い）を多く設けている。可能な限り回答のための手掛かりを示しているのでトライしていただきたい。第四に、参考のため上記米国税制以外にも多くの注意すべきことを**NOTE**で指摘している。

多数の学生にとって、将来租税実務家を志す場合はもとより、企業においてさまざまなビジネスに携わる場合も、税法の知識、なかんずく法人税法の知識は不可欠であると思われる。本書の目的は、単なる知識にとどまらず、税制、租税理論、税務行政、租税政策として総合的に表れてくる法人税法の考え方を効果的に吸収できる有用なガイドブックとなることである。このような目的を理解して、多くの方々が本書を活用してくださることを望みたい。

本書の刊行にあたっては、金子宏東京大学名誉教授のお励ましをいただき、出版の企画立案については北川陽子弘文堂第一編集部部長のご理解、さらに秋山忠人税理士および田中豊税理士からは貴重なご助言をいただいた。また、教科書という性格上、参考文献として注記していないが多くの著書、文献を参考にさせていただいた。ここに厚くお礼申し上げたい。

平成20年7月

著者　本庄　資
藤井保憲

第 3 章

法人税の納税義務者と課税所得の範囲…………19

第 4 章

実質所得者課税の原則と信託課税…………34

第 5 章

法人税法改正の方向性…………36

第 2 章

益金についての特別な取扱い
——益金に係る「公正処理基準」の具体化および「別段の定め」…………63

第 3 章

損金についての特別な取扱い
——損金に係る「公正処理基準」の具体化および「別段の定め」…………96

第 2 章

法人税の申告と納付…………335

第 3 章

更正・決定…………345

■凡例

（法令）

法	法人税法
法令	法人税法施行令
法基通	法人税法基本通達
耐令	減価償却資産の耐用年数に関する省令
所法	所得税法
所令	所得税法施行令
所基通	所得税法基本通達
措法	租税特別措置法
措令	租税特別措置法施行令
措基通	租税特別措置法基本通達
通法	国税通則法
通令	国税通則法施行令
地法	地方税法
IRC	米国内国歳入法典
規則	米国財務省規則

（裁判等）

最　判（決）	最高裁判所（決定）
最（大）判	最高裁大法廷判決
高　判	高等裁判所判決
地　判	地方裁判所判決
審　裁	国税不服審判所裁決

（判例集等）

民集（刑集）	最高裁判所民事（刑事）判例集
裁判集民	最高裁判所裁判集（民事）
高裁民集（刑集）	高等裁判所民事（刑事）判例集
月報	訟務月報
税資	税務訴訟資料
判時	判例時報
判タ	判例タイムズ
裁例	裁決事例集

第 1 編

総論

第 1 章

法人税の性格と課税の意義

第1節　法人税の定義と法源

1. 法人税の定義

法人税法は、法人税について納税義務者、課税所得等の範囲、税額の計算の方法等について定めている(法1)が、こうした法人税法の規定から、基本的な法人税は、株主等の出資者が法人という組織を通じて事業活動を行う場合に、その法人組織の段階で把握される所得を課税物件とし、各事業年度の所得の金額を課税標準として納税義務者である法人に課す国税、と定義できる。所得を担税力(経済的負担能力)の指標として課税する直接税という点で所得税と共通の性格を有しており、所得税を個人所得税、法人税を法人所得税とよぶことがある。ただ、法人の所得と個人の所得とでは性格が異なるため、両税は基本的な仕組みの部分で相違がある。例えば、①所得税を特徴づける累進税率は、その基礎にある限界効用逓減や所得再分配といった考え方が法人には妥当しない等の理由から法人税には原則として適用されず、法人税率は比例税率を採用するのが一般的である。また、②所得税では基礎控除等の人的控除により個人の最低生活費には課税しないとの保障が図られているが、法人税にはこうした規定はみられない。さらに、③所得税は所得金額算出にあたって所得をその源泉ないし性格に応じて10種類に分類するが、法人税では所得の種類を分類する考え方は原則として採用されていない。

なお、わが国の法人税法は、以上の定義に該当しない清算所得に対する法人税、法人課税信託に係る法人税、退職年金等積立金に対する法人税および連結親法人に対する連結事業年度の所得に対する法人税についても、法人税という名称を用いている。本書では、単に法人税という場合は、こうしたその他の法人税を含めた法人税全体の意味で用いるか、あるいは「法人の各事業年度の所得に対する法人税」を意味することとしており、「法人の各事業年度の所得に対する法人税」以外の法人税についてのみ述べるときはそれぞれの法人税であることを明記することとしている。

2. 法人税の法源

法人税は、①法人税法に基づいて課税される。しかし、それだけでなく、②納税の義務や租税法律主義その他国民の権利義務を規定している憲法に加え、③租税特別措置法、国税通則法、国税徴収法、国税犯則取締法等の法律並びに④関連する政令(法人税法施行令など;その性格は内閣の行政命令)・省令(法人税法施行規則など;その性格は各主務大臣の命令)・告示(各主務大臣等の決定事項の公示)、さらには、⑤租税条約、⑥確立した租税に関する判例などが法人税の法源とされ、これらが法人税の課税にあたって国や国民を直接拘束することになる。

NOTE 判例について、裁判例がすべて判例として法源になるわけではない。判決に示された法の解釈が合理的であって先例として尊重され、それが確立した解釈として広く承認されるようになって初めて判例とされ法源となる。一般に最高裁判所の判決は判例になると考えられている。

Q1　上級行政庁から下級行政庁に対する命令示達である「通達」は、法人税法の解釈・適用にあたってどのような役割を果たしているか。また、通達が法源とされないことの意味は何か。

したがって、法人税法を学ぶ立場からは、これら法令等条文の解釈と適用が最重要の課題となる。ただ、法人という存在が制度的・人為的なものであることから、そうした人為的存在である法人の所得とは何か、あるいは法人所得の性格に見合った課税はどうあるべきか、といった点に関して、主として租税法の隣接科学である財政学(租税論)あるいは租税政策学(租税立法論)の立場から多くの議論がある。法人税法を学習するにあたっては、解釈論に入る前に、まずこうした法人および法人税の性格をめぐる議論のポイントを押さえるとともに、わが国の法人税法がそうした議論をどのように受け止め構築されているかを理解しておくことが望ましい。

NOTE 租税法の隣接科学としては財政学・経済学、租税政策学、会計学等があげられ、また、関連法律分野としては憲法、行政法、民商法・会社法等の私法、経済法、社会法、民事訴訟法等があげられる。法人税法の解釈・適用の観点からは、このうち特に、会計学と民商法・会社法等の私法の分野が重要であり、それぞれの考え方およびその相違について理解を深める必要がある。

第2節 法人税の性格をめぐる議論

1. 法人に税負担能力はあるか

議論の第一として、そもそも法人には所得という観念が妥当するのかという問題提起がある。財政学等においては、所得は財貨の利用や人的役務の享受から得られる人間の心理的満足を意味すると考えられている。この心理的満足は、自然人である個人のみに観念できるものであり、法的に自然人に擬制された存在である法人にはあてはまらない。結局、法人には所得という観念が妥当せず、したがって法人の所得を基礎とした固有の税負担能力(担税力)という考え方は成立しないという考え方が導かれることになる。この立場からは、法人税を廃止して、法人の所得を株主等(株主又は合同会社等の社員その他法人の出資者)に配分・帰属させ、最終的に所得が帰属する個人の株主等の段階で所得税を課税すべき(組織の構成員段階での課税)ということになる。

2. 法人は実在するとする考え方

そこで第二の議論として、それでは現実になぜ各国で法人税が課税され、しかも基幹税として位置づけられているのかという疑問が生じる。回答は2つに大別される。1つは、上記の議論にかかわらず法人は個人株主等から切り離された権利義務の主体としての実体を有しており、したがってその稼得した所得について独自の税負担能力を持つとするものである。法人実在説または法人独立納税主体説とよばれるものがこれにあたる。社会的存在として実在する法人は、権利義務の行使を通じて社会から利益を得ており、稼得した利益すなわち所得に対して個人と同様に税負担能力を有すると主張される。法人組織を通じて株主等が有限責任等の特権を与えられていることへの対価とする考え方もある。今日の企業社会の現状、特に大企業における経営と所有の分離あるいは法人税が株主等以外の者にも転嫁されているとする実証分析結果などが、法人所得を株主等から一定の範囲で切り離すことを通じてこの説を支えている。

NOTE 会社は誰のものか、という議論がある。資本を拠出した株主等のものというのが正解であるが、経営を委託された経営者が株主等の期待に応え長期的な会社の利益を確保していくためには、従業員、取引先、債権者といった会社の利害関係者の意向に最大の注意を払う必要がある。そのため、こうした利害関係者を株主等と並べてステークホルダーとよぶことがある。また、最近、①投資家の平均株式保有期間が短くなり株主の移り変わり現象が顕著になっていること、②その中でいわゆるファンドや機関投資家が株主権の主張を強めていること、③他方で会社の価値が、設備や建物でなく、人材(従業員の技術、経験)や特許・ブランドなどの知的財産によって測られるようになってきていることなどから、会社は株主等のものとする考え方と会社の企業価値増大をどう一致させるかについて多くの議論がある。

3. 法人は擬制であるとする考え方

今１つの回答は、法的に擬制された法人は実体のないものである(法人擬制説または株主集合体説とよばれる考え方)としたうえで、個人段階での課税の便宜上、所得税の前取り(一種の源泉徴収)として法人税を課税する必要があるとするものである。法人が稼得した所得について、法人税を課税せず、発生主義に基づき個人株主等の段階で課税するためには、すべての法人所得をその発生段階でそれぞれの株主等に配分・帰属させる必要がある。配当される部分も内部留保される部分もすべて構成員である株主等(法人株主等の場合はさらにその先の個人株主等)のものとして計算することになる。しかし、こうした所得発生段階での帰属計算は特に大法人の場合技術的に困難であり、納税・徴税コストの面から非現実的と考えられている。加えて、株主等に金銭等の交付がない法人留保部分については株主にとって処分不能な所得(未実現利益)に対する課税という問題が生じる。所得税の前取りとしての法人税はこうした問題を解決するために必要とされるが、この立場に立つと、理論的には、法人税と所得税の課税対象は統合されたものとなり(同じ所得に対する前取りと精算)、徴税上、少ない費用でよりスムースにかつ大きな税収をあげられるという点が法人税の課税根拠ということになる。法人税を所得税の補完税として位置づける考え方である。後述するが、わが国の法人税法は、基本的にはこの後者の考え方を色濃く取り込んだものとなっている。

Q2　シャープ勧告では、すべての法人がその利益全部を直接配当の形で分配し納税者がそれを完全に申告するならば、法人税は不要との記述がある。しかしそれは現実的でないので、①35%の税率で法人税を課す、②個人株主には配当に課税したうえ25%の税額控除を行う(当時の所得税の最高税率は55%)、③法人の留保所得に1%の利子付加税を課す、④完全なキャピタル・ゲイン課税を行う、ことを提言している。提言の背景にある考え方およびその妥当性を考察しなさい。　＊参考;シャープ勧告第1巻第6章A

第3節　二重課税調整の議論

1. 二重課税調整の必要性

このように法人税が所得税の前取りであるとすれば、前取りされた法人税額とその後の配当所得に対する個人株主等の段階での所得税額の合計額は、その配当の原資となった法人所得の額を各株主等に割り当て、それに所得税が課税されたとした場合に計算される額と同額であることが要請される。もし前者が後者を超えるとすると、それは同じ所得に対する課税の重複(二重課税)の結果ということになり、法人という組織を通じた投資を阻害しないためにもそうした課税の重複は排除すべきものといえる。これが配当の二重課税の調整あるいは所得税と法人税の統合といわれる問題である。二重課税の調整をどのようにして、かつどの程度行うかが第三の議論となる。

2. 二重課税調整の方法

二重課税調整の方法としては、①法人の所得が計算された段階で、それが配当されるか否かにかかわらずすべてを個人株主等に帰属したものとみなして個人にのみ課税する方法(法人を組合とみなし構成員課税を行うのと同じ結果になるので組合課税方式又は構成員課税方式とよばれる)、②配当部分に係る法人税の負担を個人株主等の配当課税段階で調整する方法(インピュテーション方式、配当税額控除方式、配当所得控除方式)および③配当部分に係る法人税の負担を法人に対する法人税の課税段階で調整する方法(支払配当損金算入方式、支払配当軽課方式)がある。このうち、①は、内部留保を含め法人の全所得について二重課税を排除できる長所を有するが、先に指摘したとおり、発生段階での所得の帰属計算が技術的に困難という障壁(法人の段階で個人所得税の最高税率で源泉徴収を行い個人株主段階で控除・還付するカーター方式はこの障壁克服のための技術的な1つの提言である)に加え未実現利益への課税という問題がある。非居住者株主への課税が困難という問題も指摘される。法人税と所得税の統合として理論的な研究・提言はみられるものの、主要先進国でこの①の手法を全面的に採用している国はない。一方、②あるいは③の場合は、法人の内部留保部分が調整の枠外に置かれてしまうことになり、二重課税調整は部分的なものとなる。そのうえで、さらに、配当された部分についても、完全に二重課税を排除するかあるいは部分的な調整で済ませるか、という問題がある。各国の状況をみると、②あるいは③のいずれかの手法により配当の二重課税調整を図っている国が多いが、どの程度配当に係る二重課税を調整するかについて各国の考え方は一致していない。一般には、例えばインピュテーション方式や支払配当損金算入方式を採用している国は、配当部分の二重課税を完全に排除する考え方が基本にあるとみられ、他方、配当税額控除方式、配当所得控除方式、支払配当軽課方式を採用している国は、部分的にのみ配当部分の二重課税を排除する考え方を採用している、とみなすことができる。

Q３　法人税と所得税の二重課税問題について、米国は、従来二重課税を調整しない方針を堅持してきたが、最近は配当所得に対する負担軽減措置を採用するようになっている。一方、欧州では、従来インピュテーション方式により配当部分の二重課税を厳密に排除する考え方が主流であったが、独がインピュテーション方式から離脱する等、考え方が修正されてきている。こうした世界の潮流を念頭に置きながら、二重課税調整のあり方はどうあるべきかを検討しなさい。

Q４　組合課税方式(構成員課税)を全面的に採用するのではなく、法人を大法人と小法人に区分し、又は物的会社と人的会社に区分して、小法人又は人的会社についてのみ組合と同じ構成員課税を採用する考え方がある。例えば、米国では、少数の個人株主から成る一定の小法人をＳ法人として構成員課税を選択することが認められており、独の場合は、人的会社について法人格が与えられず構成員課税が強制されている。わが国でも、中小法人と大法人を区別して、中小法人にのみ構成員課税を行う制度を導入すべきという意見があるが、どう考えるか。

第４節　わが国の法人税法はこうした議論をどう受けとめているか

1.　法人所得への課税と法人税法

現在のわが国の法人税法は、以上の３つの議論を次のように受けとめ、制度を構築している。第一の議論に対しては、法人の各事業年度の所得および清算所得に対して法人税を課す(法５)と規定していること、手続面でも法人を納税義務者と定め(法４)、法人に確定申告等の義務を課していること(法74)、法人の法令違反に対して法人自身にも罰則が適用されること(法164)等の法人税法の規定からみて、法人を独立の納税主体としていることは当然であるが、さらに法人の各事業年度の所得に対する法人税の課税標準の計算にあたって課税標準を益金から損金を控除して計算するとしたうえ、法人の税負担能力の指標である所得について課税上ないし税務行政上の観点等から多くの別段の定めを設けていること、資本等取引すなわち対株主取引を益金および損金の範囲から除外して法人の所得を計算するとしていること(法22)、中小法人等に対して軽減税率の適用があること(法66②)等から、法人税法が、個人株主等の所得から独立した「法人の所得」という概念を認め、そこに一定の税を負担する力があるという考え方を採っていることを確認することができる。

2. 二重課税調整についての法人税法の考え方

第二および第三の議論について、法人税法は、基本的には法人税が所得税の前取りであるという考え方を採用している。これは昭和24年のシャープ勧告が、「法人は与えられた事業を遂行するために作られた個人の集合」という法人観を採用したことに基因し、また今日多くの国で採用されている考え方でもある。この考え方を示す具体的な規定としては、法人が内国法人から受ける配当等の益金不算入の規定(法23①)および個人が受ける配当についての所得税法における配当税額控除の規定(所法92①)があげられる。すなわち、わが国は配当の二重課税を排除するための方式として、法人間の配当に課税せず、最終的にそれが個人に配当された段階で配当税額控除方式を適用して二重課税を調整する考え方を採用していることになる。ただ、二重課税の排除は部分的である。法人間の配当についていえば、25%以上の株式を保有している関係法人からの配当又は連結法人間の配当であれば全額が益金不算入となるが、そうでない場合は50%のみが益金不算入とされる。この後者の場合は、法人が事業目的でなく投資目的で株式を保有しその成果として配当を得ているという性格が強いが、そうした場合には二重課税を部分的にのみ排除することでよいとする考え方が採られていることになる。また、個人の配当税額控除についても、現行制度は、配当のうち他の所得とあわせて(配当部分を上積みの所得として)1,000万円以下の部分については10%、1,000万円を超える部分についてはその5%を個人の所得税額から控除することとしている。これは配当の二重課税を完全にではなく部分的に排除する考え方といえる。

配当の二重課税を排除するもののそれを部分的にのみ行うというわが国の制度は、法人税の性格について、所得税の前取りであるという性格を基本にしつつも、それとは別に個人株主と切り離された法人独自の負担があり得るという考え方を混在させていることになる。これは、法人は株主の集合体(法人擬制説)という考え方だけでは、現実に所有と経営が分離する法人企業の実態あるいは法人税の転嫁等について説明し切れない事情がある(法人実在説)ことを反映している。

Q５　法人成り現象という言葉は、個人事業者が法人成りすることにより、事業主報酬やその他の支出の費用化等を通じて税負担を軽減させることを意味して用いられる場合が多い。これに加えて、法人段階で個人株主に配当しないで(すなわち個人への所得税が課税されないで)所得を留保できることおよび法人間配当が益金不算入になることが、法人成りのメリットといえるかどうか考察しなさい。

第2章

法人税の種類

第1節　「法人の各事業年度の所得に対する法人税」 ——最も基本的な法人税

法人税法は５種類の法人税を定めているが、第一にあげられるのは、「法人の各事業年度の所得に対する法人税」(法5)である。この法人税の仕組み、考え方等については第２編で詳細に説明するが、法人の事業活動の結果生ずるフローとしての所得を事業年度ごとに計算し、課税物件として課税するものである。課税標準となる法人の各事業年度の所得はそれぞれの事業年度の益金の額から損金の額を控除して計算する(法22①)。法人は、通常、継続企業として捉えられその利益は事業年度ごとに計算される。一方で、法人税法は法人に１年を基本とする事業年度ごとの所得計算を求めているので、原則としてすべての法人が１年を単位とした事業年度ごとの課税所得計算を行うことになる。このため、一般に法人税といえば「法人の各事業年度の所得に対する法人税」を指すのが通例であり、これが法人にとって最も基本的な法人税であるといえる。先に述べたとおり本書はこの「法人の各事業年度の所得に対する法人税」を中心に記述している。

第2節　その他の法人税

その他の法人税として、法人税法は、①清算所得に対する法人税(法5)、②法人課税信託に係る法人税(法4の6～4の8)、③退職年金等積立金に対する法人税(法8)および④連結親法人に対する各連結事業年度の連結所得に対する法人税(法6の2)の４種類の法人税を規定している。これらのうち①から③は、以下にみるとおり、それぞれ独自の必要性から法人税としての制度が設けられているものであり、上述した「法人の各事業年度の所得に対する法人税」とは基本的な性格·仕組みを異にしている。これに対して④の連結所得に対する法人税は、連結所得という点を除くと、課税の仕組みが「法人の各事業年度の所得に対する法人税」と多くの点で共通している。したがって、本書では連結所得に対する法人税を「法人の各事業年度の所得に対する法人税」の枠内で考えることとしている。

1. 清算所得に対する法人税――法人の清算が完了した時点での課税

清算所得に対する法人税は、法人(内国法人のうち普通法人又は協同組合等に限る)が解散(合併による解散を除く)し、最終的に残余財産の処分を行って清算を完了させ消滅する場合の清算所得に対する課税である。なお、公益法人等、人格のない社団等および外国法人に対しては、清算所得に対する法人税を課さない。

内国法人のうち普通法人又は協同組合等が事業年度の途中で解散した場合は、解散の日までの期間をみなし事業年度として確定申告を行う(法14一)。法人は解散の日の翌日から清算過程に入り、清算期間中は原則として(清算中の法人が継続した場合又は合併により消滅した場合を除き)各事業年度の所得に対する法人税は課さず、清算所得に対する法人税のみを課すことになる(法5、6)。手続上は清算中も事業年度毎に所得金額等について清算予納申告を行う必要があるが、これはあくまで清算完了までの暫定的な手続きであり、清算完了とともに清算所得金額を確定させ、清算確定申告を行って税額を納付する(予納額等は税額控除し、控除しきれないときは還付する)(法104、107、108、110)。また、清算中に法人が残余財産の一部分配を行った場合に、その分与財産の価額(分配時の時価)が解散時の資本金等の額および利益積立金額の合計額を超えるときは、分配の都度予納申告を行い、超える金額に税率を乗じた額を納付しなければならない(法103、106)。なお、清算中の法人が、その残余財産の一部を分配した後において継続し又は合併により消滅した場合については特例が定められている(法118~120)。

清算所得に対する現行の課税の仕組みは、法人の残余財産の価額(時価)から、法人の解散のときの資本金等の額および利益積立金額等(解散時の利益積立金額に加え、清算中に益金不算入とされた配当等の額および同じく益金不算入とされた還付金等の額を加算したもの)の合計額を控除した金額を課税標準として、27.1%(協同組合等の場合は20.5%)の税率で課税するとするものである。この課税標準を解散による清算所得の金額とよぶが(法92、93、99)、その実質は清算時に法人が保有する資産の含み益(キャピタル・ゲイン)である。これはそれまで企業に発生した所得のうち課税されてこなかった部分であり、清算所得課税を行うことにより法人の設立から解散までのすべての所得に法人税を課税したことになる。

残余財産から資本金等の額を控除するのは資本原資の払戻しに課税しないためであり、利益積立金額等を控除するのは既に法人税が課税済み(益金不算入のものを含む)の金額であるためである。また、税率が27.1%であるのは、清算所得では事業税が控除されていない(すなわち清算所得に対する事業税は残余財産の中に含まれる)ので、各事業年度の所得に対する法人税の場合と結果的に同じ負担になるよう税率を調整した結果である。清算中に法人が受け取る利子、配当等に課された所得税の額はこの解散による清算所得に対する法人税の額から控除され、控除不足額は還付される(法100、109)。

なお、清算中の予納申告が暫定的な性格であることを反映し、残余財産の価額には、法人が清算中に納付・支出した法人税・住民税・事業税等の額、寄附金の額(指定寄附金等を除く)および所得税額控除を適用する場合の利子・配当等に係る源泉徴収税額がそれぞれ算入される(法94、95、96)。また、解散前後に法人の株主等の1人およびその同族関係者等がその法人の株式等の2分の1以上を取得し事業の全部又は重要部分を承継したと認められる場合に一定の計算で無形固定資産(一種ののれん)の価額を計算し清算所得に算入すべき旨の規定が設けられている(法令162)。

一方、残余財産の分配を受けた株主の側の課税が問題となる。株主に交付される残余財産については、法人の資本金等の額のうちその交付の基因となった株式に対応する部分の金額(解散時の資本金等の額)を超える部分が配当とみなされる(法24①三、所法25①三)。そのうえで、交付された金銭等の額から配当とみなされた部分を控除した残額は、株式譲渡(みなし譲渡)損益に対する課税が行われる場合に、その対価の額とされる。

Q 6　法人が合併により解散した場合には清算所得課税が行われないが、組織再編税制が導入される前(平成13年度改正前)は清算所得課税が行われていた。現在、合併による解散の場合に清算所得課税が行われない理由を、非適格合併の場合と適格合併の場合のそれぞれについて考察しなさい。

2. 法人課税信託に係る法人税——信託の受託者への課税

法人課税信託に係る法人税は、信託法の改正に対応するため、平成19年度の税制改正でそれまでの特定信託の各計算期間の所得に対する法人税を包摂する形で創設されたものである。

信託は委託者が受益者のために財産を受託者(信託会社等)に信託し、その財産および財産から生じる収益を受益者に交付するシステムである。信託により財産は委託者から受託者に移転するので、委託者は財産から生じる収益の帰属者ではない。これに対し受託者である信託会社等は、信託財産の法律上の所有者であり、信託財産に係る所得の帰属者と考えることが可能である。しかし、実質をみると、受託者は信託サービスを提供する存在に過ぎず、信託財産から生じた収益を享受する立場にない。こうした信託の仕組みに配慮し、法人税法は、信託財産に属する資産・負債および当該信託財産に帰せられる収益・費用を、原則として受益者のものとみなして法を適用するとしている(法12①)。

そのうえで、集団投資信託、法人課税信託、退職年金等信託又は特定公益信託等をこの原則の適用除外としている。この例外とされるものは、２種類に分かれる、第一は、受益者が多数にのぼるため技術上の理由等から収益が受益者に分配されるまで課税を繰り延べるもので、概念としては従来のいわゆるただし書信託がこれに相当する。具体的には、集団投資信託に該当するとして合同運用信託(委託者が実質的に多数でない信託は除く)、一定の要件に該当する投資信託・外国投資信託に加え、新たに特定受益証券発行信託(受益証券発行信託のうち信託に係る未分配利益の額が信託元本総額の1,000分の25相当額以下である等の要件を満たすもの)がこの適用除外の第一のグループに含まれる(法２二十九)。また、集団投資信託には含まれないが、退職年金等信託又は特定公益信託等についても同様の取扱いがなされる。

適用除外の第二のものは、受託者に対し、信託財産に係る所得について受託者の固有財産に係る所得とは区別して法人税を課税するもので、法人課税信託とよばれる。ここで新しいタイプの法人税が登場したことになる。法人課税信託の対象となるものは、受益証券を発行する信託、受益者が存在しない信託、法人が委託者となる信託で一定のもの、投資信託および特定目的信託であり、ここから集団投資信託、退職年金等信託、特定公益信託等に該当するものは除かれている(法2二十九の二)。

創設された法人課税信託の制度は、法人課税信託を受託する者(普通法人、協同組合等だけでなく、公益法人等、人格のない社団等、外国法人、個人を含む)について、受託した各法人課税信託の信託資産等(資産・負債および収益・費用)を自身のそれ以外の固有資産等と区別し、それぞれ別の者に帰属するとして法人税法を適用するものである(法4の6)。すなわち受託者は本来の固有資産等に係る納税義務者であるとともに、法人課税信託に係る法人税の納税義務者となることになる。個人についても法人課税信託の引受けを行うときは法人税の納税義務者とされ(法4④)、また会社でない受託法人は会社とみなされる(法4の7三)。信託された営業所等が国内にある場合は、その法人課税信託に係る受託法人は内国法人とされ、国内にない場合は外国法人とされる(法4の7一、二)。

この信託課税については、第3編第3章第2節5「信託」の部分で詳述している。

Q 7　平成19年度の改正で、信託の課税原則は受益者課税であることが改めて確認され、一方で法人課税信託の制度が導入されている。この改正の中で、両者の適用の範囲外とされる従来のいわゆるただし書き信託の範囲がどう変化したか確認しなさい。

3. 退職年金等積立金に対する法人税
——退職年金業務等を行う法人への特別な課税

退職年金等積立金に対する法人税は、企業が信託会社・生命保険会社等と契約して、一定の掛金あるいは保険料を支払い、その見返りに従業員が退職した場合には、信託会社等が退職年金等を支給するという制度を前提にしている。通常であれば企業が支払った掛金等は支払いの時点で従業員に対する給与

(経済的利益)とされ、所得税が課税されることになる。しかし、年金制度の普及等に資する趣旨から、一定の適格要件に合致することを条件として、こうした従業員に対する給与所得課税は繰り延べられ(所令64)、現実に年金が支給されたときに公的年金等として課税されることになる(所法35③)。

退職年金等積立金に対する法人税は、こうした企業の掛金(およびその運用益)に係る課税繰延措置が、それを適用されない不適格退職年金と比較して著しく不公平なものとならないよう、繰延べに対する利子税として課税されているものである。納税義務者は退職年金業務等を行う法人であり、こうした法人には各事業年度の所得に対する法人税とは別に退職年金等積立金に対する法人税が課税される(法8)。課税標準は各事業年度の退職年金等積立金の額とされ(法83)、税率は1%である(法87)。退職年金業務等を行う法人は、各事業年度の終了の日の翌日から2月以内に退職年金等積立金に係る確定申告書を提出しなければならない(法89)。この制度は、内国法人だけでなく退職年金業務等を行う外国法人にも適用される(法4①、②)。

このほか、退職年金業務等の範囲、退職年金等積立金額の計算、退職年金業務等を行う法人が合併・分割・事業譲渡により退職年金業務等を他の法人に引き継いだ場合の両法人における退職年金等積立金の額の取扱い(法84の2、85)、退職年金業務等を廃止した場合の処理(法86)等の規定が定められている。

なお、この退職年金等積立金に対する法人税は、平成11年4月1日以後開始する事業年度について課税が停止中である(措法68の4)。

4. 各連結事業年度の連結所得に対する法人税

各連結事業年度の連結所得に対する法人税は、100%の資本関係を通じたグループを形成する法人が連結納税を選択した場合に登場する法人税である。内国法人(普通法人又は協同組合等に限る)および当該内国法人との間に当該内国法人を親法人とする完全支配関係(発行済株式又は出資の全部を直接・間接に保有する関係)がある他の内国法人(普通法人に限る。連結子法人という)のすべてが当該親法人である内国法人(連結親法人)を納税義務者として法人税を納めることを選択し、国税庁長官の承認を受けた場合は、グループ全体を一体とした納税、すなわち連結納税を行うことができる(法4の3)。この場合、連結親法人が納付する法人税が連結所得に対する法人税である。内国法人のうち連結親法人として承認を受けたものは、各連結事業年度の連結所得に対する法人税の納税義務者となる(法6の2)。

ただ、この連結納税は法人税についてのみ導入されたもので、消費税や地方税には導入されていない。そうした税目については、各単体法人が自ら申告·納付する必要がある。

この連結納税については、第3編第1章第2節「連結納税制度」で詳述している。

第3章

法人税の納税義務者と課税所得の範囲

法人税の納税義務者は、民商法、会社法等の法律で人格を与えられ権利義務の主体となることが認められた組織体、すなわち法人である。法人でないものは原則として法人税の納税義務者とならない(法4)。ただし例外として、法人でない社団又は財団のうち代表者等の定めがあるもの(人格のない社団等という)を、法人とみなして法人税の納税義務者としている(法3)。法人は、内国法人(国内に本店又は主たる事務所を有する法人)と外国法人(内国法人以外の法人)に区分され、それぞれ納税義務が規定されている。

なお、内国法人の納税地は、その本店又は主たる事務所の所在地であり(法16)、外国法人については、日本国内に支店等の恒久的施設を有する場合はその支店等の所在地とするなどの規定が設けられている(法17)。

以下、法人税の納税義務者である法人を、内国法人のうち普通法人、普通法人以外の内国法人、外国法人、連結親法人さらに法人の特性に応じた特別な規定の順で説明する。

Q8　法人格を有する場合は一律に法人税の納税義務者とされ、他方で法人格がない場合は、人格のない社団等を除き法人税が課されない。こうした制度については、どのような問題が生じ得ると考えるか。

＊参考;第3編第3章;審決平成13年2月26日

第1節　内国法人のうち普通法人

まず、内国法人についてみると、法人税の納税義務者の中心であり本書が主として対象とするのは普通法人(公共法人、公益法人等、協同組合等以外の法人)である(法2三、九)。普通法人には、会社法で法人格を与えられた株式会社、合名会社、合資会社、合同会社のほか、会社法以外の法律で法人格を与えられた有限会社、相互会社、医療法人、中間法人、特定目的会社、投資法人、企業組合等が含まれ、法人税納税義務者の大部分を構成している(外国法人も含めたわが国の全法人数の97%)。内国法人である普通法人については、その源泉が国内か国外かを問わずすべての所得を対象として、各事業年度の所得に対する法人税および清算所得に対する法人税が課される(法5)。またこれに加えて、法人課税信託の受託者となった場合は、固有資産等と信託資産等とを区分しそれぞれ別の者とみなして法人税が課されることになる(法4の6)。さらに、退職年金業務等を行う場合は退職年金等積立金に対する法人税が課税される。

Q9　内国法人は一般に無制限納税義務者とよばれ、外国法人は制限納税義務者とよばれる。なぜそうよばれるのか。また、両者の課税所得の範囲はどのように異なるか。

NOTE　普通法人については、①赤字法人が多い(7割が赤字)、②中小法人(資本金1億円以下)が多い(普通法人の98%が中小法人)、③同族会社が多い(97%が同族会社)、④所得が大都市に集中している(法人所得の4割強が東京)などの特色があげられ、それぞれに問題が指摘される。

第2節　普通法人以外の内国法人
——公共法人、公益法人等、協同組合等および人格のない社団等

普通法人以外の内国法人には、公共法人、公益法人等および協同組合等がある。また、人格のない社団等は法人とみなされて法人税の納税義務者となる(法3)ため、ここに含めることとする。

1. 公共法人

このうちまず、公共法人は、法人税法別表第一に掲げられたもの(代表例として、地方公共団体、独立行政法人、日本放送協会など)を指す(法2五)。いずれも特別の法律に基づき設立されたものであり、その公共性に鑑みてすべての種類の法人税および利子等に係る所得税が非課税とされている(法4③、所法11)。いわゆ

る人的非課税である。

2. 公益法人等

次に、公益法人等とは、法人税法別表第二に掲げられたものを指す（法２六）。代表例として、公益社団・財団法人、非営利型法人に該当する一般社団・財団法人、学校法人、宗教法人、社会福祉法人などがあげられる。平成20年度改正で内容が一部変更されている。なお、従来の別表第二に掲げられていた民法法人である社団法人等（社団法人、財団法人）は、別表第二からは削除されたが、一般社団・財団法人又は公益社団・財団法人への移行の登記をしていないものは、従前どおり公益法人等（特例民法法人等）として取り扱うとの経過措置が講じられている（平20年改正法附則10条）。このほか、特定非営利活動法人（認定NPO法人）も公益法人等とみなされる（特定非営利活動促進法46①）。

公益法人等については、その公益性等に鑑みて一定の税制上の優遇措置が講じられている。まず、各事業年度の所得のうち収益事業から生じた所得以外の所得および清算所得について非課税とされており（法７）、収益事業の範囲が政令に定められている（法令５）。なお、預金利子等の金融資産運用の収益は、収益事業に係る余裕資金の運用である場合を除き、原則として収益事業に含まれない。結果として、法令で定められた収益事業から生じた各事業年度の所得についてのみ法人税が課されることになるが、課税される場合でも公益性に対する配慮から原則として（公益・一般社団・財団法人を除き）軽減税率が適用される（法66③）。さらに、公益法人等が収益事業に属する資産のうちから収益事業以外の事業に支出した金額は、（同一人格内ではあるが）その収益事業に係る寄附金とみなして（みなし寄附金）損金算入限度額の範囲で損金に算入される（法37⑤）。なお、公益法人等に対しては、年間収入が8,000万円を超える場合（収益事業を営んでいない場合も含む）、損益計算書等を税務署長に提出する義務が課されている（措法68の６、措令39の37）。

以上に加え、公益法人等が法人課税信託の受託者となった場合は法人課税信託に係る法人税の納税者となり、また、退職年金業務等を行うことがあれば、退職年金等積立金に対する法人税が課税されることになる（この点は以下に述べる協同組合等および人格のない社団等の場合も同様である）。

ところで平成20年度改正では、公益法人制度改革三法(平成18年6月2日公布)を受けて、従来の民法法人である社団法人等(社団法人・財団法人)が、①公益社団・財団法人、②収益事業課税が適用される一般社団・財団法人、③全所得課税が適用される一般社団・財団法人、④特例民法法人(特例無限責任中間法人を含む)に4区分されている。

このうち、①公益社団・財団法人とは、新しい公益法人制度の下で公益認定を受けた社団・財団法人を指し、収益事業から生じた所得についてのみ法人税を課税される。その際、収益事業の範囲から公益目的事業に該当するものは除かれる。また、収益事業に属する資産のうちから公益目的のために支出した金額は収益事業に係る寄附金とされ、所得の金額の50%かあるいは公益目的事業のために充当し又は充当されることが確実であると認められる金額のいずれか多い額が収益事業の損金の額に算入される(法令73①三イ、73の2②)。さらに利子等に係る所得税が非課税とされるほか、寄附金税制の面で優遇され、登記に係る登録免許税についても一定の配慮がなされている。ただし、収益事業に係る所得について特別な税率の軽減はなく、普通法人と同様、30%(所得の金額のうち800万円以下については22%)の税率が適用される(法66①、②)。

次に、②収益事業課税が適用される一般社団・財団法人とは、公益認定を受けていない一般社団・財団法人のうち、非営利型法人をいう(別表第二)。非営利型法人とは、ⅰ)剰余金の分配を行わない旨および解散時の残余財産を国、地方公共団体又は公益社団法人等に帰属させる旨が定款に定められている法人、又はⅱ)会員相互の支援、交流等会員に共通する利益を図る活動を主たる目的とし、会員が負担する会費の額が定款、会員約款等に定められており、他方で特定の個人又は団体に剰余金の分配を受ける権利を与える旨および残余財産を帰属させる旨が定款に定められておらず(残余財産を国、地方公共団体又は公益社団法人等に帰属させる場合を除く)、かつ主たる事業として収益事業を行っていないこと、特定の個人又は団体に特別の利益を与えないといった要件を満たす法人、が該当する。なお、ⅰ)、ⅱ)いずれについても、理事およびその親族等である理事の合計数が理事総数の3分の1以下であることが要件とされている(法2九の二)。

この②の非営利型一般社団・財団法人については、収益事業から生じた所得についてのみ法人税が課税される。ただし、支払いを受ける利子等に係る源泉所得税は免税とされず、税率も普通法人と同様、30%(800万円までの部分は22%)が適用される。みなし寄附金制度の適用もない(法37④、⑤)。

続いて、③全所得課税が適用される一般社団・財団法人とは、①の公益社団・財団法人および②の収益事業課税が適用される一般社団・財団法人に該当しない一般社団・財団法人であり、法人税法上、普通法人として通常の課税が行われることになる。

また、④特例民法法人は、新しい法律により一般社団・財団法人又は公益社団・財団法人への移行の登記をしていない旧民法34条法人等を指す(移行法人への移行の認可の取消しを受けて特例民法法人とみなされた法人を除く)。こうした特例民法法人および特例無限責任中間法人については、上述したとおり、経過措置として一定期間に限り公益法人等についての従来の取扱いと同じ取扱いが認められている。

こうした新しい制度の導入に伴い、公益社団法人等が普通法人となった場合等の取扱いなど、規定の整備が図られている。

なお、これとは別に、平成20年度改正で、社会医療法人が法人税法別表第二(公益法人等)に加えられている。さらに、社会医療法人が行う医療保健業は収益事業の範囲から除外され、寄附金の損金算入限度額も所得の50%相当額とされている。社会医療法人に対する政策的配慮を反映した措置といえる。

Q10　公益法人等および人格のない社団等に適用される収益事業課税における収益事業とは、「販売業、製造業その他政令で定める事業」(法2十三)とされており、政令では物品販売業、金銭貸付業、不動産貸付業など33種類の事業が定められている(法令5)。さらに労働者派遣業を加える、技芸の教授業等を見直す等(20年度改正)の、範囲の見直しも随時行われている。

この関連で、医学部を持つ大学(学校法人)が製薬会社の委託を受けて治験や新薬開発に関する研究を行うことは収益事業に該当するか、検討しなさい。

＊参考；東京高判平成16年3月30日

3. 協同組合等

続いて、協同組合等は、法人税法別表第三に掲げられたものを指す(代表例として、農業協同組合、信用金庫など)(法2七)。いずれも組合員の相互扶助を目的として固有の法律に基づき法人として設立されるものである。法人格を有する点で任意組合等とは法人税法上の取扱いが異なる。協同組合等については、課税所得の範囲は普通法人と同じとされ、すべての所得を課税対象として各事業年度の所得に対する法人税および清算所得に対する法人税が課される。ただ、普通法人の場合と異なり、非営利性等への配慮から軽減税率が適用される(法66③)。

また、協同組合等の所得計算の特例として、組合員が取り扱った物の数量、価格その他事業分量又は組合員の事業に従事した程度に応じて分配する金額(事業分量分配金)は割戻しに準ずるものとして損金の額に算入することとされている(法60の2)。

Q11　協同組合等の剰余金の分配は資本等取引とされる。事業分量分配金は剰余金の分配とどこが異なるか。また、法人税法上、協同組合等の事業分量分配金と同じような取扱いが認められるものとして他にどのようなものがあるか。

4. 人格のない社団等

一方、人格のない社団等については、公益法人等と同じく各事業年度の所得のうち収益事業から生じた所得以外の所得および清算所得は非課税とされている(法7)。すなわち、人格のない社団等(法人格を持たない労働組合、政党、同業者団体、地域団体、趣味のサークル、同窓会など)についても、収益事業から生じた各事業年度の所得についてのみ法人税が課税される。ただし、公益法人等の場合と異なり、軽減税率の適用はなく普通法人と同じ30%(800万円以下の部分については22%)が適用される(法66①、②)。

Q12　法人格は有さないが組織として活動するものに対して人格のない社団等に該当するかどうかの判断基準を調べなさい。また、それが人格のな

い社団等と認定された場合とそうでない場合とで課税関係がどのように変化するか説明しなさい。

＊参考；第３編第３章第１節、福岡高判平成２年７月18日、最判平成16年７月13日

第３節　外国法人

外国法人は、内国法人以外の法人である(法２四)。内国法人は日本国内に本店(会社の場合)又は主たる事務所(会社以外の場合)を有する法人と定義されるため、外国法人は本店又は主たる事務所を国内でなく国外に置く法人ということになる。この考え方は本店所在地主義とよばれる。

NOTE　会社法は設立準拠法主義の立場に立つと解されている(会社法２②)。一方で、株式会社、持分会社ともその本店所在地において設立の登記をすることが成立の要件とされていること等から(同49、579)、会社法に準拠して設立された会社は必ず本店を国内に置くことになる。このため租税法との整合性が確保されている。なお、外国法に準拠して設立された外国会社は、日本において取引を継続して行うときは、日本における代表者を定め、その会社につき登記をしなければならない(同817①、933)。

Q13　わが国の本店所在地主義と異なる考え方として管理支配地主義があげられる。管理支配地主義とは何かを調べ、本店所在地主義と管理支配地主義それぞれの課税上のメリット、デメリットを比較しなさい。

こうした制度であるため、例えば米国の州法により法人格を与えられたLLC(Limited Liability Company)は、形式上法人格を有し、かつわが国の国内に本店等を置かないため、米国での課税取扱い(米国では構成員課税を選択することができる)とは無関係に、わが国では外国法人とされることになる。

外国法人に対しては、課税所得の範囲等に相違はあるものの、内国法人に課される４種類の法人税のうち、法人の各事業年度の所得に対する法人税が課され、またその取り扱う事業内容により法人課税信託の受託者に係る法人税

あるいは退職年金業務等を行う法人の退職年金等積立金に対する法人税が課される(法4②、4の7二、9、10の2)。一方、清算所得に対する法人税は課されない。なお、連結納税については、連結親法人もその完全支配関係にある連結子法人も内国法人に限られているため(法4の2)、外国法人には適用がない。

法人の各事業年度の所得に対する法人税についてみると、外国法人は、わが国の国内に源泉のある所得(国内源泉所得)を有するときに限り納税義務者となる(法4、9)。このように納税義務の範囲が国内源泉所得に制限されているため、外国法人は制限納税義務者とよばれる。国内源泉所得の範囲は法人税法に定められているが(法138)、それぞれの外国法人が国内に支店等の恒久的施設を有するかどうか等により課税対象となる国内源泉所得の範囲が異なる(法141)。なお、国内に恒久的施設を持たない外国法人の国内源泉所得が、利子、配当、使用料等である場合は、法人税は課税されず、源泉徴収により所得税が課税され課税関係が終了する仕組みになっている(所法178、179)。また、こうした国内源泉所得の範囲、外国法人に対する課税方法等については、租税条約で別の定めがなされる場合があり、その場合は租税条約が優先して適用される。

外国法人については、普通法人および人格のない社団等の区分がある(外国公共法人および外国公益法人等の財務大臣による指定制度は平成20年度改正で、所要の経過措置を講じたうえで廃止されている)。外国法人とされる人格のない社団等については、国内源泉所得のうち収益事業から生ずる所得についてのみ、国内の人格のない社団等と同様の課税が行われる。

このほか外国法人について、資本の金額が1億円以下の法人(中小法人)に対する年800万円以下の所得への軽減税率の適用があり、一方、特定同族会社の留保金課税、導管型法人についての規定は適用されない。

外国法人に対する課税については、第3編第5章第3節2「外国法人への課税」において詳述している。

第4節　連結親法人

以上みてきた法人の定義は、いずれも法人を単体として課税する場合の法人税納税義務者の枠組みの内にあるが、連結親法人はその枠組みの外にある存在である。法人税法は、納税者の選択により連結納税が適用される場合は、連結親法人に対して連結所得に対する納税義務を課している。すなわち、内国法人（普通法人と協同組合等に限る）のうち連結親法人として承認を受けたものは、各連結事業年度の連結所得に対する法人税の納税義務者となる（法６の２）。普通法人（外国法人を除く）又は協同組合等との間に当該普通法人又は協同組合等による完全支配関係がある法人、清算中の法人、特定目的会社、投資法人、法人課税信託に係る受託法人、連結納税の承認の取消し又は適用の取りやめ後５年以内の法人は、連結親法人にはなれない（法４の２、法令14の６④）。

ここで連結納税を行う法人を、連結親法人を含め連結法人とよび、連結法人のうち連結親法人以外の法人を連結子法人とよぶ。また、連結親法人と連結子法人の間は完全支配関係でつながっているが、その場合の連結親法人と連結子法人との関係又は連結子法人相互の関係を連結完全支配関係という（法２十二の七の二～十二の七の五）。なお、連結子法人になれないものとして、清算中の法人、特定目的会社等がある（法４の２、法令14の６③）。

先に述べたとおり、連結納税については第３編第１章第２節「連結納税制度」において詳述している。

第５節　法人の特性に応じた特別な規定
――中小法人、同族会社・特定同族会社・特殊支配同族会社、導管型法人

以上が法人税納税義務者の基本的な枠組みであるが、法人税法は、これに加えていわば例外としてそれぞれの法人の特性・事情に配意したいくつかの特別な規定を設けている。

1.　中小法人

第一にあげられるのは中小法人である。法人税法は、普通法人のうち資本金が１億円以下であるもの（中小法人）に対しては、中小法人が稼得した少額の所得に対して税制上の配慮を行うとの立場から、800万円以下の所得について軽減税率を適用している（法66②）。さらに、特定同族会社の留保金課税も資本金１

億円以下の中小法人には適用されない。また、租税特別措置法においては、中小企業政策を推進する趣旨から、中小法人を対象とした特別償却、税額控除などの多くの租税特別措置が定められている。交際費等の損金不算入も中小法人に限って緩和されている。こうした措置は黒字の中小法人の税負担を軽減することになるので、基本的には活力ある(所得のある)中小法人支援という性格を持つ。

このように中小法人に対する特別な税制が設けられている理由については、わが国企業の大多数を占める中小法人の規模が零細であり競争力維持のために政策支援を行うという側面と、技術や需要創造力を持ち将来大きな企業に育つ可能性を有する中小法人を政策的に支援するという側面とがある。立法政策論としては、中小法人を一律に優遇するのでなく、後者の性格をより強め、成長可能性の高い中小法人に的を絞った優遇措置とすべきであるとの考え方が示されている。なお、中小法人の設立、成長にあたって最も重要とされる資金調達を円滑化する観点から、所得税についての特別措置として、エンジェル税制(措法37の13〜37の13の2、4の19)が設けられている。

Q14　租税特別措置法のエンジェル税制の仕組みを調べ、それがどのようなメカニズムで中小法人の創業を促すと考えられているか考察しなさい。

NOTE　米国IRCは、中小法人に係る制度としてS法人(小規模事業法人)の制度を設けている。要件は、①株式は1種類(議決権のみが異なる株式は認められる)、②株主は個人(すべての遺産・一定の信託を含む)でかつ100人以内、③株主に非居住外国人がいない、④DISC等のIRC1361(b)(2)に定める不適格法人でないことであり、全株主の同意によりS法人を選択することができる。所得金額、資本金額、従業員数などの制限はない。S法人は法人段階では課税されず構成員段階で課税される。すなわちS法人の所得は株主にパススルーされることになり、パートナーシップと同じ課税所得計算が行われる(IRC6037)。ここでは、中小法人を非法人である組合と同じように扱うことを可とする考え方が示されている。

なお、S法人と同様にパススルー課税を選択できる組織体としてLLC(規則301.7701－3)があり、逆に法人格はないが法人税課税を選択できる組織としてパートナーシップ(規則1.761－1、301.6109－1、301.7701－1～301.7701－4、301.7701－6)がある。いずれも事業体の判定・変更にはチェック・ザ・ボックス規則が適用される。また、選択なしにパススルー組織体とされるものに、REMIC(不動産モーゲージ投資導管;IRC860G(a)(3))とFASIT(金融資産証券化投資信託;IRS860H)がある。こうした非法人に係る問題については第3編第3章「非法人の税務」で取り扱う。

2. 同族会社・特定同族会社・特殊支配同族会社

第二に、少数の株主等が株式等(出資を含む)あるいは議決権の多数を保有し、それを通じて経営に強い支配力を有している会社(会社に限る。したがって、公益法人等、医療法人等を含まない)を同族会社とよび、特別な取扱いが定められている。この同族会社に関して法人税法は3種類の定義規定を置いている。その1はいわゆる「同族会社」であり、3人以下の株主等(個人・法人)およびその同族関係者(政令で定める特殊の関係にある個人・法人)によって、その会社の発行済株式等の総数(総額)又は一定の議決権(持分会社の場合は社員の数)の50%超が保有される会社である(法2十、法令4)。なお、株主等あるいは特殊の関係の判定にあたって自己株式等は除外される。

その2は「特定同族会社」であり、株主等の1人およびその同族関係者によってその会社の発行済株式等の総数(総額)又は一定の議決権の50%超が保有される会社である。ただし、資本金の額又は出資金の額が1億円以下であるものは対象から除かれている(法67①、②)。同族会社の判定を1株主グループで行うものと考えてよい。なお、厳密にいうと、これに該当するものを「被支配会社」とよんだうえ、特定同族会社の判定の対象である「株主等」から被支配会社でない法人(上場会社の多くは被支配会社に該当しない)を除外している。ここで除外される被支配会社を含めて判定すると同族会社あるいは特定同族会社となる会社は一般に非同族の同族会社すなわち「非の同」とよばれている。

その3は「特殊支配同族会社」であり、同族会社のうち業務主宰役員(個人に限る)およびその特殊関係者によってその会社の発行済株式等の総数(総額)又は一定の議決権の90％以上が保有される会社等と定義される(法35①)。ただし、業務主宰役員およびその特殊関係者が常務に従事する役員の過半数を占めていない場合には特殊支配同族会社に該当しないとして除外される。

法人税法が同族会社を特別視するのは、少数株主等がその支配力を行使して、法人利益を株主等に配当せず(すなわち内部留保して)株主等の所得課税を調節したり、その他の恣意的な行為・計算を通じて法人税、所得税等を不当に軽減することが懸念されるためである。このため、上記その１の「同族会社」に対しては、①同族会社の業務執行役員に対する利益連動給与の不適用(法34①三)、②使用人兼務役員の範囲の制限(法34⑤、法令71)、③行為・計算の否認(法132①一)などの規定が置かれている。さらに、「特定同族会社」に対しては、④留保金額に対する特別税率の規定(留保金課税)が(法67)、「特殊支配同族会社」に対しては、⑤業務主宰役員に支給する給与の一部(給与所得控除相当部分)損金不算入の規定(法35)がそれぞれ適用される。

このうち、まず①、②はいずれも同族会社の業務執行役員あるいは同族関係者である役員に対して支給する給与について、その損金算入を制限するものである。規定の背景には同族会社におけるお手盛り的給与支払いに対する懸念がある。また③行為・計算の否認は、同族会社の行為、計算でこれを容認するならば法人税の負担を不当に減少させる結果になると認められるものがあるときは、税務署長は、その法人の行為・計算にかかわらず、その法人の課税標準、欠損金額又は法人税額を計算することができるとするものであり、租税回避行為に対する包括的否認規定とよばれている。

さらに④特定同族会社に対する留保金課税は、特定同族会社が一定の限度を超えて所得を留保した場合には、通常の法人税とは別に限度超過額に対して特別税率の課税を行うものである。相当の配当を行う一般の法人や事業所得に対して所得稼得年度に所得税が課税される個人事業者との課税のバランスが考慮されたものといえる。ただし、資本金又は出資金が１億円以下の法人はこの特定同族会社の範囲から除かれており、中小同族法人には留保金課税の適用はない(法67①)。

また、⑤特殊支配同族会社の業務主宰役員に支給する給与の一部損金不算入は、いわゆる「法人成り」の容易化が図られる中で法人形態と個人形態との課税の公平を図るための措置と説明されている。

このように法人が同族会社に該当するかどうかで課税関係が異なることから、その判定が問題となる。特に問題となるのは同族関係者の範囲であるが、①株主等の親族(配偶者、6親等以内の血族、3親等以内の姻族)、②内縁の配偶者およびその生計を一にする親族、③株主等たる個人の使用人およびその生計を一にする親族、④その他株主等から受ける金銭等によって生計を維持している者およびその生計を一にする親族、が個人の同族関係者となる。また、他の株主に50%以上の株式(株式総数、総額又は一定の議決権)を直接、間接に保有されている法人は、法人の同族関係者となる。したがって、例えば個人株主とその同族関係者である個人および同族関係者である法人が合計してある法人の株式を50%以上保有しているということになれば、その法人は同族会社になる。ただ上述したとおり、非同族会社である法人が50%以上の株式を持つ場合は「非の同」とよび、同族会社ではあるが特定同族会社には該当せず、したがって留保金課税の規定は適用されない。

なお、同族会社はいずれも会社と定義されていることから、会社以外の法人である医療法人、公益法人等には上記の各規定はそもそも適用されない。

Q15　A株式会社の株主構成をみると、業務を主宰する株主甲が30%、株主甲の子が10%、株主甲が80%の株式を保有する株式会社乙が40%を保有している。A株式会社は、同族会社、特定同族会社又は特殊支配同族会社に該当するか。

NOTE　米国IRCは、法人が配当せず留保した利益に対して課税する2つの制度を有している。1つは留保収益税(AET;IRC531～537)であり、租税回避の意図を持つ利益留保に対し15%の税率で課税される。法人は当該留保が事業上の合理的な必要性に基づくことを立証することで留保収益税の課税を免れることができる。今1つは同族持株会社税(PHCT;IRC541)である。同族持株会社は、5人以下の個人が株式の50%超を保有する会社で、かつ所得の60%以上が同族持株会社所得(配当、利子、使用料、賃貸料等)

であるものと定義され、通常の法人税のほかに未分配同族会社所得(同族持株会社所得に慈善寄附金、過大経費等を加減したもの)に対する特別課税が行われる。なお、同族持株会社には留保収益税は課されない。

3. 導管型法人

第三に、導管型法人(特定目的会社等)に対する課税の特例(措法67の14、67の15、68の3の3以下)があげられる。導管型法人は、資産流動化法又は投資信託および投資法人法に基づき、特定目的会社(資産流動化を目的とし資産対応証券を発行する社団)又は、投資法人(会社組織を利用した投資信託)として法人格を付与されて設立されるものであり、法人の種類としては普通法人に属する。いずれも集団投資スキームの器又は媒体(ビークル)とされるものであり、導管型という名のとおり、利益の大部分は投資家に配当されることが予定されている。

租税特別措置法は、これらの法人が、利益の90%以上の額を配当に充てるなど一定の要件を満たすことを条件として、その配当に充てた額を損金に算入することを認めている(措法67の14①、67の15①)。配当の損金算入ということになる。利益を配当として支払うことで課税対象から除外されることから利益の導管とよばれることがある。

なお、投資信託法2条3項に規定する投資信託(法2二十九に定義する集団投資信託を除く)および資産流動化法2条13項に規定する特定目的信託(以上は平成19年度改正前は「特定信託」とよばれていたものである)については、いずれも法人格は有さないものの資産流動化のための器又は媒体(ビークル)としての性格が特定目的会社等と類似していることから、法人課税信託の中に取り込み、各信託の受託者である信託会社等を納税義務者として法人税を課税する一方(法2二十九の二、4の6)、特定目的会社等と同じ一定の要件の下に支払配当の額を損金に算入する等の課税の特例を適用することとしている(措法68の3の2、68の3の3)。

この導管型法人の損金に算入される配当は、支払側で配当損金算入方式によりいわゆる二重課税の問題が解消されていることになるため、受取側では所得税法の配当控除の対象から除外されている(措法9①五～八)。一方、特定目的会社等が納付した外国法人税については、特定目的会社等の利益の配当に対する所得税の額から、当該所得税の額を限度として控除することとされる(措法67の14)。

Q16　なぜSPC等が利益の導管となることが認められているのか。また利益の導管性が認められるためにはどのような要件を充足する必要があるか。なお、現在のSPC等の導管型法人制度についてどのような評価あるいは批判があるか。

NOTE　米国の導管型法人の例をみると、米国IRCは、規制投資会社(RIC;IRC852(a))、不動産投資信託(REIT;IRC857(a))を規定している。また、協同組合(Co-operatives)もパトロン配当を損金にできる点では一種の導管型事業体と考えられている(IRC1388)。

第4章

実質所得者課税の原則と信託課税

法人税法は、原則として各納税義務者に帰属する所得を課税物件としている。この所得の帰属に関して、法人税法11条は、実質所得者課税の原則を規定している。資産又は事業から生ずる収益の法律上帰属するとみられる者が単なる名義人であって、その収益を享受せず、その者以外の法人がその収益を享受する場合には、この収益は、これを享受する法人に帰属するものとして法人税法を適用することとされる。租税法に解釈原理として内在する実質主義の考え方のうち所得の帰属についての実質所得者主義を確認した規定と考えられている。収益の帰属について名義と実体、形式と実質が一致しない場合は実体あるいは実質によりその帰属を判定するというものである。ただその意義について2つの見解が示されている。1つは私法上の帰属を実質に即して判定するとするものであり、今1つは私法上の帰属にかかわらず経済上の帰属に即して判定するとするものである。前者は法律的帰属説、後者は経済的帰属説とよばれ、学説としては法律的帰属説が有力である。

所得税法(所法12)、消費税法(消法13)、地方税法(地法24の2、72の2、294の2)にも同旨の規定がある。

Q17　形式と実質が一致しないと認められる場合であっても、法律的帰属説に立って実際に実質所得者課税の規定を適用することは容易ではない。それは法人格否認の法理とも共通する問題である。次の裁判例を参考にして実質所得者課税の適用のあり方を考察しなさい。

①　最判昭和37年6月29日

②　大阪高判平成12年1月18日、同上告審・最判平成18年1月24日

Q18　例えば、法人税の更正処分を受けた株式会社が、自らその株式会社は実体のない単なる登記上の存在で実質はその代表者の個人事業であるといい、実質所得者課税により個人課税すべきことを主張することはできる

か。　　　　　　　　　　　　　　　　＊参考；東京地判昭和47年８月２日

この実質所得者課税は、信託の利益の帰属に関しても問題となる。信託の当事者は、信託財産の委託者、信託財産を引き受けて信託業務を行う受託者、信託の利益を享受する受益者の三者であるが、法人税法12条は、信託の権利を現に有する受益者を当該信託財産に属する資産、負債を有する者とみなし、かつ、当該信託財産に帰せられる収益、費用はその受益者の収益、費用とみなすと明記している（法12①）。最終的に利益が帰属する者を所得者とするもので実質所得者課税の考え方が貫かれている。受益者の定義が問題となるが、信託を変更する権限を現に有し、かつ、当該信託の信託財産の給付を受けることとされている者は、受益者とみなされる（法12②）。

ただし、この信託の受益者課税の考え方には例外があり、集団投資信託、法人課税信託、退職年金等信託又は特定公益信託等の信託財産に属する資産、負債並びに当該信託財産に帰せられる収益、費用は、適用除外とされている（法12①ただし書き）。

以上の信託課税の仕組みについては、本編第２章第２節２「法人課税信託に係る法人税」で説明したとおりである。なお、信託課税のあり方については、第３編第３章第２節５「信託」で非法人の税務に係る問題点としてとり上げている。

第5章

法人税法改正の方向性

第１節　累次の法人税法の改正をどう捉えるか

ここ10年ほどの間に、商法・会社法を中心とする商法制、企業会計、法人税法それぞれに大きな改正が行われている。いずれの改正も経済の活力を生み出す法人企業の力を最大限発揮させるという趣旨に基づくものであるが、それぞれの法制度が自身の目的をより明確化させる方向にあるため、三者間の違いを理解する必要性がこれまで以上に高まっている。いいかえれば、法人税法についても自身の目的や原則を一層明確化せざるを得ない状況が生じていることになる。

法人税法の最近の改正についてみると、改正の内容は多岐にわたるが、おおむね、①経済国際化の中で法人税負担を含むわが国の投資環境を他国と遜色のない水準にするとの視点、②新しい商法制等に対応し税制がそれを阻害しないようにするとの視点、③新しい金融取引や租税回避事例の登場に対して税制が適切に対応していくとの視点、の３つの切り口で整理できるように思われる。そして累次の改正を通じて法人税法の原則や考え方が次第に明確になってきていることが指摘できる。

以下では、最近の法人税法改正の方向性を理解するとともに、累次の改正を通じて法人税法の原則や性格がどのように明確になってきているかを確認することとしたい。

Q19　会社法創設など商法制が改正・整備されている理由は何か。また、企業会計の改正はどのような目的で行われているのか。

＊参考；平成17年３月22日衆議院財政金融委員会（会社法提案理由説明）、平成16年７月15日企業会計基準委員会「中期的な運営方針」等

第2節　改正を促す背景１――投資環境の視点

1. 法人税率の引下げ

この視点からは、まず法人税率の引下げが問題となる。わが国の法人税の税率(基本税率)は、昭和63年度は42%であったが現在は30%まで引き下げられている。また地方税である法人事業税の一部外形標準化(平15)も法人所得に対する事業税調整後の表面税率(国・地方をあわせ39.54%)の引下げが意識されている。これにより法人に対する国税・地方税を通じた税率はほぼ主要先進国並みになったと説明される。ただし、主要先進国の間に税率を引き下げる動きがあること、近隣アジア諸国の低い法人税率がわが国への投資の流出・入に影響を及ぼす事例が生じていること等から、わが国の法人税についてもさらに低い税率を目指すべきという考え方がある。

Q20　わが国の法人税率はさらに引き下げるべきか。引き下げる場合、税収構造に占める法人税の位置づけ、法人に対する地方税負担の問題、税率引下げの効果、ビルトイン・スタビライザーとしての法人税の役割等についてどう考えるか。逆に、引き下げない場合、国際的な投資への悪影響をどう考えるか。

NOTE　表面税率は、損金となる事業税込みの所得を100として、法人税、法人住民税、事業税の合計負担割合を計算したものである。現在の表面税率(資本金１億超の法人の場合;事業税調整後)は39.54%であり、これに対し、米国(ロサンゼルス)40.75%、英国30.0%、独39.9%、仏33.33%と計算されている。また、その内訳としての法人の地方税負担は、日本12.8%、米国8.8%、英国０%、独18.37%、仏０%となっている。なお、この計算後、独は2007年改正で実効税率(実際に見込まれる税率)を30.0%程度まで引き下げている。

2.　課税ベースの拡大

一方で、税率を引き下げるだけでなく、薄く広い負担を目指す趣旨からは法人税の課税ベースの拡大が課題とされる。平成10年度の改正では、一定の引当金の廃止(賞与引当金、製品保証引当金、特別修繕引当金)、建物の減価償却方法の定額法限定、収益の早期計上(長期大規模工事における工事進行基準の強制、割賦基準の廃止等)さらに平成14年度改正でも、退職給与引当金の廃止、受取配当益金不算入割合の縮小(関係法人株式等に該当しないものについて80%から50%へ)などが行われている。これらは、多くが企業会計と異なる考え方を採用するものであり、法人税法が企業会計との整合性に必ずしも拘泥しない方向に一歩踏み出したものと受け止められている。

Q21　商法制、企業会計、法人税法は、それぞれ目的は異なるものの企業の会計を扱うという点で共通しており、各項目について三者の調和を図る努力が重ねられてきた。三者の関係はトライアングル体制ともよばれる。ただし、それぞれが目的の明確化を強める中で、三者間の調和の維持が困難になっている。今後の三者のあるべき関係について考察しなさい。

3.　政策減税の戦略化と恒久税制化

なお、投資環境の整備の視点を政策減税の分野に広げると、平成15年度改正で導入した研究開発税制およびIT投資減税が注目される。理由は、その減税規模が際立って大きいことに加え、競争相手国の税制を意識し戦略性の高い税制を構築しようとする性格が強いからである。研究開発税制については平成18年度の改正で緊急措置としての上乗措置を廃止するなどの調整が行われており、平成20年度改正でも試験研究費の増加分に対する特別税額控除を、一定の増額分の100分の５相当額かあるいは平均売上金額の10%を超える金額に一定の割合を乗じた金額を選択により税額控除できる制度に改めている。こうした国際的な競争力の視点から税制の比較を行うという考え方が強まると、わが国税制中、現在の経済環境に合致しない不合理部分あるいは不足部分があぶり出され、グローバル・スタンダードという基準に基づき修正・補正されるという動きが生じることになる。この動きは、効果の高い政策税制を機動的･効果的に実施し一方で効果の乏しいものを廃止するという動きにつながる限り健全なものと捉えることができる。そうした視点からみると、研究開発税制･IT投資減税以外でも、租税特別措置として導入した、教育訓練費が増加した場合の税額控除制度、情報基盤整備強化税制などについて頻繁に見直しが行われていることは好ましいことと評価できる。

NOTE 「公平」「中立」「簡素」といった租税原則は、財政学の分野で議論され形成されてきたものである。租税原則に反する内容を持つものが一時的に政策として採用されることはあり得るが、その場合は、常にそれぞれの政策が妥当か、有効かといった観点から十分な検証が必要とされる。

また、最近の税制改正における法人税の軽減措置のうち租税特別措置法ではなく法人税法そのもので措置される例が増えている。青色欠損金の繰越期間の延長(平16)、特定同族会社の留保金課税からの中小企業の除外(平19)、減価償却における残存価額の廃止(平19)、減価償却資産の耐用年数の見直しと資産区分の整理(平20)などがその例としてあげられる。これは法人税法の本来のあり方と政策措置である租税特別措置を峻別することにつながる動きといえ、望ましいことと考えられる。

Q22　法人税関係の租税特別措置にはどのようなものがあるか。そのうちからいくつかを取り出し、それがどのような効果を期待されているかについて考察しなさい。

NOTE 最近の税制改正における法人税の軽減措置創設の例(括弧内は改正時に見込まれた平年度増減収見込額)。＊は租税特別措置法によるもの。

＊平15;研究開発税制創設およびIT投資減税　(△11,150億円)
　平16;青色欠損金の繰越期間の延長　(△ 1,270億円)
＊平17;教育訓練費が増加した場合の税額控除制度創設　(△ 120億円)

＊平18；情報基盤整強化税制の創設 (△ 1,000億円)
＊平18；交際費の範囲の見直し (△ 740億円)
平19；中小企業の留保金課税適用除外 (△ 270億円)
〃 ；減価償却の残存価額の廃止等 (△ 5,110億円)
平20；減価償却資産の耐用年数の見直しと資産区分の整理
(—)
＊平20；特定中小会社が発行した株式を取得した場合の特例
(—)
〃 ；社会医療法人に係る税制措置の創設 (△ 60億円)
＊平20；外航海運事業者の日本船籍による収入金額課税
(△ 70億円)

第3節　改正を促す背景2——商法制等との調整の視点

この視点からは、①商法制や企業会計の改正と歩調を合わせつつ、同時に税制上の必要性もあって法人税法の改正が行われているもの(平12；金融商品への期末時価評価の導入など)、②経済活性化のための新しいツールあるいは枠組みとして資産の流動化や組織再編、企業のグループ化などが必要とされるが、税制がそれを阻害しないようにとの趣旨から法人税法の改正が行われているもの(平10～14の導管型法人制度の導入、株式交換・移転税制の導入、組織再編税制の導入および連結納税制度の導入、平18の株式交換等の組織再編税制への統合、平19の三角合併への対応など)、③商法制において資本に関する規制緩和等が進んでいることに対応して、税法としても株主と法人の間の取引(出資、分配、資本の払戻し等)についての取扱いを明確にする必要が生じており、このため法人税法の改正が行われているもの(平６～13のみなし配当および資本積立金・利益積立金に関する改正、平18の会社法の制定に伴う資本の部の整備など)に区分できる。

このうち、②および③については、いくつかの新しい制度が創設され、また条文が複雑化(特に、導管型法人制度、組織再編税制、連結納税、資本の部の定義規定など)しているため、税法をより難解なものにしたとの印象を与える。しかし、内容を仔細にみると、ⅰ)導管型法人制度については、法人格を有するものには法人税を課税するとの原則を確認したうえ例外として導管型法人制度を導入している、ⅱ)組織再編税制については、株式を含む資産等の譲渡についての時価取引原則を確認し、そのうえで例外として適格組織再編税制を導入している、ⅲ)連結納税については、法人税の課税単位に関して単体法人課税が原則であることを確認したうえ例外として連結納税を選択できる制度を導入している、④資本の部の定義規定については、法人税課税済み(ただし個人株主段階での所得課税は未済)の利益の留保である利益積立金と株主から払い込まれた資本金等の額をこれまで以上に明確に区分しているなど、新しい制度の導入等が契機となって法人税法本来の原則の明確化が進んでいることが分かる。原則と例外がはっきり区分されている新しい条文は法人税法の考え方が理解し易くなったと評価することが可能である。

なお、信託法の改正に伴い法人課税信託の創設を含む信託税制の整備を図った平成19年度の改正も、新しい法制への法人税法の対応の１つである。そこでも、一方で信託の受益者への課税を明確にするとともに受益証券を発行する信託等については受託法人を納税義務者とするといった原則を確立するとともに、他方で集団投資信託(特定受益証券発行信託を含む)等を例外として取り扱うことで、原則と例外を明確にしている。

第４節　改正を促す背景３——租税回避防止の視点

1.　租税回避防止の現状

租税回避の定義や問題点については第３編第４章「租税回避」で詳しく述べるが、租税回避の問題が深刻化する中で個別的否認規定の整備が進んでいる。これまでも法のループ・ホールを防ぐ趣旨から毎年のように税制改正が行われており既に多くの個別的否認規定が設けられているところであるが、最近の特徴として、金融取引あるいは組合等の透明な組織体、すなわち租税回避スキームを組成する手段の中心になっているものに対し一定の制度的歯止めをかける規定が登場していることが注目される。この金融取引および透明な組織体に関する規定整備については以下に項を設けて説明する。

なお、わが国には租税回避に対する一般的否認規定はないが、包括的否認規定とよばれる同族会社の行為計算否認規定(法132)が存在する。さらに平成12年から13年にかけて組織再編税制および連結納税制度が導入されたことに伴い、法人組織再編に係る行為計算および連結法人の行為計算に対する包括的否認規定が新設されている(法132の2、132の3)。このうち同族会社の行為計算規定に関しては既に多くの裁判例がみられ解釈についての司法判断もある程度固められているが、組織再編や連結納税についての包括的否認規定の適用のあり方は今後の問題点の1つと考えられている。

Q23　租税回避に対する一般的否認規定(ドイツ租税通則法42条のような規定)の創設あるいは包括的否認規定(同族会社の行為計算否認規定等)の積極的適用について、どのような議論があるか。また、個別的否認規定が望ましいことについて、その限界とともに考察しなさい。

Q24　租税回避に関しては、最近相次いで最高裁の判断が示されており、法人税法解釈に係る判例原則確立につながるものと評価されている。このように租税回避については立法の整備とともに、判例の確立が比較的速い速度で進んでいる段階にある。

そこで、最高裁の次の判決について、それぞれどのような問題に対しどのような判断が示されているか、それは判例としてどのような意義を有するかを考察しなさい。

①最決平成15年6月13日(原審;東京高判平成11年6月21日)(売買・交換事件)、②最判平成18年1月24日(映画フィルム投資事件)、③最判平成18年1月24日(第三者割当増資事件)、④最判平成18年2月23日(外税控除余裕枠事件)

2.　金融取引についての規定の整備

金融取引についての法人税法の規定の整備は平成12年度改正で行われている。売買目的有価証券についての期末時価評価の導入(法61の3①)、有価証券の空売り等についての期末みなし決済(法61の4①)、デリバティブ取引の期末みなし決済(法61の5①)、繰延ヘッジ処理による損益の繰延べ(法61の6①)、時価ヘッジ処理に係る損益の計上(法61の7①)などがそれにあたる。いずれも操作性の高い取引であり、特に損益の帰属年度の操作を通じた租税回避が懸念されることから、これを期末時価評価あるいは期末みなし決済等を通じて防止することが主な改正理由とされる。この改正により金融取引の期間損益計算に期末時価評価を軸とした一定の明確なルールが設けられたことになる。

また、平成19年度改正で導入された、短期売買商品(短期的な価格の変動を利用して利益を得る目的で取得した資産)の売買損益についての約定日計上基準および期末時価評価制度も、こうした金融取引を通じた租税回避防止規定整備の一環を成すものとして位置づけることができる。

Q25　売買目的有価証券について企業会計が時価評価の考え方を採用している趣旨は何か。また、仮に、法人税法において売買目的有価証券の期末時価評価が行われず、有価証券の空売りやデリバティブ取引の期末みなし決済が行われない場合、どのような租税回避が生じ得るか。

3.　透明な組織体(非法人)についての規定の整備

例えば、組合は法人格を有しておらず法人税の納税者ではない。組織段階で把握される組合の所得は構成員にパススルーされ構成員の所得として課税が行われることになる。こうした組織体は、所得が通り抜けるという意味で透明な組織体あるいはパススルー・エンティティとよばれる。透明な組織体についての課税上の問題としては、その収益の分配を受けた者に対し適正な課税を行うことができるか(特に非居住者に分配された場合)という問題と透明な組織体で生じた損失の配分を受けた者がその損失を他の所得と損益通算できるか(損失の分配)という問題とがある。

前者の非居住者への分配に関しては、匿名組合について平成14年度から匿名組合員10人未満の場合についても源泉徴収の対象とした(平成19年度から居住者にも適用)のに続き、任意組合(投資事業有限責任組合契約、有限責任事業組合契約および任意組合に類する外国で締結された契約に基づくものを含む)についても平成17年から非居住者、外国法人に対する分配に対し20%の源泉徴収を行う制度を導入している(所法212)。さらに、こうした透明な組織体についての適正課税を担保するため、組合取引についての資料提出制度が整備されている(所法225①八)。透明な組織体を通じた所得の把握と適正な課税を確保するための制度的手当てが行われたものといえる。

また、後者の損失の配分の問題については、平成17年度改正で有限責任組合員が計上できる損失の額をその責任限度額の範囲に限定する措置(措法27の2、67の12、67の13、68の105の2、68の105の3)が導入され、所得税に関するものであるが任意組合等で重要な業務の執行に関与していない組合員の組合事業から生ずる不動産所得の損益通算を排する措置(措法41の4の20)が導入されている。この損失の配分に対する新たな措置は、米国で租税回避(タックス・シェルター)対策として有効とされているアット・リスク・ルールとPALルールをわが国に導入したもの考えられている。損益通算制度を濫用する損失配分を規制することは、透明な組織体を通じた租税回避対策の核心の1つといえる。

ところで、先に述べたとおり、信託法の改正・施行に対応して平成19年度改正で法人課税信託の導入を含む信託税制の整備が図られているが、信託は組合と同じく透明な組織体としての問題がある。このため新しいタイプの信託である法人が委託者となる自己信託のうち一定のものを法人課税信託に取り込む等、租税回避を防止するための規定が盛り込まれている(法2二十九の二)。

こうした非法人に係る税務上の問題点については第3編第3章「非法人の税務」で取り扱っている。

NOTE 米国のアット・リスク・ルールは、投資活動を行う納税者が課税所得の計算上控除できる損失の額は、その投資活動において実際に負担するリスクの額を限度とするものであり、またPALルールは、自らが実質的に事業を行っているとはいえない投資(パッシブ・アクティビティ)による損失は他の所得と損益通算できないとするものである。
個々の限定された行為を捉える個別否認規定は、適用範囲が狭くどうしても租税回避に対する後追いとなりがちであるが、「リスクをとっているかどうか」「能動的な活動かどうか」を基準とするアット・リスク・ルールやPALルール等の否認規定は、やや適用範囲が広い。このため米国では、租税回避行為に対する有効な対抗手段としてその効果が認められている。

第 2 編

各事業年度の所得に対する法人税

第 1 章

課税所得計算の通則――法人税法22条

第1節　シンプルな計算構造と事業年度ごとの計算

1. 課税標準

内国法人の各事業年度の所得に対する法人税の課税標準は、各事業年度の所得の金額であり(法21)、各事業年度の所得の金額は、当該事業年度の益金の額から当該事業年度の損金の額を控除して計算される(法22①)。シンプルな計算構造であるため、法人税の課税標準を求めるにあたっては、益金と損金の意義およびその各事業年度への帰属を明らかにすることが重要となる。特に、事業年度は法人の課税所得計算の基礎になるものであり、その意味を正確に理解しておく必要がある。

NOTE　本文で述べた各事業年度の所得についての定義規定から、①法人所得の計算は期間損益計算であること(「各事業年度の所得」)、②計算原理としては財産法でなく損益法が採用されていること(「益金の額から損金の額を控除」)、③益金および損金には原則として資本等取引以外の実現したすべての収益および費用が含まれており包括的所得概念に基づく純資産増加説の考え方が採用されていること(「益金」「損金」に算入すべき金額の範囲)、等を読み取ることができる。なお、各事業年度の益金が損金を上回る場合は「所得の金額」となるが、損金が益金を上回る場合は「欠損金額」となる。

2. 事業年度

継続企業である法人の損益は、商法制、企業会計、税法とも共通して、一定の期間(事業年度)を区切って計算することとしている。税法上の事業年度は、原則としてそれぞれの法人が営業年度等として法令あるいは法人の定款等で定めている会計期間をそのまま採用する(法13①)が、そうした定めがないものについては、事業年度が課税所得計算の基礎として重要であることから、法人に事業年度の届出義務を課し(設立等の日以後2月以内)、届出がない場合は税務署長が指定することとしている(法13②)。人格のない社団等の場合で届出がない場合は暦年とされる(法13④)。また、事業年度は1年未満でもよいが1年を超えることはできず、仮に定款等に定める事業年度が1年を超える場合は、原則としてその期間の開始の日以後1年ごとに区分した期間が各事業年度となる(法13①ただし書き)。

一方で、法人が事業年度の途中でその営業の態様を大きく変更した場合には、事業年度についても見直しが必要となる。解散した場合(合併により解散した場合を含む)、分割型分割を行った場合、清算中の法人の残余財産が確定した場合、清算中の法人が事業年度の途中で継続した場合、外国法人の区分等の変更があった場合等は、その解散等が行われた日又はその前日までを区切って、みなし事業年度が適用される(法14)。また、連結納税の場合は、連結親法人の事業年度(連結事業年度)に統一することとし、調整のために必要なみなし事業年度の規定が設けられている(法14四〜十八)。

Q26　3月決算の法人が平成19年6月15日に解散し、平成20年8月31日に残余財産が確定した。この法人の事業年度はどのようになるか。

第2節　益金の意義——法人税法22条2項

法人税法は、益金の額について直接定義していないが、各事業年度の益金の額に算入すべき金額を、「別段の定めがあるものを除き、資産の販売、有償又は無償による資産の譲渡又は役務の提供、無償による資産の譲受けその他の取引で資本等取引以外のものに係る当該事業年度の収益の額」と規定している(法22②)。ここで、「資産の販売」は棚卸資産の販売を、「有償による資産の譲渡」は棚卸資産以外の資産の譲渡を指すと解される。また、「有償による役務の提供」は報酬を受け取る請負契約や利子を受け取る貸付金などが該当する。

しばしば問題とされるのは、「無償による資産の譲渡又は役務の提供」である。無償であるため対価としての経済的価値が流入していないにもかかわらずなぜ収益を認識するかという点については議論があるが、現在では学説、判例とも、22条２項のこの部分は、正常な取引を行った者との課税の公平を確保し適正な所得を算出するための規定であり、無償取引からも収益が生ずることを擬制するために創設的に設けられた規定と考えられている（適正所得算出説）。したがって租税回避の問題とは関係なく適用される。なお、明文の規定はないが、低価格による取引についてもこの無償取引の考え方が適用され時価との差額が収益として認識されることが判例として確立している。

Q27　22条２項の無償取引に関して、ここでいう適正所得算出説と異なる考え方として二段階説、限定説、確認規定説とよばれるものがある。このうち二段階説は、無償で行われた取引を総額主義に基づき二段階に分解して計上するもので、取引を行う贈与者の側にいったんその資産又は役務の時価相当額が収益として実現し同時にそれが贈与等の損失になるとする考え方である。また、限定説は収益認識の範囲を寄附金として否認できる範囲等に限定するものであり、確認規定説は22条２項の無償取引の規定を確認的規定とするものである。

この二段階説等に立った判決として、大阪高裁昭和53年３月30日判決があげられる。一方、適正所得算出説に立った判決として、最高裁平成７年12月19日判決（およびその下級審判決）があげられる。

それぞれの判決が、無償による資産の譲渡又は役務の提供から収益が認識される理由をどのように述べているか比較しなさい。また、低価格取引にもこの無償取引の規定が適用されることについて上記最高裁平成７年12月19日判決が述べる理由を考察しなさい。

さらに、「無償による資産の譲受け」は、贈与・遺贈等を通じた無償による資産の譲受けがあった場合に、それを時価で受け入れ差額を受贈益と認識する趣旨の規定である。低価格譲受けにも適用されると解されている。

また、「その他の取引」を含めここに規定する「取引」には、一切の取引が含まれると解されるが、例えば100％子会社の株主総会で第三者割当増資を決議して自己の株式保有割合を大幅に引き下げることによりその株式に表章された資産価値の移転を図る行為も、「取引」に該当するとの司法判断が示されている（最判平成18年１月24日参照）。

こうした取引に係る当該事業年度の「収益」の額が益金に算入すべき金額となる。「収益」という用語は、実現主義を採用する企業会計からの借用概念とされており、原則として収入金と同義のグロスの概念である。また、「別段の定め」および「資本等取引」を除くすべての「取引に係る収益」を益金に算入することから、法人税法は益金について実現主義を採用するとともに純資産増加の原因となるすべての事実を取り込んだ包括的所得概念を採用していると考えられている。

Q28　違法な取引が行われた場合に、その取引に係る収益は益金に算入されるか。算入されるとすると、違法に稼得された収益が益金として課税された後、その違法性から当該所得稼得行為が無効あるいは取消しとされた場合の処理はどうなるか。　＊参考；最判昭和46年11月16日

第３節　損金の意義――法人税法22条３項

損金についても法人税法は直接の定義規定を置かず、各事業年度の損金の額に算入すべき金額を「別段の定めがあるものを除き、次に掲げる額とする」と規定して、「当該事業年度の収益に係る売上原価、完成工事原価その他これらに準ずる原価の額」、「前号に掲げるもののほか、当該事業年度の販売費、一般管理費その他の費用（償却費以外の費用で当該事業年度終了の日までに債務の確定しないものを除く）の額」および「当該事業年度の損失の額で資本等取引以外の取引に係るもの」をあげている（法22③）。ここで掲げられている原価、費用、損失の概念は、企業会計上の費用および損失と同一と解されている。したがって、発生主義に基づいて認識され、費用収益対応の原則が適用される。また、諸外国の例では、損金とされる費用について「通常かつ必要な経費」等と「通常性」の要件を定めるものがあるが、わが国の法人税法では、「必要性」の要件を満たせば、「別段の定め」あるいは「資本等取引」に該当しない限り、企業会計に

おけるすべての費用、損失が損金の額に算入されることになる。

Q29　米国IRCは、営業又は事業の遂行における経費は「通常かつ必要な経費」でなければ損金として控除することができないと規定している（IRC 162）。この規定により、罰金、賄賂、加算金および違法行為に係る一定の事業経費の控除は、公序良俗に反し「通常」でないとして損金算入が認められない。

わが国の法人税法も、別段の定めとして55条を設け、不正行為等に係る費用等の損金算入を認めないとしている。この55条の規定と米国IRCの規定の相違点を検討しなさい。

損金の額に算入される金額のうち原価については、「当該事業年度の収益に係る原価」とされ、当期の収益との個別対応が求められている。この点も企業会計の考え方と一致しており、原則として企業会計の計算手法に従うことになる。ただし、税法上、統一的な取扱いを行う必要があること等から、期末棚卸資産の評価の規定（法29）などの「別段の定め」が設けられている。

一方、費用と損失については、「当該事業年度の」という制約が課されており、当期の収益との期間対応が求められる。考え方は企業会計と一致しており、別段の定めがない限り企業会計の計算手法に従い、費用や損失をそれが発生した事業年度に適正に配分する必要がある。ただ、法人税法では、上述したように内部取引である償却費以外の費用で事業年度末までに債務が確定しないものは損金として計上できないという債務確定基準が採用されている。債務として確定しない費用は、発生の有無、時期および金額が明確でないので、これを認めると所得金額も不明確になるからである。したがって、法人税法においては引当金の計上や費用の見越計上は別段の定めがない限りできない。

Q30　費用と異なり原価および損失については明文で債務確定基準が定められていないが、債務確定基準は売上原価および損失についても妥当するか。仮に妥当するとして、近い将来にその原価や損失に係る支出が相当程度の確実性をもって見込まれており、かつその金額を適正に見積もること

が可能であるような場合に、債務確定基準との関係で、この支出を損金に算入することの可否を検討しなさい。　＊参考；最判平成16年10月29日

第４節　資本等取引の意義――法人税法22条５項

法人税法は、「資本等取引」を益金および損金から除外することとしている。ここで、資本等取引は、「法人の資本金等の額の増加又は減少を生ずる取引」および「法人が行う利益又は剰余金の分配(資産流動化法による中間配当を含む)」と定義されている(法22⑤)。２つの定義のいずれも法人と株主等との間の取引を指している。企業会計の資本取引に対応するものといえるが、企業会計の資本取引は狭義の資本(自己資本のうち利益剰余金を除いた部分)の増減をもたらす取引と定義されるので、上述の「資本等取引」のうち「法人が行う利益又は剰余金の分配」が企業会計では資本取引に含まれない。結果として、法人税法の「資本等取引」と企業会計の「資本取引」の概念が異なることになる。以下、法人税法上の「資本等取引」とされる２つの項目についてその定義を説明する。

1．「法人の資本金等の額の増加又は減少を生ずる取引」の意義

ここで「資本金等の額」は「法人が株主等から出資を受けた金額」と定義されており、概念は明確である。またその具体的内容は政令で定めることとされている(法２十六)。

これを受けて法人税法施行令８条は、「資本金等の額」について、法人の「資本金の額又は出資金の額」（以下、「資本金の額」という）と、法人が株主から出資を受けた金額のうち「資本金の額」としなかったもの(以下、「『資本金の額』以外の資本金等の額」という。平成18年度改正前の「資本積立金」にあたる)に区分し、その具体的な内容を規定している。

(1)「資本金の額」

このうち「資本金の額」は、資本主からの拠出金のうち、法人が資本金、出資金としたものであり、株式会社の資本金や協同組合の出資金などが該当する。ここでは主として株式会社の資本金について説明する。

会社法は、資本の部を資本金、資本準備金、利益準備金、剰余金(その他資本剰余金と利益剰余金)および自己株式その他から構成されるとし、このうち「資本金」は、株主が払い込んだ金額又は現物出資により給付した財産の価額(発行価額でなく払込額)としている。法人税法の「資本金の額」はこの会社法の「資本金」に相当する。「資本金」は、法人の設立によって生じ、増資、資本準備金・利益準備金・その他資本剰余金・利益剰余金からの資本繰入れで増加する。一方、減資による資本準備金・その他資本剰余金への繰入れや欠損の補填によって減少する。「資本金」の額は、法人自身が一定の範囲で自由に決定でき、会社法はこれを定款記載事項としているが、法人税法は法人が定めた資本金の額をそのまま法人税法上の「資本金の額」としている。このように法人の自主的に決定した金額を「資本金の額」とするため、実質的な意味での資本主からの拠出金の金額と乖離が生ずるが、法人税法はこの乖離を「『資本金の額』以外の資本金等の額」で調整する仕組みを採用している。

NOTE 会社法の「資本剰余金」は、「資本準備金」と「その他資本剰余金」から成る。このうち「資本準備金」は、株主からの払込みの2分の1以内で資本金に組み入れない金額が生じた場合および、資本金からの繰入れ、剰余金の配当、その他資本剰余金の処分で増加し、資本金およびその他資本剰余金への繰入れ、欠損の補填、総会における欠損の補填で分配可能な剰余金が発生しない場合において減少する。また「その他資本剰余金」は、資本金および資本準備金からの繰入れで増加し、資本への組入れ、資本準備金積立、剰余金の配当、欠損填補で利益剰余金がマイナスの場合に減少する。法人税法23条1項一号括弧書きの「資本剰余金」はこの会社法からの借用概念である。会社法の資本の部の用語を、その趣旨とともに理解することが必要とされる。

Q31　法人税法は、例えば寄附金損金不算入の限度額計算においては「資本金等の額」を1つの基準として採用している(法37)。一方、法人の年800万円以下の所得金額に対する軽減税率の適用ができるのは資本金1億円以下の法人に限るというように「資本金の額」を基準としている規定もみられる(法

66②)。それぞれが「資本金等の額」あるいは「資本金の額」を基準としていることの妥当性を検討しなさい。

(2)「『資本金の額』以外の資本金等の額」

そこで「『資本金の額』以外の資本金等の額」であるが、一口でいうと株主等が払い込んだ金銭等(法人の側では出資を受けた金銭等)のうち「資本金の額」としなかったものの金額である。

法人税法施行令8条に即していうと、まず①自己の株式を交付した対価として「払い込まれた金銭等の額」のうち「資本金の額」に計上しなかった金額、いわゆる株式払込剰余金があげられる(法令8①一)。同様に、②新株予約権の行使による場合で「払い込まれた金銭等の額およびその直前の新株予約権の帳簿価額の合計額」のうち資本金の額として計上しなかった金額(法令8①二)、③取得条項付新株予約権による場合で、「その直前の取得条項付新株予約権の帳簿価額」のうち資本金の額として計上しなかった金額(法令8①三)も「『資本金の額』以外の資本金等の額」に加算される。また、④協同組合等が新たに出資者となる者から徴収した加入金の額(法令8①四)、⑤合併・分割(分割型および分社型)により受け入れた純資産の時価(適格の場合は帳簿価額)から交付金銭等を控除した金額と合併等により増加した資本金の額との差額(いわゆる合併差益金、分割剰余金)(法令8①五、六、七)、⑥適格現物出資により受け入れた純資産の帳簿価額とそれに伴う増加資本金の額との差額(法令8①八)、⑦非適格現物出資により交付した株式の価額から増加した資本金の額を控除した金額(法令8①九)、⑧適格事後設立により資産、負債の移転を受けた場合の帳簿価額修正益に相当する金額(法令8①十)、⑨株式交換・移転により受け入れた完全子会社株式の受入価額とそれに伴う増加資本金との差額(法令8①十一、十二)、⑩財団又は社団である医療法人で持分の定めのないものがその設立について贈与又は遺贈を受けた金銭等の額も、いずれも株主等から法人に流入した金銭等の額のうち「資本金の額」としなかった金額という点で共通しており、「『資本金の額』以外の資本金等の額」に加算される(20年度改正で⑩は「利益積立金額」の増加に変更)。さらに、会社法では株式の消却を伴わない有償減資は、資本金を減少して資本剰余金を増加したうえでその資本剰余金を原資として剰余金の配当を行う行為とされており、このため⑪減資による資本金の額の減少額(法令8①十三)もいったん「『資本金の額』以外の資本金等の額」に加算されることになる。

一方、マイナス項目としては、まず①準備金(利益準備金を含む)の額もしくは剰余金(利益剰余金を含む)の額を減少して資本金の額を増加した場合の増加した資本金の額(再評価積立金を資本に組み入れた場合の組入額を含む)(法令8①十四)があげられる。これはこの取引が、株主等に金銭等が流出しない取引であることから、「資本金等の額」は全体として変化しない中で「資本金の額」を増加させる取引として捉えられるためである。

これに対し、②非適格分割型分割の場合の分割法人の分割直前の資本金等の額に分割移転割合を乗じて計算した金額(法令8①十六)、③適格分割型分割の分割法人について、分割により移転する純資産の帳簿価額から移転する利益積立金を減算した金額(法令8①十七)、④適格事後設立により資産の移転を受ける場合の帳簿価額修正損に相当する金額(法令8①十八)、⑤資本の払戻等(解散による残余財産の一部分配を含む)に係る減資資本金額(法令8①十九)、⑥法人税法24条1項4号から6号の事由が生じたことにより自己の株式の取得等をした場合の当該取得等直前の資本金等の額に相当する金額(法令8①二十)、⑦みなし配当が生じないあるいは対価の交付がない場合の自己株式の取得について対価の額に相当する金額又は時価相当金額等(法令8①二十一)は、いずれも法人から株主等に「資本金等の額」が流出しているが、それに見合う「資本金の額」の減少がないため、「『資本金の額』以外の資本金等の額」を減少させることになる。

条文は複雑にみえるが、株主等から出資を受けた金額が「資本金等の額」であり、このうち資本金の額としないものが「『資本金の額』以外の資本金等の額」であるという定義に従って個々の項目をみれば、「『資本金の額』以外の資本金等の金額」を理解することはそう困難ではない。

Q32　法人が留保利益を資本に組み入れた場合は上記マイナス要因の①に該当する。法人の経理処理に従えば利益剰余金の減少ということになるが、法人税法では利益積立金の減少ではなく上記のとおり「『資本金の額』以外の資本金等の額」を減少することになる。このように経理処理が企業会計(および会社法)と法人税法で相違する理由を考察しなさい。

2. 「法人が行う利益又は剰余金の分配」の意義

法人税法22条５項は、法人の損益計算から除外されるもう１つの資本等取引として、「利益又は剰余金の分配」をあげている。その性格は法人から株主等への利益の還元である。法人税法は、出資者に利益を還元する前の段階で計算される所得を課税対象としており、その後の会計処理である利益又は剰余金の分配を資本等取引とすることにより、結果として利益又は剰余金の分配を損金不算入としていることになる。利益又は剰余金の分配により法人から金銭等が流出するが、それは損金とはならず、「法人の所得の金額で留保している金額」（法２十八）と定義される利益積立金に対応しそれを減額させることになる（法令９①五）。この利益積立金と配当の関係については、第３編第２章第２節３「配当と利益積立金の関係」において詳述する。

法人税法22条５項の「利益又は剰余金の分配」は、法人から株主に対する利益の還元を広く含む概念と解されている。したがって、同法23条１項に規定する「配当等の額」に加え、同法24条のみなし配当が含まれ、さらにこれらの定義規定には該当しないが、株主等に対してその出資者たる地位に基づいて法人から供与される一切の経済的利益が含まれる（法基通1−5−4）。

このうち、法人税法23条１項に規定する「配当等の額」の範囲等および同法24条１項に規定する「みなし配当」については、第３編第２章第２節２「配当」においてその内容を詳述する。

また、こうした規定により配当等あるいはみなし配当とされるもの以外で、株主等に対しその出資者たる地位に基づいて供与される経済的利益は、いわゆる隠れた利益処分の問題として捉えられる。

NOTE 従来の所得税法、法人税法における「利益の配当」の語は、商法の「利益の配当」の借用概念とされ、その解釈について、しばしば２つの最高裁判決（最判昭和35年10月７日、最（大）判昭和43年11月13日）が引用されてきた。会社法では「利益の配当」に代えて「剰余金の配当」を用いており、こうした判例の考え方を見直す必要があるかどうかが問題となる。

なお、法人税法23条は剰余金の配当について一定の定義をしており

(同条①一括弧書き)、また、実務上は、違法配当も含め、株主等に対しその出資者たる地位に基づいて供与した一切の経済的利益は剰余金の配当等として資本等取引に該当するとしている(法基通1−5−4)。

Q33　株主等に対してその出資者たる地位に基づいて法人が経済的利益を供与することを「隠れた利益処分」ということがある。「隠れた利益処分」について調べ、そこでは何が問題とされているかを考察しなさい。

第5節　一般に公正妥当と認められる会計処理の基準 ——法人税法22条4項

1. 法人税法22条4項の意義

上述したとおり、法人の各事業年度の益金あるいは損金の額を計算するにあたっては、企業会計における収益あるいは原価·費用·損失の額の計算との間に密接な関係が存在する。税務と企業会計というそれぞれの制度の目的は異なるが、法人という組織が一定の期間内にどれほどの当期利益(所得)をあげたかを計算するという点は共通している。

また、企業会計が基準とする企業会計原則は「企業会計実務のうち一般に公正妥当と認められるものを要約したもの」(会計原則前文)とされており、会社法においても「株式会社の会計は、一般に公正妥当と認められる企業会計の慣行に従うものとする」(会社法431)と定めている。これに対応する形で、法人税法においても、益金の額および損金の額に算入すべき金額の計算にあたって「一般に公正妥当と認められる会計処理の基準」に従って計算すべきとする法人税法22条4項の規定を置いている(「公正処理基準」とよぶ)。これらの規定はともに法人の利益(所得)を計算するうえで、会計実務あるいは慣行のうち公正妥当なものとして定着しているものを尊重すべきとする点で共通している。実際、法人税法の実務においては、原則として企業会計で認められている会計処理が法人税法22条4項の公正処理基準を満たすものと認識されている。

しかし両者は全く同じということではない。法人税法の求める公正な所得計算としての要請に応えられるかどうかという観点から、企業会計上許容されると考えて納税者が行った会計処理が否定された裁判例もある。また、法人税法には「別段の定め」あるいは「資本等取引」のように、法人所得計算において明確に企業会計と異なる会計処理を求める規定も存在している。

Q34　法人税法22条４項の公正処理基準について、次の裁判例はどのように判示しているか。
①最判平成５年11月25日、②神戸地判平成14年９月12日

NOTE　米国IRCは、企業会計とは独立して法人所得計算を行う仕組みを採用している。ただし、会計方法は納税者が通常採用している方法に従って行わなければならず、かつ明瞭に所得を反映するものでなければならない(明瞭な所得反映の原則)(IRC446、規則1.446−1)。また、発生主義会計を原則とし(IRC448)、会計方法の継続適用が重要視される(規則1.446−1ほか)。このように法人所得計算の本質は日米で共通する。法人所得計算についてのIRC・規則の詳細な規定も、わが国法人税法の「別段の定め」と類似している。一方、米国では、企業会計と税務会計との乖離・調整は問題点として議論されていない。

このような背景の下で、法人税法22条４項の規定は、法人の課税所得は原則として企業会計に準拠して計算されるべきであり、そこで企業利益が一般に公正妥当と認められる会計処理の基準に従って計算されている限りそれを尊重する、との意味であると解されている。この解釈に従えば、わが国の法人税法は、企業所得に関する計算原理規定はできるだけ企業会計に任せ、税法独自の立場から設ける計算原理規定は必要最小限度に留める、という考え方を採っているといえ、それを明確にした点に法人税法22条４項の意義があるということになる。

こうして、納税者が計算した企業利益から出発して税法独自の規定による調整を加える形で法人税の課税所得を算出するという仕組みの下では、企業利益と課税所得を具体的にどう調整するかが重要となる。この調整に関しては、以下のとおり、確定決算主義、損金経理要件および申告調整という調整の手続面における規定と、「別段の定め」および「資本等取引」という調整の実体法上の規定とが置かれている。

2. 手続面における企業利益と課税所得の調整

(1)確定決算主義

法人税法22条4項の公正処理基準は、法人所得の計算にあたって原則として企業会計に準拠すべきことを要請するが、それを具体的に規定したものとして確定決算主義がある。法人は事業年度終了の日の翌日から2月以内に「確定した決算に基づき」確定申告書を提出することが求められている(法74①)。これは法人税の課税標準である所得金額を計算するにあたっては、まず企業自らが算出した企業利益を基礎として計算をスタートさせることを求めたものである。なお、確定した決算とは、会社法等の手続規定に従って株主総会の承認等(会社法438①、②、439)を受けた決算とされる。法人税法がこのように会社法やその基にある企業会計の計算に依拠する背景としては、同じく企業の利益を計算する企業会計と会社法、税法が、二重(三重)手間を避ける趣旨からも、できるだけ計算基準を共通化することが望ましいという考え方がある。

Q35　法人税法施行規則別表四における法人所得計算の仕組みを概観し、確定決算主義の意義を考察しなさい。

(2)損金経理等の要件

一方で、法人税法には租税政策上の理由から多くの「別段の定め」がなされており、企業会計で計算された企業利益に対し、別段の定めによる加算・減算が行われ、最終的な課税所得を得ることとなる。この加算・減算は法人税の申告書の中で行われるので、税務調整のうちの申告調整とよばれている。税務調整には、この申告調整のほかに決算調整とよばれるものがある。例えば、減価償却資産の減価償却費や貸倒引当金の繰入額などは、法人が確定した決算において費用又は損失として経理していなければ法人税法上損金とすることができない。これは損金等経理要件とよばれる(損金経理の定義は法２二十五)。このほか確定決算で所定の経理処理をしていなければ法人税法上その処理が認められないものがある。こうしたものについては、法人は決算を行うにあたって税務上の取扱いに配慮した調整を行うことが必要になる。法人税法が、決算において一定の経理(損金経理、積立金経理、延払基準の経理等)を要求するもの(決算調整事項)は、その多くが内部取引に係るものであって、企業会計では決算処理に関して法人にある程度の自由裁量が認められているものである。税法の立場からすれば、法人の取引意思を確認するためには、法人がその意思を決算で明確に示すことが必要ということになる。ただ、決算にあたって税務上の配慮を加えるとしても、決算そのものは法人自身の問題として処理されるものであるので、決算調整という言葉は適切でないとする意見がある。

損金経理等要件を含めた決算調整事項を例示すると、減価償却資産の償却費(法31)、繰延資産の償却費(法32)、少額減価償却資産等の一時損金算入(法令133、134)、特別の事由がある資産の評価益・評価損(法25、33)、業務執行役員の利益連動給与(法34①三)、圧縮記帳等(法42、44、45～47、49、50)、引当金繰入額(法52、53)、準備金繰入額(措法55～)、延払基準の採用(法63)、一定の工事の工事進行基準の適用(法64②)、棚卸資産の切放し低価法の採用(法令28②)などがあげられる。

Q36　損金等経理要件が法人の決算に一定の影響を及ぼすことの問題点(逆基準性・補充性)が指摘される。損金経理要件をすべて申告要件に変更することの当否および問題点を考察しなさい。

(３)申告調整

これに対し、申告調整は、企業会計上の決算とは切り離して、法人税申告書のうえで調整を行うものである。申告調整の対象となるもの(申告調整事項)は、税法独自の考え方や政策目的のために設けられているものが多く、いずれも法人が決算に織り込むべき事項ではない。また、これら申告調整事項は、法人が申告調整しないと税務署長が更正・決定を行う必須調整事項と申告調整するかどうかが法人の任意とされている任意調整事項とに区分される。

必須調整事項を例示すると、還付金等の益金不算入(法26)、外国税額控除を適用する場合の外国税額の益金算入又は損金不算入(法28、41)、資産の評価損益の益金不算入又は損金不算入(法25、33)、一定の役員給与・特殊支配同族会社の役員給与の損金不算入(法34、35)、使用人の過大給与の損金不算入(法36)、寄附金限度超過額の損金不算入(法37)、法人税等の損金不算入(法38)、青色欠損金等の損金算入(法57、57の2、58)、交際費等の損金不算入(措法61の4)などのほか、償却費・圧縮記帳・引当金・準備金等の限度超過額の損金不算入さらに使途秘匿金の損金不算入(措法62)などがあげられる。

また任意調整事項としては、受取配当の益金不算入(法23⑥)、国、特定公益増進法人等に対する寄附金の寄附金からの除外(法37⑨)、会社更生法等による債務免除等の場合の欠損金の損金算入(法59③)、協同組合等の事業分量配当等の損金算入(法60の2②)、所得税額・外国法人税額の税額控除(法68③、69⑯)、試験研究を行った場合の特別税額控除(措法42の4⑬)、資産譲渡の場合の特別控除(措法65の2④～65の5②)などがあげられる。

3. 実体法における企業利益と課税所得の差異――別段の定め

法人税法に「別段の定め」がある場合は、一般に公正妥当と認められる会計処理の基準にかかわらず、益金や損金の範囲や計算が別段の定めに従って取り扱われることになる。別段の定めは、租税政策上の理由から定められているものであり、①一般に公正妥当と認められる会計処理の基準に幅がある場合、統一的な処理を行うために一定の基準を設定する性格のものと、②租税法独自の論理又は経済政策上等の理由から、一般に公正妥当と認められる会計処理の基準の例外を定める性格のものとに区分できる。

前者の例としては、損益の帰属時期についての有価証券の譲渡損益の契約日基準(法61の2)、長期割賦販売等についての延払基準(法63)および長期大規模工事についての工事進行基準(法64)、資産の評価損益の取扱い(法25、33)、売買目的有価証券の期末時価評価(法61の3), 有価証券の空売り、デリバティブ取引等のみなし決済(法61の4、61の5)、外貨建取引の換算(法61の8)、減価償却資産の耐用年数等(耐令)、繰延資産の償却(法32)、引当金(法52、53)などがあげられる。さらに、法人が購入、製作等以外で取得した資産(棚卸資産、減価償却資産、有価証券)の取得価額は時価とする取扱い(法令32①三、54①六、119①二十五)、費用収益対応の原則に基づく、繰延ヘッジ・時価ヘッジ処理(法61の6、61の7)、リース取引(法64の2)なども、この①に含めることができる。

一方、後者の例としては、受取配当の益金不算入(法23)、租税公課等の取扱い(法26、38)、役員給与の損金不算入等(法34〜36)、寄附金の損金算入限度額(法37)、欠損金の繰越し(法57)、組織再編税制(法62の2〜62の9)、交際費等の損金不算入(措法61の4)、減価償却資産の特別償却(措法42の5ほか)、準備金(措法55〜61の2)、圧縮記帳(法42〜50、措法61の3、67の4)、などがあげられる。なお、以前は役員賞与の損金不算入の規定が設けられていたが、これは定期同額給与等一定の要件を充足しない役員給与の損金不算入の規定に改正されている(法34①)。役員賞与の損金不算入は元々商法や企業会計の取扱いと平仄を合わせたものであり①に該当するものであったといえるが、会社法および企業会計がいずれも役員賞与を費用とみる考え方を採用していることから、現在の法人税法34条1項の規定は②に該当する規定に性格が変更されたということができる。

この①と②を区別することは、それぞれの規定の妥当性検証基準を明確にする点で意義を有する。もし①に該当するのであれば公正妥当な会計処理の基準の観点から当該規定の妥当性が検証されるべきであり、②に該当するのであれば、税法としてのあり方あるいは政策効果の観点から当該規定の妥当性が検証されるべきことになる。

第2章

益金についての特別な取扱い ——益金に係る「公正処理基準」の具体化および「別段の定め」

先にみたとおり、益金の意義については、法人税法22条2項が「別段の定め」および「資本等取引」を除くすべての「取引に係る収益」を益金に算入するとしていることから、法人税法は益金について実現主義を採用するとともに純資産増加の原因となるすべての事実を取り込む包括的所得概念を採用していると考えられている。例えば米国では資本資産に係るキャピタル・ゲイン・ロスについて他の所得と区別する考え方があるが、こうした所得をその種類によって区別する考え方も、わが国法人税法は原則として採用していない。そのうえで、法人税法は益金の計算に係る多くの規定(取扱実務である通達を含む)を設けている。これらの規定は法人所得計算の特別な取扱いを定めるものであるが、その法的性格は同法22条4項の「公正処理基準」を具体化したものあるいは同法22条2項の「別段の定め」を規定したものと位置づけられる。以下、益金についてのこうした特別な取扱いについて、益金の年度帰属の問題と個別益金の問題に区分して説明する。

NOTE 米国IRCは、IRCにより個別に除外される種類の所得を除き、すべての源泉から生ずるすべての所得を総所得に算入すべきとしている(IRC61(a))。包括的所得概念を採用していることになる。その一方で、資本資産(一般に投資目的で保有される有価証券、不動産等を指す)から生ずるキャピタル・ゲインについては他の所得と区別して軽減税率を適用するとともに(IRC1(h)(1))、キャピタル・ロスについては他の所得との損益通算を制限する制度を採用している(規則1.1211−1)。

第１節　益金の認識と年度帰属

前章でみたとおり、法人税法は益金について実現主義を採用している。そこで個々の取引において、それが実現したといえるかどうかの判断が求められる。益金をどの事業年度の収益として計上するかという収益の認識基準の問題である。法人税法は、収益の帰属事業年度の特例として長期割賦販売等に係る延払基準および長期大規模工事等の工事の請負に係る工事進行基準についての認識基準を定めているが(法63、64)、一般的な収益認識基準については、有価証券の譲渡損益の認識について約定日基準(法61の２)を定めるほかは、法人税法22条２項が「当該事業年度の収益の額」と定めるのみである。規定がない場合の収益認識基準は、一般に公正妥当と認められる基準によることとなる。実務上、一般に公正妥当と認められる収益の認識基準として次のような取扱いが行われている。

1.　実現主義原則の採用

企業会計における費用収益の認識基準は、大別して現金主義(現金収支の事実をもって費用収益を認識する)と発生主義(会計的事実の発生により費用収益を認識する)があるが、発生主義を原則的方法とし、さらに、収益の計上については発生主義のうちの実現主義(当該年度の収益として実現したもののみを計上する、すなわち未実現利益は計上しない)が採用されている。実現主義の厳密な定義は企業会計においても議論のあるところであるが、ここでは実現主義とは、取引を通じて金銭等が法人に流入するか、流入が確実になった時点で収益を認識する考え方として捉えている。

課税実務においてもこうした慣行を公正妥当な収益認識基準として認め、さらに収益実現を確認する具体的基準として販売基準(引渡基準)を採用している。なお、収益実現の法的基準として権利確定主義という言葉が使用されることがある。販売基準に代えて権利確定主義を採る場合、引渡しがまだ行われていなくても売買契約の効力発生の日が収益実現の時点ということになり、両者に時点の違いが生じ得る。この場合、契約の効力発生日は任意に定め得ることから取引事実を正確に反映しないおそれがあるという問題がある。これに対して、販売・引渡しは通常売買契約の履行の最終段階にある行為であって、販売・引渡しがあればほぼ確実に契約の効力発生の事実を確認することができる。加えて、販売・引渡しを収益実現の日とすることは慣行として定着しており、こうしたことから収益認識基準として販売基準を採用することに妥当性がある。販売基準は権利確定主義と矛盾するものではなく、そのうちのより確かな裏付けを伴った基準と解されている。

販売基準に関しては、取引ごとの取扱いが以下のとおり具体的に通達等の形で定められている。この場合の通達は、公正妥当な会計処理についての統一的な取扱いを明確にし、納税者の予測可能性を確保する機能を果たすものといえる。

(1)棚卸資産の販売収益の認識

法人税法上、棚卸資産は、商品、製品(副産物および作業くずを含む)、半製品、仕掛品(半成工事を含む)、主要原材料、補助原材料、消耗品で貯蔵中のもの、その他これらに準ずるもので棚卸をすべきものと定義される。販売のために保有される物品や販売を目的とする製品の製造のために使用される物品が棚卸資産ということになる。短期売買商品および有価証券は棚卸資産に含めない(法2二十、法令10)。

棚卸資産の販売による収益については、その引渡しがあった日に実現したとされる(法基通2－1－1)。引渡事実の判定は、出荷基準、検収基準、相手方使用収益可能日基準等で継続適用されているものによることになるが、その商品、製品等の種類、性質、販売条件等に応じて合理的なものである必要がある(法基通2－1－2)。これが原則であるが、後述するとおり、その例外として長期割賦販売について延払基準の適用が認められている(法63)。

なお、棚卸資産の販売だけでなく資産の販売又は譲渡、役務の提供その他の取引全般にわたることであるが、ある事業年度の収益を益金として計上した後の事業年度において、契約の解除又は取消し、値引き、返品等の事実が生じた場合、その計上済みの収益を修正することが必要になる。こうした場合、法人税の実務上、その修正処理は発生年度に遡及させず、事実が生じた事業年度の損金の額に算入する取扱いとしている(法基通2－2－16)。法人が継続企業として事業を行っていることを前提として、前期損益修正の簡便法が採用されているものといえる。

NOTE 実務上の取扱いとして、委託販売については、商品を積送した日を原則としつつ、その商品の受託者からの売上計算書到着基準も継続適用を条件として認める(法基通2－1－3)等の、引渡事実の判定に関する取扱いが通達に示されている。棚卸商品の販売形態は、試用販売、予約販売等多様であるが、企業会計原則で収益計上時期が明確にされている場合も多く、そうしたものについては、法人税法22条４項の公正処理基準により、そうした公正な会計慣行に従うことになる。

Q37　販売による収益の額を修正するものとして売上値引き、売上戻し等と並んで売上割戻しがある。売上割戻しは多量の取引をした得意先に対する売上代金の払戻しであり、売上高から控除するか損金に計上することになる。売上割戻しの算定基準が売上高等によっており、かつ相手に明示されていれば問題ないが、そうでない場合は、その計上時期が問題となり、また場合によっては交際費等と認定されることになる。

今、売上が行われた事業年度の翌事業年度に売上割戻額を計算して相手方に通知した場合、売上割戻しの計上はどの年度で行えばよいか。

また、この売上割戻しが交際費等とされないためには何に留意すべきか。

＊参考；法基通2－5－1～2－5－3、措基通61の４(1)－３～61の４(1)－４、売上割戻しは仕入側からみると仕入割戻しとなる。仕入割戻しの計上時期等については、法基通2－5－4～2－5－6、過年度損益修正について最判平成４年10月29日。

(２)請負による収益の認識

請負による収益の計上時期については、物の引渡しを要する請負契約(建設工事など)では目的物の全部を引き渡した日(工事完成基準)、物の引渡しを要しない請負契約(運送業など)にあっては、その約した役務の全部を完了した日、が原則とされる(法基通2－1－5)。これに対応する原価も同時に損金に算入される。一般に請負の報酬は後払いと考えられている(民663)こととも符号する。これが原則であるが、後述するとおり、その例外として一定の建設工事等については工事進行基準の適用が認められ、特に長期大規模工事等については工事進行基準の適用が強制される(法64)。

そのうえで、建設工事等について、引渡しの日の判定基準(法基通2－1－6)、値増金の取扱い(法基通2－1－8)、工事進行基準によらない建設工事等についての部分完成基準の適用(法基通2－1－9)、機械設備等の据付工事を行った場合の特例(法基通2－1－10)等が通達で示されている。また、不動産業の仲介斡旋等報酬の額は、原則として売買等に係る契約の効力発生日に益金の額に算入すべきこと(法基通2－1－11)、設計、監督、技術指導その他の技術役務の提供による報酬の額は、原則として約した役務の完了時の益金とするがいくつかの特例があること(法基通2－1－12)、運送収入について継続適用を前提とするいくつかの収益計上時期の特例(法基通2－1－13)等が通達に示されている。

(3)固定資産の譲渡収益の認識

法人税法上、固定資産は、土地(土地の上に存する権利を含む)、建物・附属設備、構築物、機械・装置、船舶、航空機、車両・運搬具、無形固定資産(特許権、ソフトウエア、営業権等を含む)、生物(牛、馬、かんきつ樹、茶園等を含む)等で、棚卸資産、有価証券、繰延資産に該当しないものと定義される(法２二十二、法令12、13)。

固定資産の譲渡収益の計上時期については、その固定資産の引渡しの日とするのが原則であるが、土地、建物等については、引渡日を特定することが難しい場合もあることから、売買契約効力発生の日とすることも認められている(法基通2－1－14)。また、工業所有権等(特許権、実用新案権、意匠権、商標権など)の譲渡又は実施権の設定によって受ける対価については、原則としてその譲渡又は設定に係る契約の効力発生日に(法基通2－1－16)、また、無形固定資産に含まれるノウハウの設定契約に際して支払いを受ける頭金、一時金については、そのノウハウの開示を完了した日(法基通2－1－17)に、それぞれ収益実現を認識することとしている。

それぞれ譲渡対価を収益として計上すると同時に、譲渡した固定資産の帳簿価額(税務上の帳簿価額)および譲渡のために直接要した費用の額を控除する。なお、譲渡担保のうち譲渡者が引続きその固定資産を使用収益する等、担保としての性格が明確なものについては、その譲渡がなかったものとして取り扱うこととされる(法基通2－1－18)。

NOTE 土地等については、このほか、共有地の分割、必要最小限の土地の交換分合および道路の付替えのための土地の交換は譲渡としないこと(法基通2－1－19、2－1－20、2－1－21)、農地について農地法上の許可のあった日まで収益の額の計上繰延べを認めること(法基通2－1－15)等が通達で示されている。

NOTE 工業所有権等は知的財産の問題として捉えられる。収益計上時期に関しては、知的財産からの収益が権利の譲渡等によるものは上述のとおりであるが、設計、技術指導等の役務の提供を通じて収益が計上されるものについては請負による収益の計上原則が適用される。また、知的財産を使用させ使用料等の収入を得る場合は、後述する使用料収益の計上原則に従うことになる。ところで、知的財産については、それをどの範囲でまたどのように価値を評価して貸借対照表に計上するかという問題が重要である。現実には簿外とされている場合も多く、それが外部に移転する場合の適正な対価の収受が問題となりやすい。

(4)有価証券の譲渡損益(ネット概念)の認識

法人税法上、有価証券は、金融商品取引法2条1項に定める有価証券その他これに準ずるもので、政令で定めるものと定義されており、公社債、出資証券、株式、新株予約権証券、各種受益証券に加え、有価証券が発行されていない場合の有価証券に表示されるべき権利、合同会社の社員の持分、協同組合等の組合員持分、法人の出資者となる権利等が該当する。外国又は外国法人の発行する証券・証書等も、当然、有価証券に含まれる。なお、自己株式およびデリバティブ取引に係るものは有価証券に含まれないが(法2二十一、法令11)、広く金融商品取引という場合は、そうしたものを含めて考えることになる。

有価証券の譲渡による損益は、その譲渡の契約をした日の益金又は損金に計上する、すなわち約定日基準とするとともに、個々の有価証券の取引ごとに、譲渡利益額又は譲渡損失額を純額(ネット)で計上することとしている(法61の2①)。この約定日基準の採用およびネット額での損益計上は、他の取引とは異なる取扱いとなっている。そこで、以下では、まず、有価証券の譲渡損益について約定日基準を採用している理由と約定日の判定の問題について述べ、続いて、ネット額での計上を採用している理由と有価証券の譲渡損益を計算する具体的な仕組みについて説明する。

第一に、有価証券の譲渡損益について約定日基準を採用しているのは、有価証券取引においては現物引渡しの持つ意味が他の資産ほど重要でなく、かつ、譲渡の約定日と引渡しの日の間の値動きの問題等への配慮が必要であるためと説明される。約定日基準を適用するためには具体的な譲渡契約の日を特定する必要があるが、この点については、証券会社に委託した有価証券の売却に関しては取引の成立日、相対取引についてはその取引の約定が成立した日、減資・株式消却・退社等によるものについてはその事実のあった日、合併等に起因するものについては合併の日などの詳細がルール化されている(法基通2-1-22以下)。

このほか約定日基準に関して、有価証券の空売り(有価証券を有しないでその売付けをし、その後に同一銘柄の有価証券の買戻しをして決済する取引等)の場合の約定日は、決済に係る買戻しの契約をした日(法61の2⑲)、信用取引(証券会社が顧客に信用を供与して行う有価証券の売買等)および発行日取引(有価証券が発行される前に有価証券の売買を行う取引)の場合の約定日は、その決済に係る買付け又は売付けの契約をした日(法61の2⑳)とされる。同様にデリバティブ取引契約に基づき金銭以外の資産を取得した場合のデリバティブ決済により生じた損益の計上日は、その決済が現物の受渡しにより行われることが確定した日(受渡決済確定日)とされている(法基通2-1-35)。

また、法人が保有する有価証券は、売買目的有価証券、満期保有目的等有価証券およびその他の有価証券に区分して銘柄ごとに管理され1株あたりの帳簿価額が計算される仕組みになっているが、所定の事由により法人がこの区分を変更する場合は(例えば、売買目的有価証券が企業支配株式に該当するようになった場合)、有価証券をそのときの価額で譲渡し、別の区分の有価証券をその価額により取得したものとしてみなし譲渡課税が行われることになる（法令119の11）。他方、同一銘柄の有価証券を買い戻す等の権利等をもって売却を行う、いわゆるクロス取引については、期末時価評価が行われる売買目的有価証券の場合を除き、法人税法上その売却はなかったものとされる（法基通2-1-23の4）。有価証券取引の操作性を背景とし、取引の事実関係に即した取扱いを行ううえでの実務上の考え方を示したものといえる。

第二に、有価証券譲渡に係る損益計上の特徴の1つである譲渡損益の純額計上については、有価証券の取引が多様で収益（益金）と費用（損金）の対応関係が不明確となりやすいことから、収益と費用の対応を明確にするため純額計上が採用されていると説明される。

純額としての有価証券の譲渡損益は、譲渡に係る対価の額から譲渡に係る原価の額を控除して計算する（法61の2①）。そこでまず、譲渡に係る対価の額であるが、譲渡に伴って受領した又は受領すべき金銭等の額によるのが原則である。ただし、当該受領した金銭等の額のうちにみなし配当とされるものがあるときは、その金額を控除した残額が譲渡対価となる（法61の2①一）。

こうした原則に対する例外的な取扱いが、法人税法61条の2第2項から22項に規定されている。このうち、2～12項は法人の組織再編に伴う有価証券の交付・譲渡に係るものであり、13項は組織変更に伴うもの、14項は取得請求権付株式等の特殊な事情によるもの、15、16項は信託の併合、分割に係るもの、17、18項は資本又は出資の払戻等に係るもの、19、20項は有価証券の空売り、信用取引、発効日取引に係るもの、21項は有価証券の売買を行う業務を廃止した等の場合、22項は組織再編の場合の親法人株式の取扱いに係るもの、である。これらは、政策的に譲渡益を発生させず課税を繰り延べるための措置あるいは費用収益対応の原則から対価と原価の関係を法令で特に明記したものである。

一方、譲渡に係る原価については、有価証券の1単位あたりの帳簿価額は、有価証券を売買目的有価証券、満期保有目的等有価証券およびその他の有価証券に区分したうえ銘柄ごとに、有価証券の取得価額を基礎に、移動平均法又は総平均法のうちから法人が選定した方法により計算される（法令119の2①、119の5、119の6）。なお、法人が方法を選定しなかった場合等は移動平均法による（法令119の７①)。さらに、計算の基礎となる有価証券の取得価額について法人税法施行令119条は、有価証券の購入の場合は購入対価(法令119①一)、金銭等の払込みによる取得の場合は払込みをした金銭等の額(同二)、無償交付の場合は０(同三)とし、さらに組織再編に伴う取得の場合(同五〜十二)、組織変更により交付を受けた場合(同十三)、取得請求権付株式等の請求権の行使等により取得した場合(同十四〜十八)、新株予約権付社債に係る取得の場合(同十九、二十)、取得条項付新株予約権に係る取得の場合(同二十一、二十二)、集団投資信託について信託の併合、分割に伴い取得した信託受益権の場合(同二十三、二十四)のそれぞれについて、有価証券の取得の態様に応じて取得価額とすべき金額を規定している。ここで注目されるのは、取得価額に時価取引の考え方が採り入れられていることである。例えば、有利な価額(実務上の取扱いは時価に比べ10%相当額以上有利)で有価証券を取得した場合や列記された事由に該当しない取得の場合は、その取得のときにおけるその有価証券の取得のために通常要する価額(すなわち時価)が取得価額とされている(法令119①四、二十五、法基通2−3−7)。

また、取得のための手数料等の附随費用は取得価額に加算するが、取得のための通信費、名義書換料および外国有価証券の取得において徴収される有価証券取得税その他これに類する税は附随費用に含めないことができる(法基通2−3−5)。

なお、有価証券の空売りの場合は、売付けをした有価証券の対価の額から、買戻しをした有価証券の対価の額を控除した額を譲渡損益の額とし(法61の２⑲)、信用取引又は発行日取引の場合は、売付けをした株式の対価の額と買付けをした株式の対価の額の差額を譲渡損益の額とすることになる(法61の２⑳)。

Q38　有価証券の空売りとは何かを調べなさい。そのうえで、有価証券の空売りの場合に、その譲渡に係る契約をした(約定日)がその決済に係る買戻しの契約をした日とされているのはなぜかを説明しなさい。

NOTE　有価証券の区分について、法人税法61の３は、有価証券を売買目的有価証券、償還期限等の定めのある売買目的外有価証券、その他の売買目的外有価証券に３区分してそれぞれを定義したうえ、売買目的有価証券については期末時価評価を求めている(時価法)。また、償還期限等のある売買目的外有価証券については、法令119条の14により取得価額と償還金額との差額を期間配分する形で調整を行う(アキュムレーション、アモチゼーション)とともに、その他の売買目的外有価証券については取得価額を簿価とする(原価法)こととしている。
一方、有価証券の１単位当たりの帳簿価額算出の方法を規定した法令119条の２②は、有価証券を売買目的有価証券(法61の３と定義は同じ)、満期保有目的等有価証券(企業支配株式等を含む)およびその他の有価証券に３区分している。ここでは、償還期限等の定めのある売買目的外有価証券が、満期保有目的等有価証券とその他の有価証券に二分されることになる。１単位あたりの帳簿価額を算出するうえで保有目的を重視する考え方が示されているといえる。

法人は資産運用のためあるいは企業結合の手段として有価証券を保有するが、有価証券は上述したとおりその種類が多く、取得や譲渡の態様も多様であり、有価証券の取得・譲渡を通じた取引における操作性も高い。このため、法人税法は有価証券の範囲を明確にし、譲渡損益計上の時期、譲渡損益計算の基礎となる対価と原価(取得価額および帳簿価額の計算方法を含む)、組織再編に伴う有価証券の取扱い、売買目的有価証券等の期末時価評価等さらには有価証券そのものではないが金融派生商品であるデリバティブやヘッジ取引の取扱いを詳細に規定している。こうした有価証券等の取引に関する法人税法の規定は金融取引税制あるいは金融商品税制とよばれるものの中核を構成している。本書のこの部分では、有価証券の範囲、譲渡損益の計上時期、有価証券譲渡に係る対価と原価のみをとり上げている。

NOTE 有価証券に係る税制のうち、組織再編を通じた株式等の取得・譲渡に係る問題は第３編第１章第１節「組織再編税制」の部分で、また売買目的有価証券等の期末時価評価およびデリバティブ、ヘッジ取引については本編第２章第２節２(４)「売買目的有価証券等の期末時価評価」および同

(5)「ヘッジ取引」、同(6)「リース取引の取扱い」でとり上げている。一方、例えば株式を保有することはその発行法人の株主となることを意味する。そこでは株主・法人関係に基づく課税問題が発生するが、この問題については第3編第2章「株主・法人間取引の税務」の部分で取り扱っている。

(5)短期売買商品の譲渡損益の認識

短期売買商品(棚卸資産)とは、金、銀、白金その他の資産(有価証券は除く)のうち、①市場における短期的な価格の変動等を利用して利益を得る目的で行う取引に専ら従事する者が、短期売買目的でその取得の取引を行ったもの、および②その取得の日に短期売買目的である旨経理したものをいう(法令118の4)。こうした商品はトレーディング目的で保有する棚卸資産に該当するが、その企業会計処理が定められたことを受け、法人税法も、短期売買商品の譲渡益又は譲渡損を、その譲渡に係る契約をした日の属する事業年度の益金、損金とすることを明らかにしている(法61①)。処理の考え方は有価証券の譲渡損益の場合と共通しており、有価証券に準じた形で対価と原価についての規定が設けられている(法令118の5、118の6)。

(6)外貨建取引に係る為替差損益の取扱い

外国通貨で支払いが行われる取引(外貨建取引)を行った場合においては、その取引を行った時の外国為替相場(原則として電信売買相場の仲値)に基づき円換算し、取引を円で記帳する(法61の8①)。

外貨建取引の結果記帳された債権・債務は、外国通貨で決済すべきこととされる金銭債権・債務(外貨建債権・債務)であり、原則としてその決済時において決済による円貨額との差額として為替差損益が発生する。なお、こうした外貨建債権・債務が各期末にある場合の期末の帳簿価額の算定は、発生時換算法か期末時換算法かのいずれかによること、すなわち選択が認められている(法61の9①一)。発生時換算法の場合は、外貨建取引を行ったときの円換算額をそのまま期末の金額とすることになるが(先物外国為替契約等による場合を除く)、期末時換算法の場合は、各期末の外国為替相場により改めて円換算した金額をその外貨建債権・債務の期末の帳簿価額とすることになる(先物外国為替契約等による場合を除く)。したがって、期末時換算法の場合は、各期末に為替差損益が発生することになる(法61の9②)。この為替差損益は翌事業年度において洗替えの処理を行う(法令122の8①)。

この発生時換算法と期末時換算法の選択は、同じく外貨建ての資産・負債(外貨建資産等という)のうち、売買目的外有価証券(償還期限および償還金額の定めがあるものに限る)および外貨預金について同様に認められている(法61の9①二ロ、三)。これに対し、外貨建資産等のうち、売買目的有価証券および外国通貨については期末時換算法のみしか認められず(法61の9①二イ、四)、一方、その他の有価証券については発生時換算法のみしか認められていない(法61の9①二ハ)。

発生時換算法と期末時換算法の選択が認められているものについては、申告期限までに選択した外貨建資産等の期末換算方法を届け出なければならない。その届出にあたっては、外貨建債権・債務については短期外貨建債権・債務(1年以内に期限が到来するもの)と長期外貨建債権・債務に区分し、売買目的外有価証券については満期保有目的等有価証券とそれ以外の有価証券に区分し、さらに外貨預金については短期の外貨預金と長期の外貨預金に区分したうえで、それぞれごとに期末換算方法を届け出ることとされている(法令122の5)。変更する場合も同様である(法令122の6)。なお、届出がない場合又は選定した方法で換算しなかった場合の換算方法は、短期外貨建債権・債務および短期の外貨預金については期末時換算法、それ以外については発生時換算法が適用される(法定換算方法)(法61の9①、法令122の7)。

これとは別に、外国為替相場が著しく変動した場合(15%以上の変動)において、法人が期末に有する外貨建資産等(先物外国為替契約等により為替リスクがヘッジされたものおよび企業支配株式等を除く)につき、期末に取引を行ったものとみなす(時価評価したのと同じ)取扱い(法61の8④、法令122の3)が認められている。

ところで、国際取引においては為替変動のリスクを避けるため先物外国為替契約を行うのが一般的である。この点については、法人が外貨建取引によって取得・発生する資産・負債の円換算額を確定させる契約(先物外国為替契約)又はスワップ契約で一定の要件を満たす取引を行い、その契約の日にその旨を財務省令で定めるところにより帳簿書類に記載した場合は、取引の円換算額は先物契約等により確定させた額によることとされている(法61の8②)。したがって、先物外国為替契約等を行った場合は、その契約の日に為替差損益(為替予約差額)が生ずることになる。この為替予約差額については、その為替予約契約等締結の日から決済の日までの事業年度に益金又は損金として配分を行うこととされる(法61の10①)。ただし、決済期間が1年以内に到来する短期外貨建資産等の予約差額については、期間配分せず、契約締結事業年度に一括して損益を計上することが認められている(法61の10③)。

Q39　3月決算の法人が2月10日に外貨建てで売上を行い6月10日付で10万ドルの支払いを受けることになった。取引日、期末、6月決済日の為替相場はそれぞれ1ドル118円、115円、100円であった。なお、この取引に係る10万ドルについては、2月10日に6月10日付で1ドル105円とする先物外国為替契約を締結している。取引日、期末、翌期首、決済日の税務上の処理について説明しなさい。

NOTE　外貨建取引の円換算に関しては、上記のほか、外貨建資産等の評価換え等をした場合のみなし取得(法令122の2)、法定の期末換算法(法令122の8)、為替予約差額配分の方法(法令122の9～122の11)等が規定されており、さらに発生時換算法の方法(法基通13−2−1−2)、期末時換算法の方法(同13−2−2−5)、先物為替予約契約等がある場合の収益・費用の換算(同13−2−1−4)などの実務上の取扱いが示されている(同13の2−1−1～13の2−2−19)。

(7)受取利子、受取配当、受取使用料等の収益の認識

利子、配当、使用料等については、収入すべきことが確定した時期の収益とするのが原則である。すなわち、貸付金、預金等の利子等についてはその利子等の計算期間の経過に応じて、また剰余金の配当については配当をする法人が株主総会等で配当を決議した日に、さらに使用料については契約等により

支払いを受けるべき日に、それぞれ益金の額に算入することになる。ただし、いずれの場合も、継続適用を条件に一定の範囲で、支払期日到来基準又は支払日基準を認めている。さらに、債務者が債務超過等で相当期間利子が未収となった場合、利息制限法の制限超過利子の場合、みなし配当の場合、係争中で使用料の額が確定しない場合、国外からの送金が許可されない場合等について、それぞれの場合の取扱いの基準が示されている(法基通2-1-24~2-1-31)。基本的には受取りが確実になった時点を収益実現のときと捉えていることがわかる。

(8)将来に効果の及ぶ収益等の取扱い――期間配分と管理支配基準

金銭の流入があり収益の額が確定した場合でも、その効果が将来に及ぶ場合には、それを現在の収益とするか、将来の収益とするか判断が必要になる。

第一に、金銭の流入があってもそれが将来の期間に対応するものは、その対応する各期の収益として計上すべきという考え方がある。前受賃貸料等がその典型であるが、より複雑なものとして、法人が社債券等を発行しその発行価額が券面金額を超える場合があげられる(打歩発行)。超過差額は社債券等についての発行差益でありその額は発行時に確定する。しかし適正な期間損益計算を行う観点からその発行差益を償還期間に配分して各期の益金として計上することとされる(法令136の2①)。上述した償還期限等のある売買目的外有価証券の取得価額と償還金額との差額(調整差損益)についても同様の処理を行うこととされている(法令139の2①、法基通2-1-32~2-1-34)。

また同様の考え方に基づくものとして、先に述べた為替差損益に関する為替予約差額の期間配分の問題がある。為替差損益は外貨建取引を円に換算することから生ずる損益であり、その取扱いの原則は先に述べたとおりである。

第二に、類似の事例であるが、次年度以降に効果の及ぶ金銭等の流入であっても、その流入した金銭が期間按分計算になじまずかつ将来返還する可能性がほとんどないと認められる場合がある。そうした場合は、原則として金銭が流入した時点で収益を認識する取扱いとされる。既に金銭等を収受し、当該金銭等を返還の必要に迫られることなく自由に管理支配できる状態になったときに所得の実現があったとする考え方は、管理支配基準とよばれることがある。商品の引渡しや役務の提供を約した商品券の発行時での益金算入(法基通2－1－39)、将来の逸失利益等の補塡のための補償費等の益金受入れ(法基通2－1－40)、返還を要しない保証金等の益金受入れ(法基通2－1－41等)がこれにあたる。

Q40　本文で述べた商品券は商品の引渡しが行われていないにもかかわらずなぜ商品券の発行時に収益を計上するのか。管理支配基準の考え方を用いて説明しなさい。

＊参考;管理支配基準について法基通2－1－39、2－1－29(注)および最判昭和53年2月24日

2. 延払基準――実現主義原則の例外①

商品等の販売収益はその代金を回収したかどうかにかかわらず、その引渡しのときに計上するのが原則である(販売基準)。延払基準はこの販売基準の例外であり、法人が、長期割賦販売等に該当する資産の販売・譲渡、工事の請負(長期大規模工事を除く)、役務の提供等をした場合に、納税者の担税力への配慮から実現した収益を代金回収に合わせて繰り延べるものである(法63①)。ここで長期割賦販売等とは、①3回以上の賦払い、②賦払い期間が2年以上、③代金の3分の2超が賦払い、の要件を充たすものであり(法63⑤、法令127)、回収期限到来基準(期限前入金を含む)により収益の額および費用の額を計上することとしている(法令124①一、②)。個々の取引ごとに適用でき、継続適用が前提とされる。具体的な取扱いについては通達が定められている(法基通2－4－1～2－4－5)。

延払基準適用については、法人が確定決算において政令で定める延払基準の方法により経理することが要件とされる(法63①)。

なお、平成20年4月1日以後に締結されるリース取引のうち売買があったとされるリース資産の引渡しについては、これを延払基準に準じて取り扱うこととされている(法63②)。この点については本章第2節2(6)「リース取引の取扱い」の部分で説明する。

Q41　長期割賦販売等の対価の額が100万円、同じく原価の額が70万円だったとして、当期中に支払期日の到来したものの合計額が41万円でそのう

ち前期末までに支払いを受けたものが４万円あり、また当期末までに支払いを受けた金額のうち翌期以降に支払期限の到来するものが３万円含まれていた。延払基準を適用した場合に当期に計上すべき収益の額および費用の額を、法人税施行令124条１項一号および２項の規定に基づいて計算しなさい。

3.　工事進行基準――実現主義原則の例外②

長期の建設工事等も請負による収益であるので、その目的物の全部を完成して引き渡したときに収益が実現したと考えるのが原則である（工事完成基準）。しかし、そうすると工事完成までの事業年度については長期にわたり収益が計上できず完成した事業年度に一時に多額の収益が計上されることになり、企業の経営成績が適正に表示できないという問題が生ずる。このため企業会計ではその進捗部分について成果の確実性が認められる工事について工事進行基準を適用することとしている（平成19年12月公表会計基準）。

これに対し、法人税法は、工事の請負を長期大規模工事とそれ以外に区分し、長期大規模工事については工事進行基準の採用を強制し、それ以外の工事については工事完成基準と工事進行基準の選択適用を認めている（法64①、②）。

ここで長期大規模工事とは、請負対価が10億円以上で工事着手の日から引渡期日までの期間が１年以上あるもの、かつ対価の２分の１以上が引渡期日から１年を経過する日以後支払われることになっていないものをいう（法64①、法令129①、②）。この基準は平成20年度改正で変更されており、また同年度改正で、ソフトウエアの開発が工事進行基準の対象となる工事の範囲に加えられている（法64①括弧書き）。

なお、工事進行基準は、工事の請負対価の額および工事原価の額（見積額）を工事の進行割合（工事原価の発生割合等に応じて測定）に応じて各事業年度の収益および損金として計上するものであり、未実現利益について収益を認識する手法である（法令129②）。

Q42　工事請負対価の額が50億円、当該工事について見積もられる工事原価の額が40億円の長期大規模工事について、その工事のために期末まで

に発生した原材料費、労務費その他の経費の額の合計額が30億円、前期までに収益の額に算入された金額は28億円、同じく前期までに費用の額とされた金額が22億円である。当期に計上すべき収益の額および費用の額を、法人税施行令129条2項の規定に基づき計算しなさい。

第2節　個別項目についての特別な取扱い

1.　経済価値の流入あるいは増加があるが益金と認識しない別段の定め

(1)受取配当の益金不算入

受取配当の益金不算入は、法人税法における最も典型的な「別段の定め」である。法人の受取配当は企業会計上の収益であり、金銭等の資産が流入し純資産の増加があるので当然法人の所得として課税対象となるべきものである。しかし、法人税法は、法人が他の内国法人(外国法人は除く)から受け取った配当等の金額の50%(連結法人株式等および関係法人株式等については100%)を、申告を前提として益金に算入しない旨規定している(法23①、②)。これは、先に述べた法人税の性格を所得税の前取りとする考え方を背景にしたものであり、法人の配当に対する二重、三重の課税を避けるために法人間では受取配当に課税しないとするものである。

受取配当益金不算入の制度を理解するうえでの最初のキーワードは、100%の益金不算入が認められる「連結法人株式等」および「関係法人株式等」である。このうち「連結法人株式等」は、配当等の受取法人と支払法人との間に配当の計算対象期間のすべてにわたって連結完全支配関係があった場合の当該支払法人の株式等をいう(法23①、法令19①)。また「関係法人株式等」は、配当等の確定する日以前6ヶ月以上引き続き他の内国法人の発行済株式の総数又は出資金額の25%以上の株式等(出資を含む)を有している場合におけるその株式等をいう(法23⑤、法令22の2)。いずれも株式保有を通じて密接な親子会社の関係にあり、子会社の活動には親会社との一体性が認められる。このため子会社からの配当と最終的な個人株主持分との間には相当の関係がある。さらに法人が支店でなく子会社を通じて活動することに対する税制の中立も求められる。連結法人株式等又は関係会社株式等からの配当についてその全額が益金不算入の対象とされていることについては、このような理由があげられている。

一方、連結法人株式等又は関係法人株式等に該当しない株式からの配当については、その50%のみが益金不算入の対象となる。こうした株式を法人が保有する主たる理由は余裕資金運用であり、他の余資運用手段からの収益(例えば、預貯金や債券の利子)との課税面での公平確保、さらに当該配当と最終個人株主との関係の希薄さといった点が考慮された結果と考えられる。

キーワードのその2は、受取配当等の範囲である。制度の対象となる受取配当等は内国法人からの配当に限られており、外国法人からの配当は除外されている。同時に、公益法人等又は人格のない社団等から配当等があった場合も対象外とされる。これは、これらの法人がいずれも制限納税義務者(所得の一部のみが課税対象となる)であり、必ずしも二重課税が生じないからであると説明される。結果として、これらの適用除外法人から利益の配当等があった場合は、全額が益金に算入されることになる(法23①括弧書き)。

受取配当そのものの定義は、法人税法23条1項に規定されているとおり、剰余金の配当、利益の配当および剰余金の分配であり、特定目的会社の中間配当、公社債投資信託の収益の分配のうち政令で定めるものが含まれる(法23①一~三)。同法24条1項に規定する「みなし配当」もこの受取配当益金不算入の対象となる「受取配当金」に含まれる。この同法23条1項に定める配当および同法24条1項に定めるみなし配当の意義、範囲等については、第3編第2章第2節2「配当」でその内容を詳しく説明する。

キーワードその3は、短期所有株式等である。配当の元本である株式等が、配当等の計算期間の末日(配当基準日)以前1月以内に取得され、かつ同日後2月以内に譲渡されたものである場合は、短期所有株式等として、その配当を益金不算入の対象から除外することとしている(法23③)。これは、配当基準日(通常、決算期間末日)の直前に法人が個人から株式を取得し権利落ち後に株式の相場が下落するいわゆる配当権利落ち現象を利用して、個人は配当所得課税の株式譲渡所得課税への所得種類の転換、法人は受取配当益金不算入制度をそれぞれ適用した後に、法人が安値で株式を再び個人に売り戻して株式譲渡損を計上する、といった租税回避行為に対処するための規定とされる。ただし、みなし配当については配当の計算期間の観念がないこと等から、この除外計算は適用されない。

キーワードその４は、負債利子控除である。法人が配当の元本である株式等を取得するために借入れを行ったとすればそこで支払う利子は受取配当を得るための必要経費ということになる。そこで受取配当益金不算入の対象から負債利子の額を控除することとされている(法23④)。控除する負債利子の額は、一般株式等と特定株式等の区分ごとに、法人が当期に支払う負債利子の総額(社債の利子、利子税、売上割引料等、株式等の取得と関係のない特定利子を除く)に当該株式等の帳簿価額が総資産の帳簿価額に占める比率を乗じて計算する(法令22①、②)。これを総資産按分方式とよぶが、平成10年４月１日に存する内国法人については、一般株式等と特定株式等の区分ごとに、法人が当期に支払う負債の利子(特定利子を含む)に過去の一定の実績率(法人の支払利子の総額に占める当該株式等に係る負債利子の比率)を乗じる簡便法も認められている(法令22③)。

(２)資産の評価益の益金不算入

①未実現の利益

資産の評価益は、評価という行為を通じ資産の帳簿価額を増額することから生まれる利益であり、外部からの金銭等の流入がない未実現の利益である。上述したとおり、公正な会計慣行は収益について実現主義原則を採用しており、未実現利益である評価益は法人税法22条４項の規定に照らして収益とは認識されない。さらに、同法25条はこの点を確認する趣旨から、資産の評価換えによる益金、すなわち評価益はこれを益金の額に算入せず、当該資産の帳簿価額はその評価換えがなかったものとして取り扱うことを規定している(法25①)。このように資産の評価益は、公正な会計慣行からも明文の規定からも益金とは認められない。仮に、法人が資産の帳簿価額を増額して評価益を計上した場合、法人税法の適用上その帳簿価額の増額はなかったものとされる。したがって、その後の当該資産の減価償却や譲渡損益の金額は評価換えがなかったものとして計算されることになる。

この資産の評価益を益金に算入しない取扱いには、２つの大きな例外がある。１つは、法令の規定に基づき行われる資産の評価換えであり(法25②、③)、今

1つは売買目的有価証券等の期末時価評価(法61の3)である。なお、資産の評価換えについては、このほか一定の事由が生じた場合に評価損を計上できる旨の規定(法33②、法令68)があるが、これについては本編第3章第3節1(2)「資産の評価損」の部分で説明する。

②法令の規定に基づく評価換え

例外その1の法令の規定に基づく評価換えには、①会社更生法又は金融機関等の更生手続きの特例等に関する法律に基づき行われる評価換え(法25②)、②保険業法に基づき行われる評価換え(法令24)、③民事再生法の規定による再生計画の認可又はこれに準ずる事実があったことにより行われる評価換え(法25③、法令24の2①)がある。いずれもそれぞれの法令の目的に沿って評価換えが行われるものであり、法人税法もそれを尊重して時価までの評価益を益金として取り扱う。ただ、①の会社更生の目的で行われる資産の評価換えについては、それを益金として課税するだけに止まると本来の会社更生の趣旨を失わせるおそれがあるため、資産の評価益を益金に算入する一方で、その益金から法人の繰越欠損金(未処理青色欠損金だけでなく法人のすべての繰越欠損金)を控除し、残額が生じた場合のみ課税することとしている(法59)。

③売買目的有価証券等の期末時価評価

法人税法における有価証券等の期末時価評価は、企業会計における時価会計と歩調を揃えるものであり、その考え方は、売買目的有価証券、短期売買商品、有価証券の空売り・信用取引で未決済となっているもの、デリバティブ取引で未決済となっているもの、外貨建債権・債務等について、広く採用されている。原則として評価損益を計上しない法人税法の考え方からすれば、例外的取扱いに属する。この有価証券等の期末時価評価については、2(4)「売買目的有価証券等の期末時価評価」で詳しく説明する。

(3)還付金等の益金不算入

法人が法人税額等の還付金を受け取った場合(未納の税に充当される場合を含む)は、金銭等の法人への流入はあるものの、益金の額には算入されない(法26)。これは法人税法38条が、法人の支払う法人税額等について、金銭の法人からの流出ではあるが損金の額に算入していないことと裏腹の関係にある。すなわち、法人税額等は、法人の所得の額が確定して初めて金額が定まるものであり、その支出およびその還付による収入は損益計算の枠外に置くという考え方に基づくものである。明文の規定をもって別段の定めが規定されていることになる。

この規定の適用を受ける法人税額等の還付金には、損金不算入とされる法人税等(延滞税、加算税等を含む)の還付金のほか、確定申告による所得税等の還付金(法78)、欠損金の繰戻しによる還付(法80)、継続等の場合の所得税額等の還付金(法120)、更正による所得税額等の還付(法133、137)が含まれる。また、外国税額控除の適用を受けるため損金に算入されなかった外国法人税額がその後減額・還付された金額も益金不算入となる(法26②)。

一方、還付加算金および支払時に損金とされる利子税、事業税、固定資産税等の還付金については、益金不算入の適用はない。

(4)連結法人間取引の損益の調整

連結納税が選択された場合、グループ法人間の資産等の取引については単体法人の場合と同じ規定が適用される(法81の3)。したがってグループ内での資産の譲渡等についても損益が認識されることになるが、これはグループ全体としてみると未実現損益であるので排除する必要がある。このため連結法人間取引の損益を調整する仕組みが設けられている。すなわち、一定範囲の資産を譲渡損益調整資産とよび、連結法人が譲渡損益調整資産を連結グループ内の他の法人に譲渡した場合は、そこで生じた損益を連結所得の金額に反映させないこととしている(法81の10①)。ここで、譲渡損益調整資産は、固定資産、土地、有価証券(売買目的有価証券を除く)、金銭債権および繰延資産とされ、棚卸資産が対象外とされている。また単位あたりの税務上の帳簿価額が少額(1,000万円以下)のものも除外される。

当然のことであるが、当該資産がグループ外に譲渡された場合等は、こうした損益の凍結処理が解除され、譲渡損益が連結損益に計上されることになる(法令155の22②)。

分割等前事業年度において連結法人間で譲渡損益調整資産の譲渡があった場合の譲渡損益についても、その分割等事業年度の損益について上記と同様の取扱いが行われる(法61の13①～④)。

2. 経済価値の流入あるいは増加を認識し益金とする別段の定め

(1)受贈益の益金算入

法人が個人又は他の法人から贈与、遺贈、寄附等を通じ無償又は低額による資産の譲受けを受けた場合は、それを時価で受け入れ受贈益として計上することになる(法22②)。法人に経済的価値の流入があるのでそれを収益として認識するのは当然という考え方である。企業会計も基本的には同様の取扱いであるが、それが資本的な資産の受贈、例えば固定資産取得のための国庫補助金などである場合は、これを維持すべき資本という考え方から収益とせず、資本の部に計上すべきとしている。租税法は、資本を株主からの拠出に限定しているため、こうした株主以外からの資本的な資産の受贈についても受贈益を計上することとしている。ただし、それが課税により効果減となるのを防ぐため圧縮記帳の制度を設け、実質的に課税を繰り延べる措置を講じている(法42～46)。

また、受贈益に関連して、債務免除益の問題がある。法人の資産整理等に際して欠損補填等の目的で私財提供や債務免除等が行われる場合がある。債務免除益も当然課税対象となるが、課税が資産整理等の妨げとならないよう、法人の欠損金の補填が終わるまで課税しない取扱いが認められている。すなわち、会社更生法等の更生手続開始、民事再生法の再生手続開始等の事実が生じたことに伴い、役員、株主等から私財の提供を受けあるいは債権者から債務免除を受けた結果その年度に所得が生ずることになる場合は、青色欠損金に該当しない法人の欠損金額についても(未処理青色欠損金に優先して)当該私財提供・債務免除益の範囲内でその年度の所得から損金として控除することができる(法59①)。同趣旨から、会社の整理等に伴って、役員や使用人が未払賞与の受取りを辞退した場合に会社に生ずる債務免除益も、一定の条件の下に益金不算入になると解されている(法基通4－2－3)。

ところで、受贈益については資産を受け入れる法人側での評価の問題がある。特に、贈与する側に何らかの目的がある場合、例えばメーカーが特約店等に広告宣伝用資産等を交付・贈与(低額譲渡を含む)するような場合には、受贈側でこれをどう評価すべきか問題が生ずる。受贈者の受益の程度からみた資産の評価に差が生じるためである。このため、メーカー等が広告宣伝を目的として特約店等に看板、ネオンサイン、どん帳等を交付・贈与する場合には、受贈者側では経済的利益がないものとして取り扱うこととされる。また、同じ広告宣伝用資産等であっても、自動車、陳列棚、冷蔵庫、モデルハウスのように特約店側でも広告宣伝以外の受益があるものについては、メーカー等の取得価額の３分の２以下の部分のみについて、またそれが30万円を超える場合に限って、受贈益に計上する取扱いとしている(法基通4－2－1)。

(2)借地権利金等の認定課税

借地権(建物又は構築物の所有を目的とする地上権又は土地の賃借権)又は地役権(特別高圧架空電線の架設等の権利)を独立して財産権として取引する慣行が生じ、それが広く認識されたのはそう古いことではない。借地権等課税の問題は、こうした借地権等の設定に関連して慣行上生じた金銭の授受を課税上どう捉えるかという問題である。ポイントは、当事者が借地権等をどの程度無形資産である「権利」として認識しているかという点にあり、特に、借地権等設定に際して適正と認められる金銭の授受がなかった場合が問題とされる。

現行租税法上は、原則として借地権等を独立した権利と認めつつ、取引に際して地価の相当部分が権利金として授受される慣行がある場合に、適正な額の権利金〔特別の経済的利益を含む(法令138②)〕の授受が行われないときは、それを受け取らなかった者(土地所有者)から支払わなかった者(借地人)に対し権利金相当額を贈与したもの(無償取引)として課税が行われることになる(借地権等の認定課税)。この借地権等の認定課税は、典型的には当初の借地権等の設定の段階で行われるが、さらに借地人である法人が借地権等という権利を内包した建物等について借地権を含めない価額で他に譲渡した場合や借地の返還にあたり通常収受すべき立退料を収受しなかった場合にも行われる。借地権等の適正な価額が算定可能であり、かつ有償取引であるという考え方が前提とされている。

NOTE 贈与したとされる権利金の認定額は、〔土地の時価×（1－現に収受している地代の年額／相当の地代）－収受した権利金の額等〕により算定される（法基通13－1－3）。

しかし、借地権等についての権利金の授受は慣行であり、地代の額と密接に関連するから、権利金を授受しない場合（一部のみの支払いを含む）にも一定の条件の下に認定課税を行わない取扱いを設けている。認定課税を行わないその1は「相当の地代」を収受する場合である。仮に借地権利金の授受がなかったとすると、その後の借地人から収受する地代は底地だけでなく当該土地全体に対応する相当の地代になる、したがって相当の地代を収受しているということは借地権等の譲渡はなかったと推認できる、という考え方が採用されている（法令137）。この相当の地代（年額）については、土地の更地価額（時価）のおおむね6％程度とされる（法基通13－1－2）。

認定課税を行わないその2は、当事者間に借地権等取引の認識がないことを前提とした認定課税の見合わせである。借地等契約は行われたが、将来借地人がその土地を無償で返還することが契約で明確にされており、その旨を土地所有者と借地人が連名で書面により所轄税務署長に届け出たときがこれにあたる。この場合は、借地権等の認定課税を行わない。ただし、借地権の移転がないということであるので、原則として毎年相当の地代の受領があるものとして課税関係が処理されることになる（法基通13－1－7）。また、借地人である法人が、借地上の建物等について借地権等を含めないで他に譲渡した場合や借地の返還にあたり立退料を収受しなかった場合でも、それが上記の無償返還契約等に基づく場合や当該借地の使用目的が駐車場等のための更地利用あるいは仮営業所等の簡易な建物の敷地である場合、あるいは当該建物等が著しく老朽化した等により借地権等が消滅したと認められるような場合には、借地権等の認定課税は行わないこととしている（法基通13－1－14）。

借地権等を土地所有者の立場からみると、権利金取得は当該土地を借地権等分だけ譲渡したことを意味し、土地の価額は底地価額まで低下する。したがって、借地権等設定に伴い土地の価額が著しく低下したときは、その土地の帳簿価額の一部を損金の額に算入することになる。損金算入される金額はいわば権利金収入に対する譲渡原価としての性質を有する(法令138①)。なお、著しい価額の低下とは、原則として時価の２分の１以上の低下をいい、その場合、土地の帳簿価額に借地権等設定直前の土地の時価に対する借地権等の時価の割合を乗じた額を損金に算入することとなる。

一方、借地人の立場からみると、支払った権利金は借地権等として計上し償却はできない。ただ更新料を支払ったときは、更新時の借地権の時価に占める更新料の比率分だけ借地権等を損金に算入することができ、逆に新たに支払った更新料を借地権等に加算することになる(法令139)。

NOTE 定期借地権については取扱いが必ずしも明確でないが、その設定時において一括前払いの一時金を支払った事例で、借地権者、借地権設定者それぞれにおいて「前払費用」「前受収益」とする処理が認められている(平成17年１月７日国土庁からの照会に対する国税庁回答)。

(３)組織再編税制および非適格株式交換・移転の場合の資産の時価による移転

法人が合併、分割、現物出資および事後設立により組織再編を行った場合、資産・負債が法人間で移転する。この資産・負債の移転は時価による譲渡があったものとして課税関係が処理されるのが原則である(法62)。すなわち資産の譲渡損益があれば損金又は益金に算入すべきことになる。しかし、こうした組織再編には事業の継続性および支配の継続性が認められることから一定の要件の下にこうした資産の譲渡損益課税を繰り延べる規定が設けられている(法62の２～62の５)。適格組織再編制度とよばれるものである。

適格組織再編については項を設けて説明することとしているが、この制度も法人税法における別段の定めである。ところで、組織再編のうち株式交換・移転の場合は、法人からの資産等の移転がないのでそもそも譲渡損益課税は行われないはずであるが、組織再編税制全体の整合性の観点から、非適格株式交換・移転の場合に限って、例外的に時価評価損益が計上されることになる(法

62の９）。

（４）売買目的有価証券等の期末時価評価（短期売買商品、期末未決済のデリバティブ取引および空売り・信用取引等、期末に有する外貨建資産等を含む）

資産の期末評価における取得原価主義の重大な例外として、売買目的有価証券の期末時価評価の規定があげられる（法61の３①一、②）。法人が期末に売買目的有価証券を有している場合は、銘柄ごとに区分したうえ期末時価で評価し、評価損益を益金又は損金に算入することになる。ここで売買目的有価証券とは、短期的な価格の変動を利用して利益を得る目的で取得した有価証券として政令で定めるものとされており（法61の３①一）、政令では、まず企業支配株式（特殊関係者を含めた株主等が発行済株式等の20％以上を保有する場合の当該株主等の保有する株式）を除いたうえ、①有価証券の短期売買目的取引に専ら従事する者が短期売買目的で取得した有価証券、②取得日に短期売買目的で取得した旨を財務省令で定めるところにより帳簿書類に記載した有価証券、③金銭の信託（法人税法12条１項ただし書きに該当する信託を除く）で信託財産として短期売買目的の有価証券を取得する旨を財務省令で定めるところにより帳簿書類に記載した場合の当該信託財産に属する有価証券、④非適格合併等で交付を受けた合併法人等の株式で、交付の基因となった被合併法人等の株式が売買目的有価証券とされていたもの、を売買目的有価証券と定義している（法令119の12）。なお、計上された評価損益は洗替方式により翌期の損益に算入される（法令119の15①）。

この期末時価評価の考え方は、平成19年度改正で短期売買商品（有価証券以外で短期的な価格の変動を利用して利益を得る目的で取得した資産）にも適用が拡大されている（法61、法令118の７、118の８）。

ところで売買目的有価証券等の期末時価評価と同様の考え方が反映された取扱いとして、期末未決済のデリバティブ取引と外貨建資産の期末円換算の問題があげられる。

このうち、まず、スワップ、オプションといったデリバティブ（金融派生商品）取引については、企業会計における取扱いが確立したことに合わせ、従来の決済基準を見直し、期末未決済のデリバティブ取引（ヘッジ目的のものを除く）についてその決済がされたものとして(みなし決済)損益を認識するとする規定を設けている(法61の5①)。みなし決済はデリバティブについて期末時価評価を行うのと同じ効果を持つ。この場合、みなし決済により損益に算入された金額は洗替方式により翌期の損益に算入される。また、このデリバティブ取引に関する期末未決済の取扱いは、有価証券の空売りの場合および信用取引等の場合で期末未決済のものについても同様に適用される(法61の4①)。また、買付けに係る信用取引・発効日取引で有価証券を取得した場合には、その取得時の有価証券の価額と契約により支払った金額との差額は、当該取得の日の属する事業年度の益金又は損金の額に算入する(法61の4②)。

なお、デリバティブ取引、有価証券の空売り、信用取引等については、それぞれ定義が行われている(法61の5①、61の2⑲、⑳)。

NOTE デリバティブ取引は、金利、通貨の価格、商品の価格その他の指標の数値として予め当事者間で約定された数値と将来の一定の時期における現実の数値との差に基づいて算出される金銭の授受を約する取引又はこれに類似する取引であって、財務省令で定めるものと定義される(法61の5)。これを受けて財務省令27の7は、金利先渡、為替先渡、直物為替先渡、店頭金融先物、商品デリバティブ、クレジット・デリバティブ、スワップ、オプション、選択権付債権売買、有価証券先物、有価証券指数等先物、有価証券オプション、外国市場証券先物、有価証券先渡、有価証券店頭指数等先物、有価証券店頭オプション、有価証券店頭指数等スワップ、取引所金融先物、先物外国為替およびこれらに類似する取引の20の取引を掲げている。それぞれの取引の定義は金融先物取引法等の法令に規定されている。また、このうちの「類似する取引」についての実務上の判断基準が示されている(法基通2−3−35)。
なお、デリバティブ取引の期末時価評価が行われない場合に課税繰延べの問題が生じた事例として、国税不服審判所平成2年12月18日裁決がある。

NOTE デリバティブ取引のみなし決済金額の算定方法は、法人税法施行規則27条の7③にデリバティブの種類ごとに規定されている。ただし、取引所相場等が公表されている場合を除き、ほとんどのケースで「合理的な方法」に拠ることとされており、結果として、実務で開発されている種々の理論的な算定方法を試行錯誤的に用いることとなろう。

Q43　デリバティブのうちの相対買建オプション取引について、権利行使の時に有利な状況にあるのに権利行使をしなかった場合あるいは逆に不利な状況にあるのに権利行使を行った場合の課税はどうあるべきか。

＊参考；法基通2－1－37、2－1－38

次に、法人が期末に保有する外貨建資産等については、先にみたとおり売買目的有価証券および外国通貨については期末時の為替レートによる換算（期末時換算法）が強制されており為替差損益が計上されることになる（洗替方式）。一方、売買目的以外の有価証券のうち償還期限・償還金額の定めのある有価証券の期末為替換算については発生時換算法と期末時換算法の選択が広く認められており、その他の有価証券については発生時換算法が適用される（法61の９①、法令122～122の11）。

（５）ヘッジ取引――収益と費用の対応

法人の各事業年度の所得を計算するにあたって取引に係るすべての収益とすべての費用とを適切に対応させることは、公正妥当な会計処理の基準として広く承認されている。その延長線上の問題として、複数の取引を一体として処理することが必要になる場合があり、また、表示された取引と異なる取引として取り扱うことが必要になる場合がある。デリバティブ等取引のうちのヘッジ取引は前者の問題であり、リース取引は後者の問題である。

そこでまずヘッジ取引についてみると、デリバティブ取引等（デリバティブ取引に加え、有価証券の空売り、信用取引、発行日取引および期末換算法による外貨建資産等を取得又は発生させる取引を含む）は、しばしば法人保有の資産等（ヘッジ対象資産等）に係る将来の損失をヘッジするための手段として用いられる。こうしたヘッジ取引が行われると、ヘッジ対象資産等の取引から生じる損益とデリバティブ取引等から生じる損益と２つの損益が生じることになる。ヘッジ取引の性質からはこれら２つの損益は同じ事業年度に計上すべきであり、仮に異なる事業年度に計上される場合は損失の先出しによる課税繰延等の問題が発生しやすくなる。

２つの取引の損益を同じ事業年度で計上するためには、ヘッジ手段として有効であると認められるデリバティブ取引等の損益(実現した損益および期末時価評価に伴う損益)をヘッジ対象資産等の損益計上時期に合わせるために繰り延べる方法(繰延ヘッジ処理)とヘッジ手段であるデリバティブ取引等が期末時価評価されているためこれに対応するヘッジ対象資産等についても期末時価評価を行う方法(時価ヘッジ処理)の２つの方法が考えられる。法人税法はこの２つの方法を以下のように定めている。

①繰延ヘッジ処理

法人が、ⅰ)資産又は負債の価額の変動に伴って生ずるおそれのある損失およびⅱ)資産の取得もしくは譲渡、負債の発生もしくは消滅、金利の受取りもしくは支払いその他これらに準ずるものに係る決済により受け取ることになり又は支払うことになる金銭の額の変動に伴って生ずるおそれのある損失を減少させるためにデリバティブ取引等を行った場合には、その取引等を行ったときから事業年度終了のときまでにそのヘッジ取引等の対象となった資産・負債・金銭につき、譲渡・消滅・受取り・支払いがないことおよびそのデリバティブ取引等がそのヘッジ対象資産等損失額を減少させるために有効と認められることを条件として、当該デリバティブ取引等に係る利益額又は損失額のうち、そのヘッジ対象資産等損失額を減少させるために有効であると認められる部分の金額は、益金の額又は損金の額に算入しない(法61の６①)。これにより、デリバティブ取引等に係る既に実現した損益および期末みなし決済による損益のうち、ヘッジが有効であると認められる部分の金額はヘッジ対象資産等の損益計上時期まで課税が繰り延べられることになる。これは繰延ヘッジ処理とよばれる。

繰延ヘッジ処理は、後述する時価ヘッジ処理が適用できるケースについては適用されない。なお、ヘッジ対象資産等が短期売買商品、売買目的有価証券、期末時価換算資産等である場合も繰延ヘッジの適用外とされているが、これはこれらの資産等が期末時価評価されることから、同じく期末時価評価されるデリバティブ取引等との間で損益計上年度が相違しないためである。

②時価ヘッジ処理

ヘッジ対象資産が売買目的外有価証券の場合、すなわち売買目的外有価証券の価額変動により生ずるおそれのある損失額を減少させるためにデリバティブ取引等を行った場合は、そのデリバティブ取引を行ったときから事業年度終了のときまでにその売買目的外有価証券の譲渡がないことおよびそのデリバティブ取引等がその損失額を減少させるために有効と認められることを条件として、ヘッジ対象である売買目的外有価証券の期末時価評価損益をその事業年度の益金又は損金に算入することとしている。この処理は時価ヘッジとよばれる(法61の7①)。結果的に、その期末時価評価が行われる部分については売買目的有価証券と同じ取扱いになる。なお、なぜ売買目的外有価証券のみが時価ヘッジ処理の対象とされているかについては、期末時価評価の対象を「その他有価証券」に限定している企業会計との整合性を保つためとされている。

Q44　ヘッジ取引とは、資産又は負債の価額変動あるいは将来受け取ることになる金銭の額の変動により生ずるおそれのある損失額を減少させるために、デリバティブ取引等を利用して反対取引等を行うことと定義される(法61の6①)。ヘッジ取引について繰延ヘッジ処理又は時価ヘッジ処理を行わない場合、どのような問題が生じ得るかを考察しなさい。

(6)リース取引の取扱い

リース取引は、私法上は賃貸借契約であるものを租税法上、一定のリース取引については売買取引等として扱うものである。リース取引が問題とされるのは、①資産の借手側で、当該資産を購入して使用した場合とリースにより借り入れて使用した場合とで、毎年の減価償却費と賃借料支払額との間で差額が生ずることから、後者すなわちリース取引が課税繰延べの手段として利用されるという問題があること、②資産の貸手側で、リース資産の減価償却費や借入金の金利が早い時期に生じる一方、リース収入はリース期間を通じて定額で収入されるため、リース期間の前半で損失が生じ後半で利益が生じるという形になり、結果として課税繰延べの問題が生じること、といった点にある。

このため法人税法は、所有権が移転しない土地の賃貸借その他一定のものを除く資産の賃貸借で、ⅰ）その契約が賃貸期間の中途において解約できないものであること（中途解約禁止）、およびⅱ）賃借人が当該賃貸借に係る資産からもたらされる経済的な利益を実質的に享受することができ、かつ、当該資産の使用に伴って生ずる費用を実質的に負担すべきこととされているものであること（フルペイアウト）、の要件を満たすものをリース取引と定義し（法64の２③）、原則として、リース取引の目的となる資産の賃貸人から賃借人への引渡しの時に売買があったものとしている（法64の２①）。上記の問題点①への対処といえる。そのうえで、その売買とされたリース取引の各事業年度における賃貸人側の収益の額および費用の額の計上については、対価の額を利息に相当する部分とそれ以外の部分に区分して政令で定める延払基準の方法を適用して計算することとしている（法63②、法令124①二）。基本的にはリース取引を延払基準が適用できる長期割賦販売等に準じた取引として促え、収益と費用をリース期間（リース資産の賃貸借の期間）にわたって計上しようとするものである。

なお、貸借人側では当該リース資産の減価償却を行うことになるが、平成20年４月１日以後締結された所有権移転外リース取引契約に該当する場合（法令48の２⑤五）には、償却方法がリース期間定額法に限定される（法48の２①六）。

以上に加えて、上記②の問題点に対処するため、譲受人から譲渡人に対する賃貸（リース取引に該当するものに限る）を条件に資産の売買を行った場合（セール・アンド・リースバック）に、当該資産の種類、当該売買・賃貸に至る事情その他の状況に照らしこれら一連の取引が実質的に金銭の貸借であると認められるときは、課税上、当該資産の売買はなかったものとし、かつ金銭の貸付けがあったものとすることとしている（法64の２②）。この金銭の貸付けとする取扱いは、従来からの取扱いを踏襲するものである。

（７）連結納税開始、加入等に伴う資産の時価評価

わが国の連結納税制度は、連結納税の開始に先立って、連結子法人の資産に

含まれた含み益および含み損を処理するよう求めている。すなわち、単体法人時代の課税関係を清算することが連結納税制度を適用する前提条件とされている。

具体的には、連結納税の適用を受け連結子法人となる法人は、連結申告に入る事業年度(連結親法人が連結納税を行う最初の事業年度)開始の直前事業年度終了の時に有する時価評価資産を時価評価し、その評価益又は評価損を、当該法人(その時点では単体法人)のその事業年度(連結納税の直前事業年度)の益金又は損金に算入することとされている(法61の11①)。連結親法人となる法人の資産については、この規定の適用はない。ここで、時価評価資産とは、固定資産(前5年内事業年度等において圧縮記帳の適用を受けた減価償却資産等を除く)、棚卸資産としての土地(土地の上に存する権利を含む)、有価証券(売買目的有価証券および償還有価証券を除く)、金銭債権および繰延資産である。ただし、それぞれの資産を財務省令で定める単位に区分した場合の各資産の含み損益が、その連結子法人の資本金等の額の2分の1又は1,000万円のいずれか少ない金額に満たない場合のその資産を除くこととしている(法61の11①、法令122の12①)。

なお、この時価評価の規定は、法人の事務負担や課税上の弊害が生じ難いことへの配慮から、当該連結子法人が、①連結の5年前から継続して100%子法人であった場合、②連結前5年以内に連結法人により100%子法人として新設されその関係が連結まで継続された場合、③連結前5年以内に株式移転により連結親法人が設立され、当該親法人が当該株式移転の日から連結まで完全子法人の株式等の全額を保有していた場合、④連結前5年以内に適格株式交換により100%子法人となり連結まで完全子法人であった場合、⑤連結前5年以内の適格合併等により直接、間接に完全子法人となった場合、⑥端株買取請求権等の規定による株式の買取りにより100%子法人となった場合において連結の5年前からその買取対象以外の株式の全部を保有されていた場合、には適用しないこととされている(法61の11①)。

以上は、連結納税を開始する場合の取扱いであるが、既に連結納税が選択されている場合で、それまで連結に加入していなかった子法人が連結親法人の100%子法人となったこと等から新たに連結納税に加入することとなった場合にも、上記の時価評価資産の時価評価が適用される。すなわち、連結子法人として新たに連結納税に加入する法人は、連結加入直前事業年度終了のときに有する時価評価資産を時価評価し、その評価損益を、その単体法人としての最終事業年度の益金の額又は損金の額に算入しなければならない(法61の12①)。時価評価資産の範囲は上記の連結納税開始の場合と同様である。なお、この加入時の時価評価の適用除外となる子法人として、①連結法人(連結親法人又は連結子法人)が100%出資して設立した子法人、②適格株式交換により連結法人の100%子法人となった子法人、③適格合併等により直接、間接に100%子法人となった子法人、④端株買取請求権等の規定による株式の買取りにより100%子会社となった場合において連結の5年前からその買取対象以外の株式の全部を保有されていた子法人、⑤上位法人の解散により連結から離脱した法人の再加入の場合があげられている(法61の12①)。

(8)その他

益金については以上のほか、収入すべき権利は確定したが金額の未確定のものが生じた場合の処理が問題となる。この場合は、原則としてその金額を見積益金として計上することになる。法令に基づき交付を受ける給付金等(法基通2－1－42)、損害賠償金の受取り(法基通2－1－43)等がこれに該当する。

さらに、金銭等の流入はないが益金に算入すべき計算上の項目がある。これに該当するものとしては、法人が間接外国税額控除を選択する場合の外国子会社および孫会社の支払った外国法人税の額(法28)、国庫補助金等・保険差益等に係る特別勘定の取崩益(法43③、48③)、貸倒引当金・返品調整引当金の洗替えによる益金算入(法52⑨、53⑦)等があげられる。

なお、政策として「日本船舶・船員確保計画」を支援する趣旨から、当該計画に定める一定の基準に適合する場合は、対象となる法人の所得を当該事業年度における日本船舶の純トン数に応じた利益の額とすることが認められている(措法59の2①)。

第3章

損金についての特別な取扱い——損金に係る「公正処理基準」の具体化および「別段の定め」

先に述べたとおり損金の意義について法人税法22条３項は、別段の定めがあるものを除き、①収益に係る売上原価、完成工事原価その他これらに準ずる原価の額、②前号に掲げるもののほか、販売費、一般管理費その他の費用の額（償却費以外の費用で事業年度終了の日までに債務の確定しないものを除く）および③損失の額（資本等取引以外の取引に係るもの）、を損金とすると規定している。このことから、法人税法上の損金は、原則としてすべての原価、費用および損失を含む広い概念として用いられていることが読み取れる。

そのうえで、法人税法は損金についての多くの特別な規定（取扱実務である通達を含む）を設けている。これらの特別な規定の法的性格は法人税法22条４項の「公正処理基準」を具体化したもの、あるいは同法22条３項の「別段の定め」を規定したものと捉えることができる。

以下に、損金についてのこうした特別な規定について、①損金の認識と年度帰属の問題と②個別項目についての特別な取扱いに区分して説明する。

第１節　損金の認識と年度帰属

1.　発生主義・債務確定基準の採用

原価、費用および損失（費用等とよぶ）の計上について企業会計は発生主義を採用している。法人税法22条４項の「公正処理基準」により、法人税法も原則として発生主義に従うが、原価、費用および損失のうち償却費以外の費用については債務確定基準が採用されている（法22③二）。債務確定基準は、①期末までにその費用に係る債務が成立していること、②期末までにその債務に基づいて具体的に給付すべき原因となる事実が生じていること、③期末までにその金額を合理的に算定できること、を要請する原則と考えられている(法基通2-2-12)。

また、企業会計では業績の適正な把握等のため「収益とこれを得るために要した費用等を同一の会計年度に計上する」という費用収益対応原則が採用されているが、法人税法においても、売上原価等について「収益に係る」との表現が、さらに費用について「前号に掲げるもののほか」の表現がそれぞれ用いられていること、および「公正処理基準」が適用されることにより、この費用収益対応原則に従うべきものと解されている。したがって、発生した費用等のうち次年度以降の収益に対応する費用等については次年度以降に費用等計上を繰り延べるべきであり、次年度以降に発生する費用等のうち当期の収益に対応するものは、当期の費用等として見越計上すべきということになる。ただし、次年度以降に発生する費用の見越計上は「別段の定め」としての債務確定基準の制約があり、例えば引当金の計上による損金算入はその計上のための「別段の定め」がない限り認められない。

NOTE 米国IRCにおいては、発生主義について、費用等が発生しかつ「経済的パフォーマンス」が発生したときに損金に計上できると規定している。具体的には、負債の事実を決定するすべての事象が発生し、かつ、その金額が合理的な正確さで決定されるときに費用が発生したものとされ、これは「すべての事象基準(all-event-test)」とよばれる(規則1.461−1)。さらに、費用等について経済的パフォーマンスが発生するまで一般に「すべての事象基準」は満たされないとされ、これは「経済的パフォーマンス・ルール」とよばれる。

2. 発生主義・債務確定基準の例外

(1)延払基準

先に益金についての延払基準でみたとおり、法人が長期割賦販売等(3回以上の賦払い、賦払期間が2年以上等の条件を満たすもの)に該当する資産の販売等を行い、確定決算において政令で定める延払基準の方法(法令124)により経理した場合には延払基準が適用できる。収益についての延払基準の適用と同時に費用の額についても、賦払金の支払期日の日を含む事業年度に費用として計上することになる（法63①、⑤）。費用等が発生し、債務確定基準を満たしていても、当該年度以後の年度に損金算入を繰り延べるという点で、発生主義・債務確定基準の例外といえる。

（2）工事進行基準

工事進行基準についても先に益金の部でみたとおりであり、長期大規模工事（請負対価が10億円以上で工事着手の日から引渡期日までの期間が１年以上あるもの、かつ対価の２分の１以上が引渡期日から１年を経過する日以後支払われることになっていないもの）については工事進行基準が強制され、長期大規模工事以外については工事進行基準の選択適用が認められる（法64①、法令129①、②）。なお、この長期大規模工事の基準については平成20年度改正で改正されている。工事進行基準を適用する場合は、工事原価の額（見積額）を工事の進行割合に応じて各事業年度の損金として計上することになる。こうした物の引渡しを要する請負契約（建設工事など）では、目的物の全部を引き渡した日に収益を計上し併せて費用を計上するのが原則であるが、見積額で損金を計上する点で、発生主義・債務確定基準の例外といえる。

（3）新株予約権を対価とする費用

法人が個人から役務の提供を受ける場合において、支払った対価は費用として損金に計上することになるが、その対価の支払いが新株予約権等（所得税法施行令84条に定める譲渡制限等の条件が付されている権利に限る）の発行による場合は、当該費用の計上時期等について特別な規定が設けられている。新株予約権の付与を受けた個人は、原則としてその権利行使の日に給与所得、事業所得、退職所得又は雑所得に係る収入金額又は総収入金額が生じることとされているが（所令84）、法人税法もこれを受ける形で、法人の当該役務提供に係る費用の損金算入時期を、その個人の収入計上時期（権利行使の日）まで繰り延べている（法54①）。また、発行済みの新株予約権について個人において給与等課税事由が生じないときは、法人においても当該役務の提供に係る費用の額は損金に算入されず(法54②)、新株予約権が消滅した場合も、当該消滅による法人の利益の額は益金に算入されない(法54③)。

個人からの提供済みの役務に対する支払いであれば、役務の提供があった日を含む事業年度(多くの場合新株予約権発行の日を含む事業年度)に損金に算入すべきであり、また、新株予約権の付与を受けた役員や従業員の将来にわたる人的役務提供に対する対価であると認められる場合は、付与の時点でその評価額を繰延資産に計上して権利行使までに費用化すべきであるが、権利行使がなされるまでは形成権が確定しないとして、権利行使時まで損金算入時期を繰り延べるものである。ただし、新株予約権の発行が正常な取引条件で行われた場合には、役務提供に係る費用として損金に算入される価額は、新株予約権の発行時の価額に相当する金額とされる(法令111の2③)。結果として、法人税における損金算入額と所得税における収入金額が異なる場合があることに留意が必要である。

この新株予約権を対価とする費用の損金計上の特別な取扱いも、発生主義・債務確定基準の例外といえる。

第2節　損金算入のための計算方法、条件等の指定

上述したとおり、法人税法は損金の計上について発生主義および費用についての債務確定基準を採用している。ただ、そうした原則の枠内で法人税法は、損金の計算にあたっての条件や詳細な計算の方法等を指定しており、これが法人税法の特色の1つとなっている。損金算入の条件や詳細な計算方法等の指定は画一的な処理を強制することになるが、これは法人税法が公平な課税を目指す、すなわち同じ事象を等しく統一的に取り扱うために必要な措置と考えられている。この場合も、損金算入の条件や計算方法等の指定は、「公正処理基準」の具体化あるいは「別段の定め」によることになる。

1. 棚卸資産販売の場合の売上原価

棚卸資産の販売による所得を計算する場合の売上原価は、本来個別対応であるので、小規模な企業では直接個別確認できる。しかし、一般の企業では大

量の棚卸資産の仕入・販売を反復継続して行っているので個別確認は無理であり、期末棚卸資産の評価を行い、期首棚卸資産の価額と当期仕入額の合計額から期末棚卸資産の評価額を控除した金額として原価を間接的に把握する方法が採られる(「期首棚卸資産の価額」+「当期仕入高」−「期末棚卸資産の評価額」=「売上原価」)。期末棚卸資産は資産として翌期以降に繰り越すもので、当期の損金にならないものである。したがって、それを控除することで当期の売上原価を計算することが可能となる。なお、期末棚卸資産の評価額は、当期の売上原価の決定要素であると同時に、翌期の期首棚卸資産の価額となるので重要な意味を持つ。

期末棚卸資産の評価方法は、恣意的な選択を認めると課税の公平を欠くことになるので、法人税法29条は選択できる評価の方法の種類等を政令に委任し、これを受けて同施行令28条は、原価法として個別法、先入先出法、後入先出法、総平均法、移動平均法、単純平均法、最終仕入原価法、売価還元法の８つをあげ、さらに低価法を適用できると規定している。低価法は、法人が選定した方法により算出した取得価額と期末におけるその棚卸資産の価額のいずれか低い価額を期末評価額とする方法である。

法人は、営む事業の種類ごとに、また棚卸資産の区分ごとに、選定した方法を税務署長に届け出る必要があり(法令29②)、継続して適用することが求められる。変更しようとするときは承認を受けなければならない(法令30②)。さらに、政令で定める方法の他にも合理的な評価方法がある場合、税務署長の承認を条件として他の評価方法の選定が認められる(法令28の２)。なお、法人が評価の方法を選定しなかった場合や届け出た方法で評価しなかった場合には、最終仕入原価法が適用される(法令31①)。

棚卸資産の取得価額は、棚卸資産の評価額を計算するための基礎となる金額であり、取得方法(購入、製造等、その他)に応じて以下のとおり規定されている。なお、取得価額は、再取得価額ではなく現実の取得価額を意味すると解されている(最判昭和30年７月26日)。

まず、購入した棚卸資産の取得価額は、購入代金(購入先に支払った代金に、引取運賃、荷役費、運送保険料、購入手数料、関税その他購入のために要した費用を加算した金額)とその販売の用に供するために直接要した費用との合計額とされる

(法令32①一)。第二に、自己が製造等(採取、栽培、養殖その他を含む)をした棚卸資産の取得価額は、製造等のために要した原材料費、労務費および経費の額とその販売の用に供するために直接要した費用の額との合計額とされる(法令32①二)。製造等にあたって生じた原価差額についてもその処理方法が定められている(法基通5－3－1～5－3－9)。第三に、以上の購入、製造等以外の方法により取得した棚卸資産の取得価額は、その取得のときにおいて取得のために通常要する価額(時価)とその販売の用に供するために直接要した費用の額の合計額とされる(法令32①三)。この第三の場合は、いわゆる時価法の適用ということになる。

2. 減価償却資産の減価償却費

(1)減価償却と償却限度額

法人が事業のために使用する建物およびその附属設備、構築物、機械および装置、船舶、航空機、車両および運搬具、工具、器具および備品、無形固定資産(鉱業権、漁業権、特許権、意匠権、商標権のほか、ソフトウエア、育成者権、営業権、専用側線利用権等を含む)、生物等の資産は減価償却資産とよばれる(法2二十三、法令13)。減価償却資産は、使用とともに物理的に劣化し又は経済的に減価する資産であって、費用収益対応の原則から、その取得のために要した費用はその資産の使用可能期間の各事業年度に、継続的に費用として配分する必要がある。この手続きを減価償却といい、各事業年度に費用として配分され資産の帳簿価額を減額する金額を減価償却費という。

NOTE 減価償却資産は、土地、電話加入権その他これらに準ずるものとあわせ固定資産とよばれる。固定資産は、棚卸資産、有価証券および繰延資産と区別される(法令12)。減価償却資産以外の固定資産(土地、土地の上に存する権利、電話加入権、書画骨董等)は減価償却の対象とされない。また、事業の用に供していない資産は、減価償却資産の範囲から除外される(法令13本文括弧書き)。

Q45　減価償却資産のうち営業権は、当該企業の長年にわたる伝統と社

会的信用、立地条件、特殊の製造技術および特殊の取引関係の存在並びにそれらの独占性等を総合した、他の企業を上回る企業収益(超過収益)を稼得することができる無形の財産的価値を有する事実関係と定義される。課税の面で、この営業権はどのような場面で問題になるか東京高裁昭和50年5月28日判決を参考にしながら考察しなさい。

企業会計はいくつかの合理的な減価償却の方法を考案しているが、法人税法はこうした企業会計で考案された合理的な減価償却方法を基礎としつつ、法人が選定できる減価償却の方法を政令に委任する形で規定したうえ、法人税法上各事業年度の損金に算入できる減価償却費の限度額(償却限度額)を設けている。償却限度額は、政令で定める償却方法のうちから法人が選択した方法に基づき政令で定めるところにより計算した金額とされる(法31①)。法人が損金経理した償却費が償却限度額を超える場合、その超える部分の金額は償却超過額といい、償却超過額は、それが生じた年度では損金の額に算入されないが、その後の年度で償却不足額が生じた場合はその償却不足額の範囲でその事業年度の損金となる(法31④)。なお、損金とされなかった償却超過額を有する資産の帳簿価額は、その損金とされなかった金額の減額がなかったものとして、当該事業年度以後の所得の金額の計算を行う(法令62)。

法人税法がこうした各事業年度の減価償却限度額を設けているのは、減価償却が法人の内部取引であり恣意的な計算が行われる可能性があるためであり、課税の公平を図るために統一的な取扱いを定めたものといえる。

NOTE 減価償却資産のうち、使用可能期間が1年未満であるもの又は取得価額が10万円未満であるものは、減価償却の方法によることなく、損金経理によりその取得価額の全額を損金に算入することができる(法令133)。これを少額減価償却資産の取得価額の損金算入とよぶ。さらに租税特別措置法は、中小企業者等が取得した減価償却資産で取得価額が30万円未満であるものについて、合計300万円を限度として、損金経理により取得価額を損金に算入することを認めている(措法67の5①)。
これとは別に、減価償却資産で取得価額が20万円未満であるものについては、その資産の全部又は一部を一括したものの取得価額の合計額を原則として3年間で毎年3分の1ずつ損金に算入することができる(法令133の2)。これは一括償却資産の損金算入とよぶ。

Q46　最高裁平成18年1月24日判決(映画フィルム投資事件)を読み、最高裁が、問題となった映画フィルムについて、組合の事業の用に供していないとして減価償却資産の範囲から除外している理由を調べなさい。

そこで政令で定めるとされている減価償却の償却方法と償却限度額の計算方法であるが、平成19年度税制改正により残存価額が廃止されたこと等から、平成19年4月1日以後に取得した減価償却資産(新規取得資産)とその前日以前に取得した減価償却資産(旧取得資産)とで取扱いが異なっている。ここでは、まず新規取得資産に係る減価償却について説明し、次いで旧取得資産に係る減価償却について説明する。

第一に、新規取得資産についての原則的な減価償却の方法としては、その資産の取得価額に、償却額が毎年同一となるように耐用年数に応じて計算された償却率を乗じて計算した金額を償却限度額とする定額法(法令48の2①一)と、その資産の取得価額から既に損金に算入した償却費を控除した金額に、その償却費が毎年一定の割合で逓減するように耐用年数に応じて計算された償却率(耐用年数省令別表十で法定されている。償却率の計算方法から250%定率法とよばれる)を乗じて計算した金額を償却限度額とする定率法とがある。なお定率法の場合、計算した金額が償却保証額(資産の取得価額に耐用年数に応じた保証率を乗じて計算した金額)に満たない場合の手当てが設けられている(法令48の2①二、⑤一)。

具体的にみると、法人税法施行令48条の2は、新規資産に係る減価償却の方法として、①建物(鉱業用およびリース資産である場合を除く)については定額法、②建物以外の有形減価償却資産(鉱業用およびリース資産を除く)については定額法と定率法のいずれか、③鉱業用減価償却資産については定額法、定率法および生産高比例法(取得価額を採掘予定数量で除して計算した一定単位あたりの金額に採掘数量を乗じた額を償却限度額とする方法)のいずれか、④無形固定資産(鉱業権およびリース資産を除く)および生物については定額法、⑤鉱業権については定額法と生産高比例法のいずれか、⑥売買取引とされたリース資産(平成20年4月1日以後締結された所有権移転外リース契約に係るもの)についてはリース期間定額法(当該リース資産の取得価額から残価保証額がある場合はこれを控除した金額を、リース期間の月数で除した金額に当該年度のリース期間を乗じた額を償却限度額とする方法)、と定めている。

上記のうち複数の選択肢があるものについて、法人は設備の種類その他の財務省令で定める区分ごとに、選定した償却の方法を税務署長に届け出なければならない。変更する場合も同様である(法令51①、②)。選定がなかった等の場合は、上記②の建物以外の有形減価償却資産については定率法、同じく③の鉱業用減価償却資産および⑤の鉱業権については生産高比例法が適用される(法令53二)。

なお、法人は、税務署長等の承認を条件として、建物およびリース資産を除く減価償却について上記以外の償却方法を選定することができる(法令48の4①)ほか、取替資産(軌条、枕木のような少量の資産が集合した資産で毎年ほぼ同数量ずつ取り替えられるもの)については取替法(法令49②)を、また漁網、活字、映画フィルム、金型等については特別な償却率による方法(法令50①)を適用できる。

こうした規定に基づき各資産について法人が選定した償却方法によって計算した金額が、政令が定める償却限度額とされる(法令58)。

NOTE 「耐用年数」とは減価償却資産の効用が持続する年数のことであり、使用可能期間ともよばれる。使用可能期間は客観的に測定することが困難であるため、法人の恣意的な計算を防止する趣旨から「減価償却資産の耐用年数等に関する省令」により、資産の種類、構造、用途ごとに法定耐用年数が定められている。法定耐用年数については、平成20年度改正での見直しによる短縮に加え、資産区分の見直しが行われている。特に「機械および装置」については、390区分が55区分に整理されている。
なお、自社における耐用年数が法定対象年数に比べて著しく短いと認められる場合は、国税局長の承認を受けて、耐用年数を短縮することができるが、この手続きも簡素化されている(法令57)。また、中古資産を取得して事業の用に供した場合の耐用年数は、法定耐用年数によらず、その事業の用に供した以後の使用可能期間の年数等とすることができる(耐令3①)。

第二に、旧取得資産(平成19年３月31日以前に取得したもの)についての原則的な減価償却の方法としては、旧定額法および旧定率法が設けられている。既に述べた定額法および定率法と考え方は同じであるが、旧定額法では償却の対象が取得価額ではなく取得価額からその残存価額(当該資産の使用可能期間が経過した後、最終的な処分によって回収されることが予測される部分)を控除した金額とされている点が、また定率法では残存価額を考慮した償却率(旧取得資産については耐用年数省令別表九で法定)が適用される点が異なっている(法令48①一)。すなわち新規取得資産については原則として備忘価額１円までの損金算入が認められるのに対し(法令61①二、②)、旧取得資産については残存価額までしか損金算入が認めらないことになる。ただし、旧取得資産についても取得価額の95%まで(無形固定資産については100%)等を償却可能限度額として損金算入を認める制度が設けられており(法令61①一)、また税制改正にあわせ、償却額の累積額が95%に達した資産についても１円の備忘価額に達するまでの金額について60月(５年)間の均等損金算入が認められている(法令61②)。

法人税法施行令48条は、旧取得資産に係る減価償却の方法として、①建物については旧定額法(さらに平成10年３月31日以前取得分については旧定額法と旧定率法のいずれか)、②建物以外の有形減価償却資産(建物附属設備を含み鉱業用およびリース資産を除く)については旧定額法と旧定率法のいずれか、③鉱業用減価償却資産については旧定額法、旧定率法および旧生産高比例法のいずれか、④無形固定資産(鉱業権およびリース資産を除く)および生物については旧定額法、⑤鉱業権については旧定額法と旧生産高比例法のいずれか、⑥国外リース資産(改正前リース取引の目的とされている減価償却資産で非居住者又は外国法人に賃貸されているもの)については旧国外リース期間定額法(当該リース資産の取得価額から見積残存価額を控除した金額をリース期間の月数で除した金額に当該年度のリース期間を乗じた額を償却限度額とする方法)、と定めている。複数の選択肢があるものについて、法人は設備の種類その他の財務省令で定める区分ごとに、選定した償却の方法を税務署長に届け出なければならない点は新規取得資産の場合と同様であり(法令51①、②)、選定がなかった場合は、前記①の建物のうち平成10年3月31日以前取得分並びに②の建物附属設備および建物以外の有形減価償却資産については旧定率法、同じく③の鉱業用減価償却資産および⑤の鉱業権については旧生産高比例法を適用することとしている(法令53一)。なお、法人は、新規取得資産の場合と同様、税務署長等の承認を条件として、建物等を除く減価償却について上記以外の償却方法を選定することができる(法令48の4①)ほか、取替資産については取替法(法令49②)を、また漁網、活字、映画フィルム、金型等については特別な償却率による方法(法令50①)を適用できる。

こうした規定に基づき各資産について法人が選定した償却方法によって計算した金額が、政令が定める償却限度額とされる。この点も新規取得資産の場合と同様である(法令58)。

NOTE その他、減価償却に関し、次のような取扱いがある。

① 法人の有する機械・装置(新旧の定額法又は定率法を採用しているもの)の使用時間が通常の使用時間を10%以上超える場合は、確定申告書の提出期限までに税務署長に必要書類を提出することにより、増加償却を行うことができる(法令60)。

② 法人の有する減価償却資産が技術の進歩その他の理由により著しく陳腐化した場合は、国税局長の承認を得て、その資産の使用可能期間を基礎として一時償却を行うことができる(法令60の2)。

(2)減価償却資産の取得価額

減価償却資産の取得価額は、使用可能期間(耐用年数)にわたって減価償却費として配分される費用の額を計算する場合の基礎となる金額であるので重要である。

購入した減価償却資産の取得価額は、購入の対価(購入先に支払った代金に引取運賃、荷役費、運送保険料、関税、購入手数料その他購入のために要した費用を加算した金額)とその資産を事業の用に供するために直接要した費用との合計額である(法令54①一)。ただし、不当に高価で購入した場合は、その買入価額のうち実質的に贈与をしたと認められる部分の金額は取得価額に含まれない(法基通7-3-1)。

また、自己が建設、製作又は製造した減価償却資産(自己の製作に係るソフトウエアを含む)の取得価額は、その建設等のために要した原材料費、労務費および経費の額とその資産を事業の用に供するために直接要した費用の額の合計額(法令54①二)、適格合併等の場合の取得価額は、当該適格合併等の日の前日の属する事業年度において減価償却計算の基礎とすべき取得価額と事業の用に供するために直接要する費用の額の合計額とする(法令54①五)等が規定されている。なお、規定のないものについては、その取得のときにおいて取得のために通常要する価額(時価)に事業の用に供するために直接要した費用の額を加えたものとされる(法令54①六)。

減価償却資産の取得に関連する支出については、取得価額に算入すべきものと算入しないことができるものがあり、実務上一定の取扱ルールが確立している。例えば、取得のための借入金の利子は、たとえ当該資産の使用開始前の期間に係るものであっても取得価額に算入しないことができる(法基通7-3-1の2)。このほか、登録免許税等の租税公課、操業開始等に伴って支出する記念費用等、ソフトウエアに係る研究開発費の額(自社利用のソフトウエアについては、その利用により将来の収益獲得等に結びつかないことが明らかなものに限る)等は、取得価額に算入しないことができ、一方、工場建設に伴って支出する住民対策費や公害補償費等でその支出が予定されているもの、集中生産を行うための機械装置の移設費等、工場等の建設又は拡張に直接関連して支出された寄附金、交際費等は、資産の取得価額に算入しなければならない(法基通7-3-3の2、7-3-7、7-3-12)。

また、減価償却資産を含む固定資産の修理、改修等のために費用を支出した場合に、それが修繕費等として損金となるか、資本的支出として固定資産の取得価額になるかが問題になることがある(法令132、法基通7-8-1~7-8-7)。例えば、ソフトウエアのプログラムの修正等がプログラムの機能上の障害の除去、効用の維持等である場合は修繕費となるが、新たな機能の追加、機能の向上等に該当する場合は資本的支出とされる(法基7－8－6の２)。資本的支出とされたものについては、原則として、その支出した金額を取得価額として、支出の対象となった減価償却資産と種類および耐用年数を同じくする減価償却資産を新たに取得したものとして取り扱う(法令55①)。

(３)政策による特別償却および割増償却

租税特別措置法が定める特別減価償却制度は、一定の政策目的を達成するため、法人税法で認められる減価償却限度額(普通償却限度額という)を超えて減価償却を認めるものである。特別償却(初年度特別償却という)と割増償却の２種類がある。特別償却は、特定の減価償却資産を取得し事業の用に供した場合、その事業の用に供した日を含む事業年度において普通償却限度額に加え、取得価額の一定割合の償却を認める制度である。これに対し割増償却は、特定の減価償却資産について特定年度に普通償却限度額を一定割合で割増した金額を償却限度額とする制度である。

これらの特別償却、割増償却は、優良賃貸住宅等の割増償却(措法47)以外は、青色申告書を提出する法人にその適用対象が限られている。いずれも確定申告書に明細書の添付があることが要件とされている。特別償却の中には特別税額控除との選択制とされているものもある。特別償却については、その政策的目的に鑑み特別償却不足額がある場合は、１年間繰り越して翌年度の普通償却限度額に加算することができる(措法52の２)。また、会計処理に関して、準備金方式が認められている(措法52の３)。

特別償却には、エネルギー需給構造改革推進設備等(措法42の５)、中小企業者等が機械等を取得した場合(同法42の６)、事業基盤強化設備(同法42の７)、沖縄の特定中小企業者の経営革新設備等(同法42の10)、情報基盤強化設備等(同法42の11)、特定設備等(同法43)、関西文化学術研究都市の文化学術研究施設(同法43の２)、保全事業等資産(同法43の３)、地震防災対策用資産(同法44)、集積地区における集積産業用設備(同法44の２)、産業活力再生特別法による事業革新設備(同法44の３)、特定電気通信設備等(同法44の４)、共同利用施設(同法44の５)、再商品化設備等(同法44の６)、特定地域における工業用機械等(同法45)、医療用機器等(同法45の２)がある。

また、割増償却としては、経営基盤強化計画を実施する中小企業者の機械等(措法46)、障害者を雇用する場合の機械等(同法46の２)、支援事業所取引金額が増加した場合(同法46の３)、事業所内託児施設等(同法46の４)、優良賃貸住宅(同法47)、特定再開発建築物等(同法47の２)、倉庫用建物等(同法48)があげられる。

なお、連結納税の場合の特別償却、特別税額控除等は、租税特別措置法68の９以下に規定されている。

NOTE 米国では、米国産業の国際競争力強化のため、経済的減価償却でなく政策的にコスト回収を加速する税制上の措置が講じられている。レーガン政権は1980年から1987年に事業の用に供された資産について加速度コスト回収制度(ACRS)を、また1986年後に事業の用に供された資産について修正加速度コスト回収制度(MACRS)を導入している。MRCRSでは、経済的耐用年数によらず、税法上の回収期間により３年資産、５年資産、７年資産、10年資産、15年資産、20年資産、居住用賃貸資産(27.5年)、非居住用資産(31.5年)に区分し、３～10年資産には200%定率法、15～20年資産には150%定率法、賃貸資産には定額法によりコスト回収を認めている。ブッシュ政権はMRCRS資産につき2002年に30%の初年度割増償却、2003年に50%の初年度割増償却を認めている。

3. 繰延資産の償却費

法人の支出した費用で支出の効果が翌期以降に及ぶものを繰延資産という(法２二十四)。前払費用(前払利息、前払家賃等役務提供に先立って支払うもの)や資産の取得価額に算入される支出とは区別される。繰延資産には換金性がなく、法律上の権利でもない擬制資産であるが、法人税法は、繰延資産として①創立費、②開業費、③開発費、④株式交付費、⑤社債等発行費の５つの費目を列挙したうえ、⑥以上のほか、自己が便益を受ける公共的施設又は共同的施設の設置又は改良のための支出(道路負担金等)、資産の賃貸・使用のための権利金・立退料等の費用、役務提供を受けるために支出する権利金等(ノウハウ頭金等)、広告宣伝用資産を贈与したことにより生ずる費用(法基通8−1−8)、その他自己が便益を受けるために支出する費用(出版権設定の対価等)で、支出の効果が１年以上に及ぶものを繰延資産としている(法令14①)。

ちなみに旧商法施行規則は８種類の繰延資産(創立費、開業費、研究費、開発費、新株発行費、社債発行費、社債発行差金、建設利息)を限定列挙していたが、現在の会社法の計算規則では、繰延資産は、繰延資産として計上することが適当であると認められるものと規定するのみである。これを受けて企業会計の財務諸表等規則(規則36)は５種類の繰延資産を限定列挙しているが、これは、法人税法施行令が規定する前記①から⑤の繰延資産と共通している。ここで研究費が繰延資産の範囲から除かれている点を確認しておく必要がある。

繰延資産は、その支出の効果が１年以上に及ぶものであるから、費用収益対応の原則により支出の効果が持続する期間にわたって償却すべきものとされる。法人税法は、この考え方に基づき、繰延資産の償却費として損金の額に算入できる金額は、法人が各事業年度に償却費として損金経理をした金額のうち、支出の効果が及ぶ期間を基礎として計算した償却限度額の範囲としている(法32①)。

具体的な繰延資産の償却限度額をみると、前記①から⑤に列挙された繰延資産については任意償却とされており、支出した費用の額の全額が償却限度額となる(法令64①一)。一方、⑥に該当する繰延資産(税法上の繰延資産とよばれる)については、支出の効果が及ぶ期間の月数に占める当該事業年度の月数の割合を支出した費用の額に乗じた金額が、当該事業年度の償却限度額とされる(法令64①二)。ただし、支出した費用の額が20万円未満であるときは、支出時にその全額を損金経理により損金に算入することが認められている(法令134)。償却超過額の取扱いは、減価償却の場合と同様である(法32⑥、法令65)。

NOTE　米国では繰延資産は15年償却とされるが、ブッシュ政権は2004年、米国産業の活性化を促進するため、営業又は事業の創業費および法人又はパートナーシップの設立費について開始年度に5,000ドルの損金算入を認め、また資本費用以外の試験研究費についてはすべて当期の損金とすることを認めている(資本費用とされたものは５年償却)。

4. 有価証券、短期売買商品の原価

有価証券および短期売買商品の譲渡による損益については、先にみたとお

り一般の棚卸資産や固定資産の譲渡の場合と異なり、個々の有価証券の取引ごとに譲渡利益額又は譲渡損失額として純額(ネット)で計上することとされている。そこでは、譲渡に係る対価の額から譲渡に係る原価の額を控除して計算することになる。損金について説明する本章のこの部分では、本来は有価証券および短期売買商品の譲渡に係る原価の額を説明する必要があるが、計算の基礎となる対価と原価を併せて本編第2章第1節1(4)「有価証券の譲渡損益(ネット概念)の認識」および同(5)「短期売買商品の譲渡損益の認識」の部分で説明しているので、そちらを参照されたい。

5. その他

以上のほか発生主義に基づき費用の損金算入を行うための実務上の取扱ルールが、具体的な事例に応じて定められている。抽選券付販売あるいは金品引換券付販売を行った場合の販売後に交付する金銭等の費用計上時期の問題もその1つである(法基通9−7−1〜4)。

第3節　個別項目についての特別な取扱い

1. 経済価値の流出あるいは減少があるが損金としない別段の定め

(1)給与

①特殊関係使用人に対する過大な給与・退職給与

法人の支払う給与は、税法上伝統的に、①使用人に対して支払う給与(使用人給与、使用人退職給与)と②役員に対して支払う給与(役員給与、役員退職給与)とに大別されている。なお、「給与」には、債務の免除による利益その他の経済的利益のうち役務提供の対価として供与するものが広く含まれる(法34④)。

このうち使用人に支給する給与(退職給与を含む)は、原則として損金の額に算入されるが、企業経営者がその配偶者や子女などの特殊関係使用人に多額の給与を支払い、法人税の負担を不当に軽減することに対する個別的否認規定が設けられている。特殊関係使用人とは、役員と特殊な関係にある使用人をいい、役員の親族のほか、役員と事実上婚姻関係にある者および役員から生計の支援を受けている者並びにこれらの者の親族をいう(法令72の３)。

こうした特殊関係使用人に対して支給した給与(退職給与を含む)については、そのうち「不相当に高額な部分」の金額は損金に算入されない(法36)。「不相当に高額な部分」の判断基準は、以下に示す過大な役員給与の場合と同様であり、使用人に対して支給した給与の額が、職務内容、法人の収益および他の使用人に対する給与の支給状況、同種の事業を営む法人でその事業規模が類似するものの使用人に対する給与の支給状況等に照らし、当該使用人の職務に対する対価として相当であると認められるかどうかで判断することになる。また、退職給与にあっては、当該使用人の業務に従事した期間、退職の事情、同種の事業を営む法人で事業規模が類似するものの使用人に対する退職給与の支給状況等に照らし、当該使用人に対する退職給与として相当であると認められるかどうかで判断する(法令72の４)。

②役員給与(退職給与等を除く)の損金算入要件

これに対して役員の場合は、株主等の委任を受けて法人の経営に従事する者であり、法人の利益の分配を受けることのできる地位にあることから、役員に対する給与については、過大と認められるもののほか、役員賞与とされるものの全額を損金不算入としてきたところである。

平成18年度税制改正により、法人税法は従来の役員報酬、役員賞与、役員退職給与といった用語を整理し、「役員給与」という用語に統一したうえ、一定のもの(退職給与、新株予約権による給与、使用人兼務役員の使用人給与および隠ぺい仮装経理により支給するもの)を除く役員給与については、以下にみるとおり、一定に要件に該当するもののみを損金の額に算入することとしている(法34①)。

損金算入が認められるための要件の第一は、「定期同額給与」である。これは、支給時期が１月以下の一定期間ごとであって、各支給時期における支給額が同額である給与その他これに準ずる給与とされている(法34①一、法令69①一、二)。要件の第二は、「事前確定届出給与」である。これは、役員の職務について所定の時期に確定額を支給する旨の定めに基づいて支給する給与とされる(法34①二、法令69②～⑤)。従来の役員賞与がこの部分に相当し、事前に確定させ届け出ることで損金に計上できる余地が広がったと解されている。要件の第三は、

「利益連動給与」である。これは、同族会社に該当しない法人が業務執行役員に対して支給する利益連動給与で、その算定方法が事業年度の利益に関する指標を基礎とする客観的なものであり、i)確定額を限度とし、かつ、他の業務執行役員に対して支給する利益連動給与の算定方法と同様のものであり、政令で定める日までに報酬委員会が決定しているかその他これに準ずる適正な手続きを経ており、その内容がこの決定又は手続きの終了の日以後遅滞なく有価証券報告書に記載されていることその他財務省令で定める方法で開示されること、ii)利益に関する数値が確定した後1ヶ月以内に支払われ又は支払われる見込みであり、損金経理をしていること、といった2つの要件を満たすものが該当する(法34①三、法令69⑥〜⑩)。この利益連動給与は、会社法の業績連動型給与に相当するものであるが、その適用は、同族会社に該当しない法人に限られており、適用条件も厳格なものとなっている。

全体としてみると、役員のお手盛りによる自らへの恣意的な給与の支給を避けるため、その損金算入に対し相当厳しい条件が付されているものといえる。

ところで、このように役員給与の損金算入に条件が付されていることから、「役員」の範囲が問題となる。法人税法上の役員の範囲は会社法その他の法令により選任された役員よりも広く規定されている(法2十五、法令7)。具体的には、会社の取締役、執行役、監査役、理事、監事、清算人に加え、登記上の役員ではないが使用人以外の者で法人の経営に従事している者(会長、相談役、顧問等)、同族会社の使用人のうち同族会社の判定の基礎となった特定の株主グループに属するなど一定の要件(法令7二)を満たし会社の経営に従事している者(みなし役員)が含まれる。また、役員のうち部長、課長等の法人の職制上の地位を有し、かつ常時使用人としての職務に従事する者は「使用人兼務役員」とよばれ、その給与は使用人部分の給与(使用人給与)と役員部分の給与(役員給与)に区分され法人税法が適用される。ただし、代表取締役、専務、常務、監査役、委員会設置会社の取締役、会計参与等のほか、同族会社役員のうち一定の条件を満たす者といった、いわゆる法人の経営の実権を持つと認められる者は、例え部長等の職を兼務していても、使用人兼務役員とはならない(法34⑤、法令71)。

Q47　「利益連動給与」が同族会社に認められていない理由は何か。仮に、同族会社にも「利益連動給与」が認められた場合、同族会社である中小法人にとってどのようなメリットが考えられるか。

NOTE　平成18年度改正前は、臨時的な給与のうち退職給与以外のものを「賞与」と定義し、役員に対して支給する賞与は益金処分にあたるとして原則損金不算入とされた。ただし、他に定期の給与を受けていない者に継続して毎年所定の時期に定額を支給する旨の定めに基づいて支給されるものは賞与に該当しないとされていた(旧35④)。上述した新しい３つの基準にうち②の「事前確定届出給与」は、この旧規定を取り込み、さらに非同族会社で他に定期給与を支給しない役員に対するものを除き、政令(法令69②～⑤)に基づく届出を求める規定となっている。

③過大な役員給与および隠ぺい・仮装経理による役員給与

こうした条件を満たした役員給与並びに前記②の損金算入要件の適用外とされる退職給与、新株予約権によるものおよび使用人兼務役員の使用人給与であっても、その支給額のうち「不相当に高額な部分」については損金の額に算入されない(法34②)。法人がいわゆる「隠れた利益処分」により法人利益を分配し社外に流出させることへの否認規定と考えられている。この「不相当に高額な部分」の判断にあたっては次のような基準が示されている。

まず、退職給与以外の役員給与(前記②の要件を満たす役員給与に、要件の適用外とされる新株予約権によるものおよび使用人兼務役員の使用人給与を加えたもの)については、ⅰ)当該役員の職務内容、法人の収益状況、同種の事業を営む法人で事業規模が類似するものの役員に対する支給状況等に照らし、当該役員の職務に対する対価として相当かどうか、という実質的判断基準が示されており、また、ⅱ)定款の規定又は株主総会等の決議により、役員に対する給与として支給できる金額の基準(限度額、算定方法、支給対象資産の内容)を定めている場合に、支給した給与の合計額が当該基準を満たしているかどうか、という形式的判断基準が示されている(法令70一)。個々の役員ごとに判定し、それぞれの基準に照らして不相当に高額と判断されれば、その不相当に高額な部分とされた金額の損金算入が認められない。なお、使用人兼務役員に支給している使用人給与がある場合は、それを含めた役員報酬全体で不相当に高額かどうかの判定を行う（法基通9－2－5）。また、使用人兼務役員の使用人として受ける賞与についても、他の使用人と支給時期が異なるものは、不相当に高額な部分に該当することとされる（法令70三）。

次に、役員の退職給与については、当該役員がその法人の業務に従事した期間、退職の事情、同種の事業を営む法人で事業規模が類似するものの役員に対する退職給与の支給状況等に照らし、当該役員の退職給与として相当と認められるかどうかという判断基準が示されている（法令70二）。使用人兼務役員に対する退職給与も役員分と使用人分を区分せず、その合計額で不相当に高額かどうかを判定する（法基通9－2－22）。なお、役員の退職給与についての損金経理要件は廃止されている。

以上に加え、法人が事実を隠ぺいし、又は仮装して経理することにより役員に支給した給与については、そのすべてが損金不算入とされている（法34③）。こうした不正常な給与の支給は、利益の処分にあたるとの判断に基づくものと考えられる。

④特殊支配同族会社の役員給与

事業を法人形態で行う場合、法人税においてオーナーの給与を損金に算入する一方で、オーナーの所得税において給与所得控除を受けることができる。このため、個人事業者と法人企業との間で企業形態の選択による税負担の差異が生じる。会社法の制定に伴い最低資本金制度が廃止された等により法人設立の容易化が図られたことから、税法においてもこれまで以上に企業形態の選択に対する税制の中立性確保の必要性が意識されるようになった。平成18年度改正で特殊支配同族会社の役員給与の損金不算入制度が導入されたのはこうした背景による。

ここで「特殊支配同族会社」とは、ⅰ）同族会社の業務主宰役員グループ（法人の業務を主宰している個人役員およびその特殊関係者）が発行済株式（又は出資金）の総数又は総額の90％以上を有する場合、ⅱ）業務主宰役員グループが特定の議決権株式の90％以上を有する場合又はⅲ）業務主宰役員グループが株主等の総数の90％以上を有する場合、における当該同族会社（常務に従事する役員の総数の半数を業務主宰役員グループが占めている場合に限る）をいう（法35①、法令72）。

この特殊支配同族会社にあっては、その業務主宰役員に対して支給する給与（退職金を除く）の額のうち、政令で定めるところにより計算した金額（給与の額に所得税法を適用した場合の給与所得控除額に相当）は損金の額に算入しない（法35①）。ただし、その同族会社の前３年基準所得金額が1,600万円（前３年各事業年度における業務主宰役員給与の年平均額が基準所得金額の50％以下である場合には3,000万円）以下である事業年度にはこの規定は適用されない（法35②、法令72の２⑤～⑨）。ここで前３年基準所得金額とは、当該法人の前３年以内に開始した各事業年度の所得金額に業務主宰役員給与のうち損金に算入された金額等を加算した金額（調整所得金額という）から、繰越欠損金等について一定の減額をした１年あたりの金額をいう（法令72の２⑤～⑦）。なお、前３年事業年度（基準年度）がない特殊支配同族会社の場合は、当該事業年度の所得の金額を基に同様の計算を行って基準所得金額を算出することになる（法令72の２⑨）。

Q48　**特殊支配同族会社の業務主宰役員に対する給与の損金算入制限は、個人の所得税段階で控除される給与所得控除額に相当する金額を法人税の課税計算で損金に算入しないとするものであり、所得税と法人税を一体とする考え方が採用されている。同じような課税の例としては、外国で採用されているフリンジ・ベネフィットへの課税（本来は所得課税の問題）を法人税段階で行うというものがあげられる。こうした法人税と所得税を一体として政策目的を達成しようとすることについて、考え方を整理しなさい。**

NOTE　給与については、源泉徴収が必要とされ（所法183）、また法人支出の中心を占める費用であること等から、上記各要件の細目とともに取扱いのルールが詳細に定められている。例示すると、①給与等の損金算入時期等（法令72の５）②出向者に対する給与等の取扱い（法基通9−2−33～9−2−39）、③転籍者に対する退職給与の取扱い（法基通9−2−40）、④退職給与について不相当に高額を判定する場合の厚生年金基金等からの給付金の取扱い(法基通9−2−30等)、⑤退職給与の打切支給の取扱い(法基通9−2−24等)等があげられる。

(2)資産の評価損

法人の所有資産の時価がその帳簿価額を下回る場合に、資産の評価換えをしてその帳簿価額を減額したとき、減額した部分について資産の評価損が生じる。法人税法は「別段の定め」によりこうした評価損が損金不算入であることを明確にしている(法33①)。これは資産評価換えによる恣意的な所得計算を防止する趣旨によるものである。法人の計上した資産の評価損の損金算入が否認された場合、法人がその評価換えをした日の属する事業年度以後の各事業年度の所得の金額の計算上、その帳簿価額の減額はなかったものとみなされる(法33④)。

ただし、例外として、次のような場合には「別段の定め」により評価損の損金算入が認められている。

① 法人の有する資産(現金、売掛金等を除く)につき、ⅰ)災害による著しい損傷によって資産価値が帳簿価額を下回ることとなった場合、ⅱ)会社更生法等による更生計画又は民事再生法による再生計画の認可の決定があったことにより評価換えの必要が生じた場合、ⅲ)法人税法施行令68条に定める事実が生じた場合で、それぞれの場合について法人が当該資産の評価換えをして損金経理によりその帳簿価額を減額したときは、その減額した金額は損金の額に算入する(法33②)。このうちⅱ)の更生計画等の認可の決定に基づく資産の評価減は、企業再生支援税制の一環として位置づけることができ、この点は後述する。

NOTE 法人税法施行令68条は、法人税法33条2項により資産の評価損を計上できる場合を次のとおり定めている。

① 棚卸資産について、災害により著しく損傷したこと、著しく陳腐

化したこと、更生計画認可に伴い評価換えが必要となったこと等の事実が生じたこと。

② 有価証券について、上場有価証券等の価額が著しく低下したこと、その他の有価証券について発行法人の資産状態が著しく悪化したため価額が著しく低下したこと、更生計画認可に伴い評価換えが必要になったこと等の事実が生じたこと（具体的な取扱いについて法基通9−1−7、9−1−9）。

③ 固定資産について、災害により著しく損傷したこと、1年以上にわたり遊休状態にあること、本来の用途に使用できないため他の用途に使用されたこと、所在する場所の状況が著しく変化したこと、更生計画認可に伴い評価換えが必要になったこと等の事実が生じたこと。

④ 繰延資産のうち、他の者が有する固定資産を利用するために支出されたものについて、その費用支出の対象となった固定資産につき災害等の事実が生じたこと、更生計画認可に伴い評価換えが必要になったこと等の事実が生じたこと、その他の特別な事実が生じたこと。

② その法人について、ⅰ）民事再生法の規定による再生計画認可の決定があった場合、ⅱ）これに準ずる法人税法施行令68条の2に定める事実が生じた場合（NOTE参照）で、それぞれについて法人が政令で定める評定を行っているときは、その法人の資産の評価損の額として政令で定める金額は損金の額に算入する（法33③）。

NOTE 法人税法施行令68条の2は、法人税法33条3項の、資産の評価損の計上に関し次のとおり定めている。

① 「これに準ずる政令に定める事実」は、債務処理に関する計画が、一定の要件を満たす一般に公表された債務処理の手続きについての準則に従って策定されていること、準則に基づき資産評定が行われ債務者の貸借対照表が作成されていること、当該貸借対照表等に基づき債務免除額が定められていること、2以上の金融機関等が債務の免除をすること又は政府関係金融機関（協定銀行を含む）が有

する債権等について債務免除が行われること、の条件を満たすものとする。

② 「評定」とは、民事再生法の再生計画認可の決定があった場合に、法人がその有する資産の価額につき当該決定時の価額により行う評定を行う(評価換え)こと等をいう。

③ 法人税法33条３項の対象となる資産は、同施行令24条の２に掲げる資産とする。

④ 「政令で定める金額」は、民事再生法の再生計画の場合でいえば、当該再生計画の認可の決定があった時の直前の帳簿価額が、当該決定があった時の価額を超える場合の、その超える部分の金額をいう。

NOTE 既に述べたところであるが、評価損の計上を行う場合としては、上記のほか法人税法の規定により期末時価評価を行うものがあげられる。この適用を受けるものとしては、短期売買商品の期末時価評価(法61)、売買目的有価証券等の期末時価評価(法61の３)、有価証券の空売等に係る損益(法61の４)、デリバティブ取引に係る損益(法61の５)、時価ヘッジ処理による売買目的外有価証券の評価損益(法61の７)、期末時換算法が適用される外貨建資産等の換算損益(法61の９)などがある。

Q49　債務超過状態にある子会社の増資に応じた場合、直後に「当該有価証券について発行法人の資産状態が著しく悪化したため価額が著しく低下したこと」(法令68①二)に該当するとして、有価証券の評価損を計上できるか。

＊参考；東京地判平成元年９月25日

(３)租税公課

法人の納付する租税公課は企業会計上一般に費用とされ、法人税法上も原則として損金とされる。ただし、法人税・住民税等、別段の定めにより損金の額に算入されない租税公課がある。損金の額に算入される租税公課と損金の額に算入されない租税公課とを区分して示すと次のとおりである。

①　まず、損金の額に算入される租税公課としては、消費税および地方消費税(消費税等という)、個別間接税(酒税等)、印紙税、登録免許税、地価税、固定資産税、都市計画税、不動産取得税、事業税、自動車取得税、確定申告期限延長等の場合の利子税、地方税の納期限延長の場合の延滞金等のほか、外国税額控除の適用を受けない外国法人税(法41)、退職年金等積立金に対する法人税(相当する住民税を含む)(法38①一、②二括弧書き)などがあげられる。別段の定めにより損金とされない租税公課を除くすべての租税公課が損金算入の対象とされることになる。

損金の額に算入される租税公課の損金算入時期は、原則として、申告納税方式によるものは申告日(更正等があった場合は更正等の日)の属する事業年度、賦課課税方式によるものは賦課決定のあった日を含む事業年度とする。また、特別徴収による租税(軽油引取税等)は納入申告書によるものは申告の日を含む事業年度、更正等によるものは更正等の事業年度の損金に算入される。さらに利子税および地方税の納期限延長期間に係る延滞金については、納付時の損金とされる。

以上が原則であるが、その事業年度の前事業年度分の事業税の額は、事業年度末までに申告等がされていない場合であっても、その事業年度の損金に算入することができる。また、その事業年度の法人税について更正等をする場合は、その事業税の額は標準税率で計算するものとし、その後の申告等により過不足が生じたときは、その申告等があった日の属する事業年度で清算することとしている。

また、消費税等の損金算入は税込経理方式を採用していることが前提となるが、法人税法は法人の経理処理を尊重して、その法人のすべての取引について適用することを条件に税抜経理方式も認めている(税抜経理方式を採用している場合に、取引の一部について税込経理方式を採用できることについて平1·3·1直法2−1通達「3」「4」)。税抜経理方式は結果として消費税等の損金算入と同じ効果をもたらす。ただし、税抜経理方式の場合、課税期間の課税売上割合が95%未満である場合に生じる控除対象外消費税等(仕入税額控除ができない金額)の処理(法令139の4)および簡易課税制度を採用している場合に生ずる帳簿上の消費税等と納付すべき消費税等との差額の処理(同通達「6」)が必要となり、その処理の方法が定められている。なお、法人が支出した交際費等に係る消費税等の額は、税込経理方式の場合、支出交際費等の額に含まれる。税抜経理方式の場合も、控除対象外消費税額等に相当する金額は支出交際費等に含まれる(同通達「12」)。このほか消費税等に関して、少額の減価償却資産の損金算入(法令133)および一括償却資産の損金算入(法令133の２)の金額基準の判定、租税特別措置法の特別償却の取得価額基準(同通達「９」)、資産の評価損の損金算入(法33②)の場合の期末時価、寄附金の損金算入における資産の贈与時又は譲渡時の時価等の取扱いについては、法人が適用している税抜経理方式又は税込経理方式により計算した価額によることとされており、法人の経理処理を尊重した取扱いとなっている。

② 次に、別段の定めにより損金の額に算入されないとされている租税公課は、次のとおりである。

ｉ)法人税および住民税(都道府県民税、市町村民税)

これらは所得を課税標準として課税されるものであり、所得の中から納付されることが前提とされているため、損金算入が認められていない。ちなみに、これらを損金の額に算入すると法人所得が循環的に増減することとなる(法38①、②二)。

ただし、法人税であっても、退職年金等積立金に対する法人税(相当する住民税を含む)、過大還付について修正申告又は更正により納付すべき還付加算金に相当する法人税、は例外として損金算入が認められている(法38①一、二、②二括弧書き)。

なお、法人が決算にあたって当期分の法人税・住民税等の見積額を控除(納税充当金の計上)して税引後当期利益を計上した場合、それは確定していない租税公課の引当であり法人税法上損金とされる引当金に該当しないため、損金の額に算入されず、申告書別表四で加算することになる。

ⅱ)国税・地方税に係る附帯税

附帯税としては、国税について、延滞税(利子税を除く)、加算税(過少申告加算税、無申告加算税、不納付加算税、重加算税)、印紙税に係る過怠税があげられ、地方税について、延滞金(納期限延長の場合の延滞金を除く)、加算金(過少申告加算金、不申告加算金、重加算金)があげられる(法55③)。

これらは、違法行為に対する制裁や一定の行為を抑止するための経済的負担であり、その損金算入を認めることは、税負担の減少を通じて当該制裁や経済的負担を国家が肩代わりすることになる。結果として制裁や抑止の効果を弱めることになるため、「不正行為等に係る費用等の損金不算入」(法55)の一環として損金不算入としているものである。

iii)公益法人等に課される相続税および贈与税(法38②一、相法66④)

公益法人等は収益事業以外の所得に法人税を課されず、その受贈益も非課税である。このため受贈益に対して課される相続税および贈与税は収益事業の損金とされない。

iv)第二次納税義務の履行として納付した税額(法39)

第二次納税義務は、本来の納税義務者との特殊関係に基づいて課される納税義務であり、その履行である納付税額は費用性を認められず損金とはならない。

v)税額控除を選択した場合の所得税額および外国税額(法40、41)

法人は、所得税額および外国税額について損金算入と税額控除のいずれかを選択できる。二重控除を避ける趣旨から、法人が税額控除の適用を選択した場合には、制度上、損金算入を認めないこととしている。

Q50　損金の額に算入される租税公課と算入されない租税公課の性質の違いについて、それぞれの税目ごとに検討しなさい。

(4)寄附金

法人税法上、寄附金は、金銭その他の資産又は経済的な利益の贈与又は無償の供与と定義される(法37⑦)。すなわち直接的な反対給付のない支出である。こうした支出は、一般には法人の収益に対応する費用とは考え難く、営利を目的とする法人の担税力を測るための所得計算において収益獲得に関係がないとみられる支出の損金算入を認めることには問題がある。一方で、法人は社会的な存在としてしばしば寄附を通じて社会的な貢献を要請される。寄附金の支出が消費者の法人に対する好感をもたらし収益を向上させる効果もないとはいえず、一般に寄附が法人の収益獲得に無関係であるともいい切れない。

寄附金のこうした性格に鑑み、法人税法は寄附金について統一的な損金算入限度額を法定し、一定の限度額を超える金額は損金の額に算入しないこととしている(法37①)。寄附金のうち、費用性のある部分と剰余金処分の性質のある部分を客観的に判別することが困難であることから、法人の資本金等の額および当期の所得の金額を基準にした一定の範囲までの寄附金は損金と認め、それを超えるものについては損金算入を認めない仕組みが採用されているといえる。なお、寄附金の支出については現金主義が採用されており、寄附金はその支払いがされるまでの間は、なかったものとみなされる(法令78①)。

他方で、法人寄附金の持つ社会貢献的性格への政策的配慮から、国、地方公共団体に対する寄附金(法37③一)および財務大臣が指定し告示した指定寄附金(法37③二)については、限度額計算の対象から除外することを通じて全額が損金に算入され、また公益の増進に著しく寄与するとして政令で定める特定公益増進法人(法令77)、国税庁長官の認定を受けた特定非営利活動法人(認定NPO法人)および特定地域雇用社会等に対する寄附金については、その合計額について別枠の損金算入限度額が設けられて損金算入の割合が高められている(法37④、措法66の11の2、66の12①、②)。

さらに、寄附金の損金算入限度額の枠の機能を活用する趣旨から、特定公益信託の信託財産とするための支出を寄附金とみなし、一定のものに特定公益法人等と同じ取扱いを認める(法37⑥)、公益法人等(認定NPO法人を含む)の収益事業に属する資産をその内部の非収益事業のために支出した金額をその収益事業に係る寄附金の額とみなす(法37⑤、措法66の11の2①)、等の特例措置が講じられている。

加えて、法人が災害等に際して、災害を受けた得意先等に対しその復旧支援を目的として債権の全部又は一部を放棄した場合(法基通9−4−6の2)や低利又は無利息による融資をした場合(同9−4−6の3)、また不特定多数の被災者を救援するため緊急に自社製品等を提供した場合(同9−4−6の4)の費用等については、いずれも寄附金としては取り扱わず損金算入を認めることとしている。災害等に際しての法人の社会貢献が社会的に定着していることを背景とした取扱いといえる。

特例措置の適用がない一般寄附金の損金算入限度額は、①期末資本金等の額の1,000分の2.5と、②当期の所得の金額(寄附金を損金に算入する前の金額で、申告書別表四「仮計」欄の金額に支出した寄附金の額を加えた金額)の100分の2.5を、合計して2分の1にした金額である(法令73)。所得基準額が重視されると同時に大会社の資本金等の額への配慮がなされた基準といえる。

寄附金に該当すれば限度額計算が行われるため、寄附金とされるものの範囲が問題となりやすい。法人税法37条7項は、寄附金の額を「寄附金、拠出金、見舞金その他いずれの名義をもってするかを問わず、法人が金銭その他の資産又は経済的利益の贈与又は無償の供与をした場合における当該金銭の額、金銭以外の資産の贈与時における価額又は当該経済的利益の供与時における価額」をいうとしている。ただし、広告宣伝費および見本品の費用その他これらに類する費用、交際費、接待費、福利厚生費とされるべきものは除かれている。また、同法37条8項は、法人が資産の譲渡又は経済的な利益の供与をした場合において、その対価の額がそのときにおける価額(時価)に比して低いときは、当該対価の額とそのときの価額(時価)との差額のうち実質的に贈与又は無償の供与をしたと認められる金額は、寄附金の額に含まれるとしている。

この条文の解釈において、法人税法上の寄附金の範囲は、社会通念上の寄附金の概念より広いと考えられている。裁判例では、①親会社が金融機関からの借入金を子会社に借入利率を下回る利率で貸付けた場合の金利差額、②親会社が子会社に実態のない業務委託費の名義で行った支出、③資産譲渡において譲受法人が売主に対して正常な対価を超えて支払いを行った場合の超過支払額、④債務免除における債務相当額、⑤関連会社に対する売上値引、⑥新株の時価に比して著しく過大な増資払込金、などが寄附金とされている。

一方、実務の取扱いとして、①親会社が子会社等を整理する場合における損失負担等により供与する経済的利益の額(法基通9-4-1)、②親会社が子会社等を再建する場合における無利子貸付等により供与する経済的利益の額(同9-4-2)は、寄附金とされない。経済的利益の供与に合理的理由があると考えられたためである。他方、③法人が損金として支出した寄附金で法人の役員等が個人として負担すべきものも寄附金とはされない(同9-4-2の2)。この場合は、法人の費用ではないことの確認といえる。

Q51　寄附金の損金算入制限については、寄附金の持つ公益実現機能に

着目して多くの例外的損金算入規定が設けられている。法人税法におけるこうした寄附金の例外的損金算入の規定を整理し、寄附金税制のあり方について考察しなさい。

(5)交際費等

法人が支出する交際費等(接待、供応、慰安、贈答等のための支出)は、寄附金と異なり販売促進など事業の収益向上に寄与すると考えられており、企業会計上は費用とされる。ただし、実際には事業との直接関連性が少ないものがあり、また一般にいわゆる冗費と考えられることから、交際費等の支出を抑制して自己資本充実を図るための政策税制として交際費等の損金不算入の制度が設けられている。制度は数次にわたる変遷を経ているが、現在は期末の資本金が1億円を超える法人に対しては交際費等について一切の損金算入を認めず、1億円以下の中小法人については400万円の範囲内でその90%(400万円と交際費等支出額のいずれか少ない金額の90%)の損金算入を認めるという制度となっている(措法61の4①)。

こうした制度であるため、法人の支出が交際費等に該当するかどうかは、課税上重要な問題となっており、交際費等と他の費用項目との区分についてしばしば問題が生じている。

①交際費等の意義と範囲

交際費等の意義について措置法は、交際費、接待費、機密費その他の費用で、法人がその得意先、仕入先その他事業に関係のある者等に対する接待、供応、慰安、贈答その他これらに類する行為のために支出するものをいうと定めている(措法61の4③)。ここで「得意先、仕入先その他事業に関係のある者等」、すなわち交際費等支出の相手方には、直接取引関係者だけでなく、間接に当該法人の利害に関係がある者および当該法人の役員、従業員、株主等も含むと解されている(措基通61の4(1)−22)。また、2以上の法人が共同であるいは団体を通じて交際費を支出しその費用を分担･負担したものも交際費の支出とされる(措基通61の4(1)−23)。交際費等に該当するかどうかは、法人の経理上の科目やそれが直接支出されたか間接に支出されたかを問わず判断され、法人が仮払処理をした場合でも接待等の行為があった事業年度の交際費等とされる(措基通61の4(1)

−24)。なお、支出した交際費等を棚卸資産・固定資産の取得価額又は繰延資産の金額(取得価額等という)に含めている場合で、交際費等の損金不算入が適用されるときは、確定申告書において、損金不算入額のうち当該取得価額に対応する部分の金額を取得価額等から減額することができる(措基通61の4(2)−7)。

こうした規定ではどうしても具体的な判断基準が必要になるが、i)会社の何周年記念、進水式、起工式、落成式等における宴会費、交通費、記念品代等(ただし、進水式、起工式、落成式等の式典の祭事のために通常要する費用は除く)、ii)下請工場、特約店等になるため又はするための運動費等(ただし、これらの取引関係を結ぶために相手方事業者に金銭又は事業用資産を交付する場合の費用は除く)、iii)得意先等社外の者の慶弔、禍福に際しての支出、iv)得意先、仕入先等事業に関係がある者等を旅行、観劇等に招待する費用、v)取引先卸売業者が小売業者を旅行、観劇等に招待する費用の一部負担金、vi)いわゆる総会屋対策費、vii)建築業者等が建設の同意を得るために周辺住民を旅行、観劇等に招待し又は酒食を提供した場合の支出、viii)スーパー、百貨店等が進出にあたり周辺住民の同意を得るために支出する運動費等(寄附金、繰延資産となるものは除く)、ix)取引先等の従業員に取引の謝礼等として支出する金品の費用、x)建設業者等の談合金等は、交際費等に該当するとされている(措基通61の4(1)−15)。

この交際費等の概念および範囲は、社会通念上の交際費の概念より広い。また、定義は必ずしも明確でなく、交際費等に含まれるものの範囲が際限なく拡大していくおそれがある。この点は、交際費等に含まれないものの範囲が法令又は実務上定められているので、こうした交際費等に含まれないものの範囲を明確にすることで結果的に交際費等の範囲を確定していくことが1つの望ましい方向として考えられる。

Q52　交際費等の範囲については多くの裁判例がある。東京高裁平成5年6月28日判決(オートオークション事件)および東京高裁平成15年9月9日判決(英文添削事件)を比較して、交際費等の範囲についての考え方を整理しなさい。

②交際費等に含まれないものの明確化

ⅰ)少額の飲食費

飲食その他これに類する行為のために要する費用のうちその支出する金額が1人あたり5,000円以下のものは交際費等に含めないこととされている(措法61の4③二、措令37の5①)。交際費損金不算入の制度が、大法人の交際費等の損金算入を一切認めないという厳しいものとなっていることから、こうした少額の飲食費についてまで損金不算入とすることは制度の目的に合致しないというのがその趣旨と考えられる。ただし、その飲食が専ら当該法人の役員、従業員又はこれらの親族に対する接待等である場合(社内飲食費)は、この少額飲食費の規定は適用されず、支出額がすべて交際費等とされる。

ⅱ)寄附金となるもの

寄附金となるものは、交際費等に該当しない。通達では、社会事業団体、政治団体に対する拠金、神社の祭礼等が寄附金にあたると例示され、かつ金銭でした贈与は原則として寄附金になるとしている(措基通61の4(1)－2)。

ⅲ)値引きおよび売上割戻等となるもの

値引きに加え、売上高もしくは売掛金の回収高に比例して、又は売上高の一定金額ごとに金銭で支出する売上割戻しの費用、さらにこれらの基準のほかに得意先の営業地域の特殊事情、協力度合等を勘案して金銭で支出する費用は、交際費等に該当しない(措基通61の4(1)－3)。キーワードは「一定の基準」と「金銭で支出」である。この場合、売上割戻しを受ける相手方では益金として計上されることが予定されている。なお、同じ基準で物品により割戻しを行った場合でも、その物品が相手方の事業用資産となることが明らかである場合又は購入単価が少額である場合は、交際費等に該当しないとして取り扱われる(措基通61の4(1)－4)。また、法人が景品引換券付販売等を行った場合に交付する景品は、その景品が少額で当該法人がその種類および金額を確認できるものは交際費等に該当しない(措基通61の4(1)－5)。一方、法人が売上割戻等を預り金等として積み立て、一定額に達した場合に、その積立金額により得意先を旅行、観劇等に招待した場合は、旅行、観劇等に招待した事業年度において交際費等として支出されたものとされる(措基通61の4(1)－6)。

iv)広告宣伝費に該当するもの

カレンダー、手帳、扇子等を贈与するために通常要する費用は、交際費等の範囲から除かれる(措法61の4③三、措令37の5②一)。これらは広告宣伝費に該当する。広告宣伝費は、不特定多数の者に対する宣伝効果を有するものと定義できるが、その具体的な事例が通達に列記されている(措基通61の4(1)−9)。広告宣伝費の範囲を画するキーワードは「不特定多数の者に対する宣伝効果」と考えられる。

v)福利厚生費に該当するもの

専ら従業員の慰安のために行われる運動会、演芸会、旅行等のために通常要する費用は交際費等から除かれる(措法61の4③一)。創立記念日等に従業員におおむね一律に社内で供される通常の飲食に要する費用、従業員(退職者を含む)又はその親族等の慶弔、禍福に際し一定の基準で支給される金品の費用も福利厚生費に含まれる(措基通61の4(1)−10)。「専ら従業員の慰安のため」という趣旨の明確化と支出基準の明確化が、福利厚生費の範囲を画することにつながる。

vi)給与等となるもの

従業員に対して、常時給与される昼食等の費用、自社製品等を原価以下で販売した場合の原価に達するまでの費用は、従業員に対する給与等とされ、交際費等に該当しない。フリンジ・ベネフィットの問題である。また、機密費・接待費・交際費・旅費等の名義で支給したもののうち使用したことが明らかでないものも給与とされる(措基通61の4(1)−12)。

vii)会議費に該当するもの

会議に関連して茶菓、弁当その他これらに類する飲食物を供与するための費用は交際費等から除かれる(措令37の5②二)。会議費に該当する費用である。会議には来客との商談、打合せが含まれ、通常会議を行う場所で通常供与される昼食の程度を超えない飲食物等の接待に要する費用がこれに該当する(措基通61の4(1)−21)。販売業者等を旅行、観劇等に招待し併せて会議を開催したときも実体があれば会議に通常要する費用について同じ取扱いとなる(措基通61の4(1)−16)。ここでは「通常供与される昼食の程度を超えない」がキーワードとされよう。

viii)その他事業遂行のために必要な支出

新聞、雑誌等の出版物又は放送番組を編集するための座談会その他記事の収集のために又は放送のための取材に通常要する費用は、飲食等が伴ったとしても交際費等に該当しない(措令37の5②三)。取材費等として当然必要な経費とされる。「通常要する費用」がキーワードとなる。

このほか、事業遂行のために必要な支出として、販売奨励金(措基通61の4(1)-7)、取引に関する情報提供又は取引の媒介、代理、斡旋等の役務提供を受けた者に対価として交付する金品の費用(措基通61の4(1)-8)、特約店等に専属するセールスマンのために支出する売上手数料および慰安・禍福に関連する支出(措通61の4(1)-13)、特約店等の従業員への売上手数料(措基通61の4(1)-14)、現地・展示場・製造工場等案内に関する費用(措基通61の4(1)17)、下請企業の従業員のための福利厚生費的支出(措基通61の4(1)-18)、商慣行として交付する模型のための費用(措基通61の4(1)-19)が、交際費等に該当しないものとして通達に示されている。

さらに災害等に際しての企業の対応に関するものもある。取引先の被災に対して災害見舞金の支出、事業用資産の供与、役務の提供を行った場合の費用、不特定・多数の被災者を救援するため緊急に行う自社製品等の提供に要する費用は交際費等とはされない(措基通61の4(1)-10の3、同10の4)。同様に、協同組合等が福利厚生事業の一環として、一定の基準に基づき被災組合員等へ災害見舞金等を支出した場合も、交際費等とはしないこととされている(措基通61の4(1)-11)。

Q53　交際費課税制度については、制度創設の目的である自己資本充実という意味が薄れたのではないか、あるいは冗費節減という名目の下に大法人の交際費等を全額損金不算入とするのは行き過ぎではないか、といった意見がみられる。交際費課税の現代的意義について考察しなさい。

(6)使途秘匿金

法人が、その支出を交際費、機密費、接待費等として処理し社外流出したとする一方で、その支出の目的、内容および相手方等の情報を秘匿する(明らかにしない)場合は、その費用性の有無が不明となるが、このような支出は使途不明金又は使途秘匿金とよばれる(ここでは使途秘匿金の語を用いる)。こうした使途秘匿金については課税実務上、原則として、損金に算入しないこととされる(法基通9-7-20)。また、役員等に対して機密費等の名義で支給したもののうち、法人の業務のために使用したことが明らかでないものは、役員等に対する経済的利益の供与として役員給与とされる(法基通9-2-10(9))。従業員に対するものも同様であり、法人の業務のために使用したことが明らかでないものは交際費でなく給与とされる(措基通61の4(1)-12)。

法人の使途秘匿金は、闇献金や汚職等の温床になるとして社会的関心が高まったことから、上記の措置のほかに、使途秘匿金の額の40%に相当する金額を、法人の各事業年度の所得に対する法人税および清算所得に対する法人税の額にそれぞれ追加して課税する措置が講じられている(措法62①)。ここで「使途秘匿金の支出」とは、法人がした金銭の支出(贈与、供与その他これらに類する目的のためにする金銭以外の資産の引渡しを含む)のうち、相当の理由がなく、相手方の氏名等(相手方の氏名又は名称および住所又は所在地並びにその事由)を法人の帳簿書類に記載していないものをいう。ただし、相手方の氏名等の記載がなくても、それが取引の対価として支払われたものであることが明らかであり、当該支出に係る金銭等が対価として相当であると認められる場合は、この使途秘匿金の規定は適用しない(措法62②)。記載していないことが相手方の氏名等を秘匿するためのものでないと認めるときも、当該金銭等の支出を使途秘匿金としないことができる(措法62③)。なお、相手方の氏名等を帳簿書類に記載しているかどうかの判定は、原則として各事業年度終了の日の現況によることになる(措法62⑤)。

この取扱いは外国法人にも適用されるが、外国法人の国外事業に係る金銭の支出には適用されない。また、公共法人は対象から除かれ、公益法人等・人格のない社団等の非収益事業に係る金銭の支出についても適用されない(措法62④)。

(7)特定資産に係る譲渡等損失額の損金不算入

グループ企業間で、グループ関係が生ずる前から有する資産の含み損を利用して、適格合併等を行った後一定期間内に、その含み損を実現させて生じた損失を控除する方法による租税回避が懸念されるが、これを防止するために、適格合併等が行われて以後原則として３年間の特定資産譲渡等損失を損金不算入とする規定が設けられている(法62の７)。

この規定は、内国法人と特定資本関係法人(法人との間に50%超の資本関係がある法人)との間で、その内国法人を合併法人、分割承継法人又は現物出資法人とする特定適格合併等(適格合併、適格分割又は適格現物出資のうち、共同で事業を営むための適格合併等を除いたもの)が行われた場合、その特定資本関係がその法人の特定適格合併等の日の属する事業年度開始の日の５年前の日以後に生じているときは、その法人の適用期間(当該特定適格合併等が行われた事業年度開始の日から、同日以後３年を経過する日、又はその経過する日の前に当該特定資本関係が生じた日以後５年を経過する日が到来する場合はその日までの期間)の特定資産等譲渡等損失額を損金に算入しないとするものである。特定資産等譲渡損失額とは、①法人が特定資本関係法人から特定適格合併等により移転を受けた資産で、その特定資本関係法人が、特定資本関係が生じた日前から有していたもの(特定引継資産)の譲渡、評価換え、貸倒れ、除却等による損失の額の合計額から、特定引継資産の譲渡又は評価換えによる利益の額の合計額を控除した金額、および②合併法人等である内国法人が特定資本関係発生日前から自ら有していた資産(特定保有資産)の譲渡、評価換え、貸倒れ、除却等の損失の額の合計額から、特定保有資産の譲渡又は評価換えによる利益の額の合計額を控除した金額の合計額である(法62の７②)。

この規定は、適格組織再編による資産の簿価引継ぎを通じて損失が外部から持ち込まれることを抑制するための租税回避に対する個別的否認規定の１つであり、第３編第１章第１節３(４)②「未処理青色欠損金の引継ぎおよび特定資産譲渡等損失の損金不算入」に記載する３つの制限の１つである。なお、この規定は、特定資本関係にある被合併法人等と他の被合併法人等の間で法人を設立する特定適格合併等が行われた場合にも準用される(法62の７③)。

後述する「特定株主等によって支配された欠損等法人の欠損金の繰越の不適用および特定資産の譲渡等損失額の損金不算入」(本節２(４)③)も、同じ趣旨の規定である。

(8)組合等の法人組合員の損失

法人が組合等に出資することにより生ずる損失を利用して行う租税回避に対して、個別的否認規定が設けられている。

まず、法人が民法上の組合(任意組合)の組合員、投資事業有限責任組合の組合員、商法上の匿名組合の出資組合員であって、組合事業について相当のリスクを負う者又は自ら組合事業と同種の事業を営んでいる者のいずれにも該当しない場合は、「特定組合員」とされる(措法67の12①)。そのうえで、法人が特定組合員となる場合であって、かつその組合事業に係る債務の弁済の責任が実質的に組合財産の価額を限度とされる場合には、当該法人に帰属すべき組合損失額のうち、その出資価額を基礎として計算される調整出資金額を超える部分の金額(組合損失超過額)は、当該法人の事業年度の所得金額の計算上、損金の額に算入されない(措法67の12①)。自ら負うリスクの範囲内でのみ損失を損失として控除できるという考え方であり、米国内国歳入法典のアット・リスク・ルールに通じるものといえる。

同様に、有限責任事業組合に関して、法人が有限責任事業組合の組合員となる場合で、組合事業に係る損失の額がその法人の調整出資金額を超えるとき、その超える部分の金額(組合損失超過額)は、当該法人の事業年度の所得の金額の計算上、損金の額に算入されない(措法67の13①)。

(9)不正行為等に係る費用(罰金等を含む)

法人税の計算にあたって隠蔽・仮装行為のため費用を支出した場合、延滞税等を支払った場合、罰金・課徴金等を支払った場合あるいは賄賂となる支出を行ったような場合について、損金算入を制限する規定が設けられている。

法人税法55条1項は、内国法人が、所得等の金額又は法人税の額の計算の基礎となるべき事実の全部又は一部を隠蔽し、仮装することにより、その法人税の負担を減少させ又は減少させようとした場合、当該隠蔽・仮装行為に要する費用の額又は当該隠蔽・仮装行為により生ずる損失の額は、当該法人の各事業年度の所得の金額の計算上、損金の額に算入しないとしている。また、同条2項では、この規定を、内国法人が隠蔽・仮装行為により法人税以外の租税の負担を減少させ又は減少させようとした場合に準用するとしている。

続いて３項は、国税・地方税の延滞税・延滞金、加算税・加算金、過怠税について、また４項は、罰金、科料、過料、課徴金（含む延滞金）について、それぞれ損金不算入としている。

さらに同条５項は、公務員（外国公務員を含む）に対する刑法198条（贈賄）に規定する賄賂又は不正競争防止法18条１項（外国公務員等に対する不正の利益の供与等の禁止）に規定する金銭その他の利益にあたる金銭の額、金銭以外の物又は権利その他経済的利益の価額の合計額に相当する費用又は損失の金額は、損金の額に算入しないと規定している。この法人税法５項の規定は、平成15年10月に国連総会で採択された「腐敗の防止に関する国際連合条約」12条４項「締約国は、賄賂となる支出および腐敗を助長するために要したその他の支出について税の控除を認めてはならない」を受けて、規定が設けられたものである。

Q54　法人税法55条の規定がなくても、脱税工作のための支出金を損金算入することは「公正処理基準」に照らして問題ありとする考え方がある。最高裁平成６年９月16日判決を参考にしながら、この考え方の妥当性について考察しなさい。

(10)その他の支出

以上のほか、法人の支出のうち資産として計上すべきものと当期の損金となるものの区分が必要になるものがある。また、以上述べてきたこととも関連するが、実務上、その支出が役員給与、寄附金、交際費等あるいはその他の費用のいずれに区分されるかがしばしば問題となるものがある。このためいくつかの支出項目について詳細な取扱ルールが定められている。これらを例示すると以下のとおりである。

第一に、支払保険料があげられる。支払保険料については、それが保険事故に備えるものである場合は原則として損金となるが、保険期間満了後に満期返戻金が生じる場合は貯蓄の性格を有することから資産計上が必要となる。当該保険の死亡保険金および満期保険金を誰が受け取るかで、法人の資産として計上すべきもの、役員等の給与とするもの、通常の損金とするものに分かれる。保険料についてのこうした実務上の取扱いに関して多くの通達が出されている(法基通9－3－1～9－3－12)。

第二に、諸会費があげられる。諸会費については、同業者団体の会費のうち加入金でその地位が他に譲渡できないものである場合は繰延資産(５年償却)、譲渡できる場合は資産計上、通常会費等については原則として損金算入(一部前払費用となる場合がある)といった実務上の取扱いが定着している(法基通8－1－11､8－2－3､9－7－15の３)。ゴルフクラブの会費、レジャークラブの入会金については、支出の性格に応じて資産計上すべきものと費用となるものに区分される。ただし、費用となる場合は、交際費等又は給与とされる場合がある(法基通9－7－11～9－7－13の２)。また、ロータリークラブ等の会費、社交団体の会費等については、原則として資産計上されるものはないが、支出は交際費等、寄附金又は給与とされる(法基通9－7－14～9－7－15の２)。

第三に、損害賠償金があげられる。損害賠償金については、法人税法上問題になるのは、その支払の原因となった役員又は使用人の行為が法人の業務の遂行に関連するものであるかどうか、故意又は過失によるものではないか、役員又は使用人の支払能力等からみて求償できないものであるかどうか、対応する保険収入がないか、といった点であり、それぞれの事情に応じて給与又は給与以外の費用として取り扱われる(法基通9－7－16～9－7－18)。

Q55　法人の役員又は従業員が他人に与えた損害について法人が損害賠償金を支払った。この場合、①その損害賠償の対象となった行為等が法人の業務の遂行に関連するものであるが、故意又は重過失に基づくものであった場合に法人の税務上の処理はどうなるか、また、②仮に役員又は従業員に求償するとして当該役員又は従業員の支払能力からみて求償できない事情にあるときはどうするか。

＊参考；法基通9－7－16､9－7－17

以上述べたもの以外の法人の支出についても、法人の通常の営業費用になるものとならないものの区分が問題になることがある。例えば、法人の業務遂行上必要と認められる海外渡航費であっても通常必要と認められる金額を超える場合は、その超える部分の金額が役員、使用人に対する給与とされる(法基通9－7－6～9－7－10)。一方、法人がその役員又は使用人が死亡したため社葬を行い費用負担を行った場合、その社葬を行うことが社会通念上相当と認められるときは、法人の負担額のうち通常要すると認められる部分の金額を損金に算入することとが認められる(法基通9－7－19)。

2. 経済価値の流出あるいは減少はないが損金と認識する別段の定め

(1)圧縮記帳

圧縮記帳は、実現した所得に対する課税を一定の条件の下に将来に繰り延べる税法上の制度である。

法人が設備投資のために国又は公共団体から補助金を受け取る場合を例にとれば、法人は法人税法22条２項により補助金収入を受贈益として益金の額に算入する必要がある。しかし、この課税が行われることにより、目的とする資産の取得が困難となって補助金の目的を達成することができなくなるおそれがある。この場合、圧縮記帳の手法を用いると、補助金収入等に課税するという原則を維持しつつ、補助金で取得した資産の取得価額をその補助金収入に相当する額だけ減額し、その減額した部分を損金の額に算入することにより課税の繰延べを図ることができ、補助金の政策効果を活かすことができる。

取得した資産の取得価額はその減額した後の金額となるので、当該資産の減価償却および当該資産を譲渡する際の譲渡原価は、圧縮記帳により減額された帳簿価額を基礎として計算される(法令54③)。その結果、圧縮記帳を行った資産については、減価償却を通じ又は譲渡の際に、繰り延べられた収益に対する課税が実現することになる。

圧縮記帳が認められているのは、①国庫補助金等の支給を受け固定資産を取得･改良した場合(法42)、②受け取った国庫補助金等をいったん特別勘定に計上し、その後国庫補助金交付の目的に適合した固定資産の取得･改良を行った場合(法43､44)、③電気、ガス、鉄道事業などを営む法人が工事負担金で固定資産を取得した場合(法45)、④協同組合等のうち出資を有しないものが、組合員等から賦課金を徴収し事業の用に供する固定資産を取得･改良した場合(法46)、⑤その有する固定資産の滅失、損壊により保険金等の支払いを受け、その保険金等で代替資産を取得･改良した場合(法47)、⑥受け取った保険金をいったん特別勘定に計上し、事業年度終了後２年以内にその保険金で固定資産を取得･改良した場合(法48､49)、⑦１年以上有していた固定資産(土地、建物、機械･装置、船舶、鉱業権)を他の者が１年以上有していた固定資産と交換し、交換直前と同一の用途に供した場合(法50)、⑧固定資産を収用されその補償金で代替資産を取得した場合(措法65)、⑨大規模な住宅地等造成事業の施行域内にある土地等の造成のための交換等の場合(措法65の11)等である。いずれもその取得等に充てた国庫補助金等、工事負担金、賦課金、保険差益、交換差益等の額に相当する金額(圧縮限度額)の範囲内で、その固定資産の帳簿価額を損金経理により直接減額するのが原則であり要件とされるが、多くについて確定した決算において利益又は剰余金の処分により積立金とし積み立てる方法も認められる。さらに、国庫補助金等の収益計上が固定資産の所得よりも先行する場合には、特別勘定として経理することも認められている(法43、措法65の８ほか)。

なお、以上のほか、土地政策あるいは国土政策の観点から、特定資産の買換えの場合等の圧縮記帳が認められている(措法65の７)。これは過密地域内から過密地域外への企業活動の誘導、誘致地域への誘致、地域内での土地等の有効利用、長期所有土地等から機械装置等への買換え等を図る政策目的を実現するため、一定の資産の買換えについて、その資産の圧縮基礎取得価額(買換資産の取得価額又は譲渡資産の譲渡対価のいずれか少ない額)に80％を乗じた額(圧縮限度額)の範囲で圧縮記帳を認めるものである。圧縮の方法等については、上記の圧縮記帳の場合と同様である。現在、この制度が認められている買換えの組合せは19種類にのぼる(措法65の７表一～十九)。また、特定資産を交換した場合の取扱い(措法65の９)について規定が設けられている。

(２)引当金

引当金とは、将来の費用又は損失の発生に備えて、その合理的な見積額のうち当期の負担に属する金額を費用又は損失として計上し、貸借対照表の負債の部の引当金勘定に繰り入れる金額をいう(会社計算規則６②１、107②１ハ、２ハ)。企業会計では、将来発生が確実に予測され、その起因となる事実の発生がその事業年度以前にあると認められる特定の費用又は損失について、予めその金額を見積もり、各事業年度に割り当てて引当金勘定に繰り入れ、当期の費用又は損失として計上することが、費用収益対応の原則から認められている。ただ、引当金の安易な計上は期間損益計算を歪め、所得金額の不当な減少につながるおそれがある。

法人税法は、法人所得の金額の計算上、損金の額に算入できる費用を、償却費を除き、事業年度終了までに債務が確定したものに限っている(法22③)。すなわち、将来発生が予測される費用又は損失を予め見積もって損金の額に算入する見越計上は、別段の定めがない限り認められていない。そのうえで、法人税法は、企業会計の実情を考慮に入れて、費用収益対応原則の観点から、別段の定めにより、貸倒引当金(法52)と返品調整引当金(法53)の２種類の引当金(将来、資産について生ずる費用又は損失が当期の収益に対応する場合に計上されるもの)の計上を認めている。

NOTE 第１編第５章第２節２「課税ベースの拡大」でみたとおり、法人税法の引当金制度は、平成10年度税制改正以来大きく変化している。課税ベースの拡大の観点から、賞与引当金、特別修繕引当金、製品保証引当金および退職給与引当金といった負債性引当金(将来生ずる債務が当期の収益に対応する場合に計上されるもの)が廃止されている。なお、これら引当金の廃止にあたっては、賞与引当金と製品保証引当金については繰入限度額を毎年６分の１ずつ引き下げて５年にわたって段階的に廃止、特別修繕引当金については４年間で均等取崩し、退職給与引当金については中小企業は10年、その他の法人は４年で取り崩す、という影響緩和措置が講じられている。

①貸倒損失および貸倒引当金

売掛金、受取手形等の売掛債権や貸付金等の金銭債権は、取引相手の破産その他の原因で回収不能となり貸倒れになるリスクがある。現実に回収不能となった金銭債権については、事業遂行に伴う貸倒損失として、その損失の額が損金の額に算入される。

ただし、回収不能かどうかについて判断が困難な場合がある。実務上は、ｉ)法律上の貸倒れが生じた場合(会社更生法・民事再生法・商法の特別清算等による更生計画・再生計画・協定の認可等に伴い債権が切り捨てられる場合)、ii)債権者集会の決定および行政機関・金融機関等の第三者の斡旋による当事者間の協議による契約の締結により、合理的な基準で債務者の負債整理を行った場合、iii)債務者の債務超過の状態が相当期間継続し弁済を受けることができないと認められる場合において、書面で債務免除を行った場合、iv)債務者の資産状況、支払能力等からみてその金銭債権の全額が回収できないことが明らかになった場合、v)売掛金、未収請負金等の売掛債権について、取引停止後1年を経過したものにつき備忘勘定を残して貸倒れとして損金経理した場合(取立てのために要する費用に満たない債権について督促しても弁済がない場合も同じ)は、貸倒れとして損金に算入できるとしている(法基通9−6−1〜9−6−3)。

この貸倒れの判断基準は、法律上の貸倒れおよび債権者集会などで正式に決定された債権切捨ては損失と認識し、それ以外については、債務者への債権の全部が回収不能となる場合にのみ損失を認識するものとなっている。これに対し、債権の一部は回収できるが他の一部は回収できないと合理的に見積もれる場合がある。この回収できないと見込まれる部分の損失計上は部分貸倒れとよばれる。しかし、部分貸倒れは債権の評価減であり、法人税法33条の規定により、その損金算入は認められないと解釈されている(法33①、②)。このため、部分貸倒れの問題は、貸倒引当金の問題として取り扱われることになる。

法人税法上の貸倒引当金には、個別評価金銭債権に係る引当金と一括評価金銭債権に係る引当金がある(法52①、②)。

このうち、個別評価金銭債権とは、i)会社更生法による更生計画認可の決定、民事再生法による再生計画認可の決定等に基づき弁済を猶予等され、または賦払いにより弁済される債権、ii)債務超過の状態が相当期間継続し好転の見込みがない、あるいは災害等により多大な損害が生じたこと等から、一部につき回収の見込みがないと認められる債権、iii)会社更生法等の更生手続開始の申立て、民事再生法の再生手続開始の申立て等が行われた場合の債権、iv)外国の政府等に対する債権のうち、長期にわたる債務の履行遅延によりその経済的な価値が著しく減少し、かつ弁済を受けることが著しく困難であると認められる場合の債権をいう(法令96①)。なお、この場合の債権には、売掛金、貸付金その他これらに類する金銭債権のほか、保証金、前渡金等について返還請求を行った場合の返還請求権も含まれる(法基通11−2−3)。

これらの場合に損金に算入できる金額(引当金繰入限度額)は、前記ⅰ)の更生計画認可の決定等により弁済猶予・賦払いとされた債権については、当該事由が生じた事業年度終了後5年以内に弁済されることになっている金額以外の金額とされ、またⅱ)の債務超過の長期化等により回収の見込みがないと認められる債権については、その回収の見込みがないと認められる金額とされる。こうした場合には、回収の見込みがないと認められる金額の全額が引当金の対象とされることになる。これに対し、上記ⅲ)およびⅳ)に該当する場合、すなわち、会社更生法等の更生手続開始の申立て、民事再生法の再生手続開始の申立て等が行われた場合や外国の政府等に対する債権に係る回収不能見込みのものについては、事業年度末日の金銭債権の50%に相当する金額が損金算入の限度とされている(法令96①)。すなわち、このⅲ)およびⅳ)の場合は回収不能となる可能性にまだ不確実性があり、このため引当金繰入限度額を債権額の2分の1のみとする考え方が採用されたものといえる。

次に、一括評価金銭債権とは、法人の有する金銭債権のうち上記の個別評価金銭債権を除いたものである。一括評価金銭債権については、その事業年度末の帳簿価額の合計額に貸倒実績率を乗じた金額を限度として損金の額に算入することができる。すなわち、法人が有する金銭債権について、個別に事情があるものについては個別評価して回収不能と認められる金額を損金算入し、それ以外の金銭債権については一括して過去の貸倒実績率により損金算入を認める制度となっている。なお、損金算入された金額は、貸倒引当金として負債の部に計上され、毎期洗替えにより引当計上を行うこととされている(法52⑨)。一括評価金銭債権について適用される貸倒実績率は、過去3年間の法人の一括評価金銭債権の額に占める貸倒損失の額(個別評価分の引当金の繰入額と戻入額の差額を加算)の平均値、すなわち過去3年間の平均貸倒率である(法令96②)。ただし、資本金1億円以下の中小企業等については、1,000分比で、卸売・小売業(飲食店、料理店業を含む)は10、製造業は8、金融・保険業は3、割賦販売小売業・割賦購入斡旋業は13、その他は6という法定繰入率による繰入れが認められている(措法57の10①、措令33の9④)。さらに、公益法人等又は協同組合等の繰入限度額について、通常の方法により計算した金額の116%相当額に割増しすることが認められる(措法57の10②)。

Q56　債権の貸倒れが認められるためには当該債権の全額が回収不能であることが要件とされる。全額が回収不能かどうかの事実関係の判断基準について判示した最高裁平成16年12月24日判決の考え方を整理しなさい。

②返品調整引当金

法人の行う事業のうちには販売時に返品を見込んだ取引を行い、結果として返品率が高いものがある。法人税法は、i)出版業、ii)出版取次業、iii)医薬品、農薬、化粧品、既製服、蓄音機用レコード、磁気音声再生機用レコード又はデジタル式音声再生機用レコードの製造業および卸売業の各事業にあっては買戻特約により販売のときに販売店に商品等を保有させ、販売店は一定期間後に売れ残った商品等を仕入価額で売り戻すことができることになっていることに着目して、返品調整引当金の計上を認めている(法53、法令99)。これは、これらの事業では出荷の事実に基づく売上は必ずしも確定的な収益を表すものではないので、費用収益対応の原則から、買戻しによる損失を見越計上することを認めるものである。

こうした業種にあって、常時、その販売する棚卸資産の大部分につき買戻し等の特約(法令100)を結んでいる者は、返品調整引当金繰入限度額の範囲の金額を損金の額に算入することができる。繰入限度額は、売掛金基準(期末の売掛金の帳簿価額に返品率と当期の売買利益率を乗じて計算する)と販売高基準(期末以前2ヶ月間の販売高に返品率と当期の売買利益率を乗じて計算する)のいずれかの方法によることとされる(法令101①)。返品調整引当金の適用は、損金経理が要件とされており、また毎期洗替えによる計上が求められる(法53⑦)。

(3)準備金

準備金は将来の支出又は損失の準備として積み立てる金額であり、引当金と異なり、企業会計上の収益と対応するものではない。租税特別措置法は、政策目的のために多くの準備金勘定の設定を認め、準備金勘定に積み立てた金額を一定限度額の範囲で損金に算入することを認めている。各準備金は法人が現在の利益を将来のリスクのために留保する性格を有しており､法人の利益の平準化という効果を持つ点では共通している｡引当金と比べると､引当金は白色申告法人にも認められるが､準備金は青色申告法人に限って認められる､また､引当金の繰入れは損金経理を必要とするが､準備金の場合は損金経理のほか確定決算において利益･剰余金の処分により積み立てることができる､といった点が異なっている｡

現在認められている準備金としては､海外投資等準備金(措法55)､金属鉱業等鉱害防止準備金(措法55の５)､特定災害防止準備金(措法55の６､55の７)､新幹線鉄道大規模改修準備金(措法56)､電子計算機買戻損失準備金(措法57)､使用済燃料再処理準備金(措法57の３)､原子力発電施設解体準備金(措法57の４)､保険会社等の異常危険準備金(措法57の５)､原子力保険又は地質保険に係る異常危険準備金(措法57の６)､関西国際空港整備準備金又は中部国際空港整備準備金(措法57の７)､特別修繕準備金(措法57の８)､社会･地域貢献準備金(措法57の９)､探鉱準備金又は海外探鉱準備金(措法58)､農業経営基盤強化準備金(措法61の２)があげられる｡

(４)青色欠損金および災害損失欠損金の繰越控除

①青色欠損金の繰越控除

法人税の納税義務は期間の経過によってそれぞれの事業年度ごとに成立する｡このため法人税は期間税とよばれることがある｡法人の所得は事業年度ごとに変動し､場合によっては欠損が生じることがあるが､法人の各事業年度の所得の計算にあたって過年度に生じた欠損金額は原則として考慮されない｡しかし､法人の担税力は法人が設立されてから解散までに稼得した全所得で測るべきではないかという考え方があり､少なくとも一定期間の法人の所得についてプラス･マイナスを通算した金額を担税力の指標とするべきという考え方について一般の合意が得られている｡

このため､法人税法は､欠損金の生じた事業年度について青色確定申告を行い､かつ､その後連続して確定申告をしていることを要件として､法人の各事業年度開始の日前７年以内に開始した事業年度において生じた欠損金(当該事業年度の損金の額が益金の額を超える場合､その超える金額)を当該各事業年度に繰り越して(繰越欠損金)､それを各事業年度の損金に算入することを認めてい

る(法57①、⑪)。損金の額に算入される繰越欠損金の額は、適用事業年度の所得金額を限度とし、控除できなかった欠損金は翌期以降に繰り越すことになる。繰越欠損金は、最も古い事業年度に生じたものから順次控除することとされる(法基通12−1−1)。なお、組織再編および連結納税の場合の繰越欠損金の取扱いについて詳細な規定があるが(法57②〜⑩)、これについては第3編第1章第1節「組織再編税制」および第2節「連結納税制度」で説明する。

NOTE 米国では、営業純損失(net operating loss; NOL)について、課税所得は当期の事象のみに基づいて算定されるという課税原則の例外として、各政権の租税政策により繰戻期間、繰越期間を柔軟に変更している。1997年8月5日以前に開始する課税年度のNOLの繰戻期間は3年、繰越期間は15年であり、同日以後に開始する課税年度については繰戻期間2年、繰越期間20年であったが、ブッシュ政権は2001年又は2002年に終了する課税年度については繰戻期間5年、繰越期間20年としている(2003年以後に終了する課税年度については、繰戻期間2年、繰越期間20年に戻している)。

②災害による損失金の繰越控除

さらに、青色申告書を提出しなかった事業年度についても、災害による損失金については繰り越して損金に算入できることとされている。災害による欠損金とは、法人の資産(棚卸資産、固定資産および他の者の固定資産を利用するための支出に係る繰延資産)について、震災等の自然現象による災害、鉱害等の人為による異常な災害および害虫等による異常な災害により生じた損失金(災害損失欠損金)をいう(法58①、法令114、115)。

法人の各事業年度開始前7年以内に開始した事業年度に生じた欠損金のうちに、災害損失欠損金がある場合は、その損失が生じた事業年度から連続して確定申告を行っていることを要件として、繰越控除を行うことができる(法58①、⑥)。この場合も、組織再編および連結納税の場合について詳細な規定がある(法58②〜⑤)。

③特定株主等によって支配された欠損等法人の欠損金の繰越しの不適用および特定資産の譲渡等損失額の損金不算入

法人が、上記の繰越青色欠損金の制度を利用して、繰越欠損金を有する法人を支配下におき、資金等を注入して黒字法人としたうえで、欠損金の繰越控除を行うという形の租税回避に対する個別的否認規定が設けられている。その１は、青色欠損金を有する又は評価損のある資産を有する法人（欠損等法人）が、他の法人の支配下に入り特定支配関係（50％超の資本関係等）が生じた場合、その支配日以後５年間に、一定の事由に該当することとなった場合は、その事由が発生した事業年度（適用事業年度）以後の各事業年度において、当該適用事業年度前の各事業年度に生じた欠損金額について繰越青色欠損金控除を適用しないとするものである（法57の２）。一定の事由としては、ⅰ）当該欠損等法人が特定支配日の直前に事業を営んでいない場合において、その特定支配日以後に事業を開始すること、ⅱ）当該欠損等法人が特定支配日の直前において営む事業のすべてを特定支配日以後に廃止し、又は廃止することが見込まれている場合において、旧事業の特定支配日の直前の事業規模のおおむね５倍を超える資金の借入れ又は出資による金銭等の受入れを行うこと、ⅲ）特定支配者である他の法人およびその関連者が第三者から当該欠損等法人に対する特定債権（取得の対価が債権の50％未満で当該欠損等法人の債務の総額の50％超）を取得している場合で、当該欠損等法人が旧事業の規模のおおむね５倍を超える資金借入等を行うこと、ⅳ）以上の場合において当該欠損等法人が自己を被合併法人又は分割法人とする適格合併等を行うこと、ⅴ）特定支配日直前の当該欠損等法人の役員が全員退任し、かつ、使用人の20％以上が使用人でなくなった場合に、事業規模が直前のおおむね５倍を超えること、等があげられている（法57の２①）。

その２は、上述の特定支配関係にある欠損等法人が、上記適用事業年度開始の日（上述したⅰ）～ⅳ）の事由の発生が前提となる）から３年を経過する日（特定支配日から５年を経過する日がそれより早い場合はその日）までの期間に、特定資産（当該欠損等法人が特定支配日に有する資産等）の譲渡、評価換え、貸倒れ、除却等により損失を生じたときは、当該欠損等法人の各事業年度の所得の金額の計算上、損金に算入しないとするものである（法60の３）。組織再編税制における特定資産譲渡等損失額の損金不算入の規定(法62の７)に相当する規定である。組織再編税制の場合は、特定資本関係にある法人間で特定適格合併等が行われた場合に適用されるが、本規定は、そうした合併等がない場合にも適用される点が異なっている。

(５)企業再生支援税制

不良債権問題を解決していく中で、例えば会社更生法の計画が認可され債権者が債権の一部免除を行った場合、債務者である法人には債務免除益が発生する。しかし、法人の再生を促す観点からはこのような利益には、課税すべきでない。

こうした考え方から、法人税法は２つの対応をしている。１つは、法人の資産についての評価損の計上である。会社更生法等による更生計画認可又は民事再生法による再生計画認可の決定があったことに基づき、法人が損金経理により資産(預貯金、貸付金、売掛金その他の債権を除く)の評価損を計上したときは損金とすることとしている(法33②、③)。金銭債権が対象から外れているが、これは貸倒れ(法基通9-6-1)又は貸倒引当金の計上(法令96①)で対応できるからである。

今１つは、青色欠損金等の繰越控除の対象とならない法人の欠損金の控除である。会社更生法等による更生手続開始又は民事再生法による再生手続開始の決定があった場合には、債務免除等を受けた金額の範囲内で、法人の当該債務免除等を受けた事業年度以前において生じた欠損金額(法人のすべての欠損金から繰越青色欠損金・繰越災害損失欠損金を控除した金額)を青色欠損金等に優先して損金の額に算入することができることとされている(法59、法令116の３～118)。この場合の債務免除等の範囲にはデット・エクイティ・スワップ(DES)による債務消滅益も含まれる(法59①一、②一)。

(６)政策上、一定の金額を損金と認める取扱い

法人税の負担を軽減することを通じて政策目的を達成する趣旨から、租税特別措置法において、一定の金額を損金として益金の額から控除する規定が設けられている。

これらの例としては、植林費の損金算入の特例(措法52)、収用等の場合の特別控除(同64)、特定土地区画整理事業等のために土地等を譲渡した場合の特別控除(同65の3)、特定住宅地造成事業等のために土地等を譲渡した場合の特別控除(同65の4)、農地保有の合理化のために農地等を譲渡した場合の特別控除(同65の5)、新鉱床探鉱費等又は海外新鉱床探鉱費の特別控除(措法59)、沖縄の認定法人が情報通信産業特別地区、自由貿易地区又は金融業務特別地区で行う事業に係る所得の特別控除(同60)、漁業協同組合等の留保所得の特別控除(同61)、農用地等を取得した場合の課税の特例(同61の3)、鉱工業技術研究組合等の所得計算の特例(同66の10)、特定の基金に対する負担金等の損金算入の特例(同66の11)等があげられる。

3. 法人の配当を損金とする取扱い

法人の利益の分配は配当であり、資本等取引に該当する。したがって、損金とすることはできない。しかし、法人税法は、次のようにいくつかの例外規定を定めている。

①保険会社の契約者配当

保険会社が各事業年度において保険契約に基づき保険契約者に分配する金額は、損金の額に算入される(法60)。これは、配当という名称はついているがその実質が利益の処分でなく、保険料の払戻しであると考えられるためである。実質課税の原則の反映と考えてよい。

②協同組合等の事業分量配当等

協同組合等が、組合員等に対して、組合事業を利用した分量および組合事業に従事した程度に応じて分配する金額は、損金の額に算入される(法60の2)。その実質が利益の処分でなく、売上値引又は役務補償であると考えられるためである。この場合も、実質課税の原則の反映と考えてよい。

③特定目的会社等(導管型法人)の配当

資産流動化法によって設立される特定目的会社は、資産の証券化、流動化の手段として設立されるもので、その利益の大部分を投資家等に分配することを予定した導管型法人である。こうした法人の特性に鑑み、また資産流動化法の趣旨を活かす意味から、一定の要件を満たす特定目的会社が、利益の90%超を配当した場合には、その配当を損金に算入する制度が設けられている（措法67の14）。政策的な措置である。

同様に投資法人（会社組織を利用した投資のスキーム）、特定目的信託の受託法人、特定投資信託の受託法人についても同じ取扱いがされる（措法67の15、68の３の２、68の３の３）。

第 3 編

法人税の論点

第1章

法人の組織再編・グループ化と法人税

国際的な競争激化の中で、法人が規模の利益や事業の効率化・高収益化等を目的として、合併・分割等の組織再編を行ったり、持株会社の設立あるいは資本関係を通じた企業グループを形成する動きが強まっている。法人税法はこうした法人の組織再編・グループ化に対し、以下にみるとおり、大別して３つの対応を行っている。

第一は、法人が合併・分割等を通じ組織を柔軟に変更・再編することやグループ化することに対し税制が妨げにならないようにすることである。この観点からは、組織再編税制を整備して一定の条件を満たした適格組織再編に対し再編時の資産等の移転に対する課税の繰延等を認めることとしている。

第二は、グループを形成して企業活動をすることが単体での企業活動に対し不利にならないようにすることである。この観点からは、連結納税制度を整備して、企業の選択により連結納税を認め、グループ内の企業の赤字と黒字の通算を可能にする等の措置を講じている。

第三は、グループ企業間の取引は市場を通さないため取引価格が時価から乖離するおそれが生ずるが、それが適正公平な課税を歪めることのないよう一定の課税措置を講じる必要があることである。この観点からは、法人税法22条２項の無償取引から収益を認識するとの規定、同法37条の寄附金の規定、同法132条の同族会社の行為計算否認規定等の適用が問題となり、また、国際取引に限定されるが移転価格税制、タックス・ヘイブン対策税制、過少資本税制などのグループ間取引を対象とした個別的否認規定が設けられている。

第１節　組織再編税制——事業・支配・投資の継続への税の中立

1.　組織再編税制とは

（1）組織再編の定義と課税問題

法人は事業活動を推進するにあたって、必要に応じ、部課の統廃合、支店や支社の開設・閉鎖、定款変更による事業内容の変更、資金調達方法の変更などを行うことができる。法人にとって組織や事業の変更は珍しいことではない。こうした内部的組織変更については、資産の外部への売却を伴う場合等を除き原則として課税の問題は生じない。しかし、法人が合併や分割等を通じて外部の法人との間で事業そのものといえる重要な資産等(事業を営むための有形資産、無形資産、負債など。取引先や従業員との関係なども含む)を取引し、その結果、法人から事業の一部又は全部が流出する、逆に新しい事業が流入する、あるいは株式交換・移転を通じ企業のグループ化を実現するといった場合は、法人の資産等や株主の株式の移転等を伴うことになり課税の問題への考慮が必要となる。ここではこうした事業そのものの他の法人との取引のことを内部的な組織の変更と区別して組織再編とよぶことにする。なお、株式会社が持分会社になる等の組織変更(会社法743～747)や定款変更による持分会社の種類の変更(同638)は、会社がその同一性を保ちつつ他の種類の会社に変わることであるので、ここでいう組織再編には含めない。

NOTE わが国の法人税法は、法人による、株式交換・移転、グループ内組織再編および共同事業を行うための組織再編を組織再編税制の対象としているが、米国IRCの定める組織再編税制の適用範囲は、共同事業の部分を除き、わが国よりも広い。例えば、債権と株式の交換や株式の種類の変更といった資本の再構成、法人の設立地の変更、破産手続きによる法人資産の移転なども組織再編税制の範囲に取り込んでいる(規則1.368−1、1.368−2)。また、個人が資産を法人に株式と交換で譲渡しその法人を支配するとき(法人成り等)も、組織再編税制の範囲内の取引として課税の繰延べが認められる(IRC351、352、規則1.351−1～1.351−3、1.352−1、1.352−2)。

こうした組織再編は通常2つの課税問題を伴う。その1は、組織再編に伴って、法人の有する資産等が他の法人(グループ内の企業を含む)に移転するため、キャピタル・ゲイン・ロスが実現することになり、資産等を譲渡した法人に対する譲渡損益課税が行われるという問題である。その2は、組織再編により旧法人の株式に代えて新法人の株式を取得する株主等が生ずる場合に、旧株に含まれたこれまでの利益留保部分がみなし配当として課税されあるいは取得した新株式と旧株式の取得価額との差額について株主等に対する株式譲渡損益課税が行われるという問題である。

組織再編税制は、一口でいえば、一定の条件に合致する組織再編について、資産等を移転した法人に生ずる譲渡損益課税を繰り延べるとともに、組織再編に伴って株式を移転した株主等に生ずるみなし配当課税および譲渡損益課税を繰り延べ、組織再編に対する税の障害を取り除こうとするものである。ただ、こうした課税繰延べの制度を仕組むにあたって、被合併法人や分割法人の計算上の数値に含まれる租税属性、例えば繰越欠損金の引継ぎをどの範囲で認めるべきかという問題が生ずる。この点は、組織再編時点での課税は繰り延べられても、租税属性に含まれた将来の課税上の利点が失われるのは問題であるという考え方がある一方で、収益力や性格の異なる法人間で無制限に租税属性の移転を認めることにも問題があるとの考え方がある。

以上からわかるとおり、組織再編税制を制度として学習する場合には、①資産等を移転した法人あるいは株式を移転した株主等に対し原則としてどのような課税が行われるか(課税の原則)、②どのような条件の下で課税繰延べが認められているか(課税繰延べの条件)、③資産等を受け入れた法人の税務上の会計処理はどうなるか、そこでは租税属性がどのように引き継がれるか、あるいは引き継がれないか(租税属性の引継ぎ)、を理解することが重要である。

NOTE 租税属性とは、米国IRCで用いられている「tax attributes」の日本語訳である。納税者自身やその資産、負債に認められる性質、属性のうち、税負担に影響を与えるものを意味する。例えば、資産の取得価額(帳簿価額)・その保有期間・課税上の分類はその資産が譲渡されたときの課税に影響を与えるので租税属性といえる。同様に、法人が選定した会計方法、資本金等の額、利益積立金、青色欠損金額、含み損失などが広く租税属性ということになる。租税属性は、例えば法人が合併により消滅した場合に被合併法人の有していた租税属性である青色繰越欠損金や利益積立金が合併法人に引き継がれるかどうかという形で、また適格組織再編で資産を簿価により譲り受けた法人がその資産の租税属性である取得価額や取得時期を引き継ぐといった形で租税法上問題になる。

（2）組織再編税制が設けられている理由

組織再編税制が設けられている理由は2つある。第一は政策的な観点である。バブル経済崩壊後のわが国経済を活性化するためには、企業自身が組織再編を通じて資源の選択と集中を図り、あるいは企業グループとしてグローバルな競争力を強化する必要があるとの認識が広がり、それを可能とするためそれまで禁止してきた純粋持株会社の設立を解禁したり、それまで規定のなかった企業分割のための商法制を整備すべきとの政策判断が固められた。商法、独占禁止法等が相次いで改正されたのはこうした背景による。税法はこうした商法等改正の趣旨に配慮し、平成11年度改正で純粋持株会社税制を、また平成13年度改正では組織再編税制を整備している。さらに、平成18年度改正では純粋持株会社税制を組織再編税制の下に位置づけ、株式交換等を合併等の組織再編税制と整合的なものとしている。現時点で法人組織再編税制という場合は、この純粋持株会社税制を取り込んだ組織再編税制を指すことになる。

NOTE　わが国で組織再編やグループ化が進んでいる背景として、①巨額の開発費・設備費を要する等規模の利益が認められる業種で世界的な合併・連携の動きが顕著である（鉄鋼、医薬品など）、②商法制や金融の規制緩和により自由な企業組織構築が可能となっている、③株主への企業価値向上についての説明責任が重くなり、経営者の選択肢の中で、合併、分割、グループ再編成（複数子会社の統合、事業部門の子会社化、持株会社創設等）、内部留保・休眠資産の有効活用、株式の非公開化などの政策判断の比重が高まっている、④業績悪化企業の再生、後継者難企業の継続等のため、組織再編やMBOなどの手法が活用されるようになっている、等が指摘できる。

組織再編税制が設けられた第二の理由は、事業、支配、投資の継続性に対する税制の中立性の確保である。例えばＡ社が80％子法人であるＢ社を吸収合併した場合を考えると、確かにＢ社の資産等はＡ社に移転するが、Ｂ社の事業は引き続きＡ社で行われ、Ａ社の旧Ｂ社に対する支配も事実上継続する。また、Ａ社の株主の地位には変化がなくＢ社の少数株主（20％保有）には旧株と等価のＡ社株式が交付されることで株主の投資が継続されることになる。そうであるとすれば、企業の組織再編が「事業の継続性」、「支配の継続性」、「投資の継続性」という要件を満たす限り、税法がこうした組織再編に中立であることが望ましいという考え方が成立し得る。ちなみに米国でも、合併、分割、営業譲渡等について、投資利益の継続性（株主と法人との関係）を中心としてこれに支配の継続性および事業の継続性を加味した考え方から、実現した譲渡所得の不認識（取得価額の引継ぎによる課税繰延べ）が広い範囲で認められている。取扱いに一部差異があるとしても、米国の制度とわが国の制度はほぼ同様と考えてよい。なお、わが国の組織再編税制が、租税特別措置としてではなく法人税法に恒久的制度として導入されているのは、こうした事業、支配、投資の継続性といった考え方が法人税法の中に一部ビルトインされたことを示している。

また、実際に組織再編を行うにあたっては、適格株式交換等をした後に完全子法人の事業を適格合併等により再編するといった、複数の組織再編が連続的に行われることがある。こうした連続する組織再編に対応する規定が、組織再編税制の各要件等の中に盛り込まれている。例えば、適格株式交換後に株式交換完全子法人を被合併会社とする適格合併が見込まれている場合の完全支配関係の継続要件について、適格合併の直前の日までの完全支配関係の継続で判断するとの基準が示されている（法令４の２⑮）。適格組織再編をした法人がさらに適格組織再編を行うといった場合に、これを一連の行為として捉えていることになる。グループ法人間の適格合併後に合併法人を被合併法人とする適格合併が見込まれている場合（法令４の２⑯）、共同事業を営む適格合併の後に合併法人又はその株主等を被合併法人とする適格合併が見込まれている場合（法令４の２⑰）等も同様である。こうした規定から組織再編税制の実務対応的性格を読み取ることができる。

NOTE 支配の継続というのは、例えば法人が資産等を現物出資して全額出資子法人を設立した場合に、出資した資産等に対する法人の支配を株式保有という形で継続することをいう。わが国の適格組織再編税制は、法人の支配の継続の考え方を中心に置き、これを投資の継続および事業の継続の考え方で補っている制度と考えられている。ここで、投資の継続という場合は、組織再編の前後で株主の投資が継続していることを指す広い概念である。一方、事業の継続は、移転事業の継続や従業員の引継ぎ、さらに共同事業を営む場合の事業の関連性や事業規模の類似性、特定役員の引継ぎなど多くの指標で判断される仕組みになっている。

2. 純粋持株会社を設立するための制度と税制――株式交換・移転

(1)純粋持株会社を設立するための法制度

純粋持株会社は、本業を持たずに他の法人の株式を所有し経営支配を行うもので、純粋持株会社がグループ全体の企業戦略を担当し、その戦略の下で子法人はそれぞれの事業に専念できることで、グループ全体の競争力を強化できる点がメリットとされている。ところで、純粋持株会社すなわち子法人の株式を完全に(100%)保有する親法人(完全親法人)を設立しようとしても、子法人の株式をすべて買収することは特に子法人が公開会社の場合は実現が困難である。このため平成11年の商法改正において、株主総会の特別決議による承認があった場合には、完全子法人(親法人に100%株式保有された子法人)となる会社の株主の有するその会社の株式は、株式交換の日に完全親法人となる会社(又は株式移転により設立する完全親法人)に移転し、完全子法人となる会社の株主は、完全親法人が株式交換(又は株式移転)に際して発行する新株の割当てを受けて完全親法人の株主となる、ということを可能にする制度が創設された(会社法767、769、772、773、783、795、804)。要は、特別決議により子法人となる法人の株主を少数株主や債権者の権利に配意しつつ強制的に親法人の株主にしてしまう制度である。なお、株式交換の場合は、完全親法人は、子法人となる法人の株主に対して新株の割当てのほかに金銭の交付を行うことができる(同768)。

Q57　純粋持株会社形成のため、従来は、①抜け殻方式(新たに設立した100％子法人に事後設立等により事業を譲渡する方法)、②買収方式(既存の子法人の株式を買収により取得する方法)、③第三者割当方式(株式の現物出資を求め第三者割当増資を行う方法)等の方法が用いられてきた。こうした方法に比べ、会社法の株式交換・移転制度はどこが異なるか。

(２)株式交換・移転に係る課税の原則(非適格株式交換・移転の場合)

会社法では、株式交換とは株式会社がその発行済株式の全部を他の株式会社又は合同会社に取得させることをいい(会社法２三十一)、株式移転とは１又は２以上の株式会社がその発行済株式の全部を新たに設立する株式会社に取得させることをいう(同三十二)。法人税法は、株式交換・移転によりその株主の有する株式を他の法人(又は移転により設立された法人)に取得させた当該株式の発行法人を「株式交換(又は移転)完全子法人」と定義し、また株式交換(又は移転)により他の法人の株式を取得したことによって当該法人の発行済み株式の全部を有することになった法人(又は株式移転により設立された法人)を「株式交換(又は移転)完全親法人」と定義したうえ(法２十二の六の三〜十二の七)、①株式交換・移転が行われた場合の完全子法人、②完全子法人の株式を手放して完全親法人の株式を取得した株主および③完全親法人についての課税の原則を定めている。

第一に、完全子法人については、株式交換・移転の行為を完全子法人自身の行為と捉えてキャピタル・ゲインの実現を求めている。すなわち、株主総会の特別決議による承認を通じて法人が自己を完全子法人とする株式交換・移転を行った場合には、原則として(適格要件に該当しない場合)、その直前のときにおいて当該法人が有する時価評価資産の評価損益を、完全子法人のその交換等の日の属する事業年度の益金・損金の額に算入することとしている(法62の９①)。法人間の資産等の移転がないにもかかわらずこのように時価評価を求める理由としては、株式交換・移転は、結果として親法人が子法人の議決権を完全に掌握し子法人の事業、資産、利益のすべてを支配することになること、すなわち出来上がる形態が子法人を吸収合併した後に現物出資して完全子法人を設立したのと同じであるという合併等との類似性があげられている。課税の中立性の観点から、合併等と同じ組織再編税制の中に組み入れることとし、完全子法人となる法人を合併の場合の被合併法人と同じに扱うという考え方が採用されたものといえる。

ここで時価評価資産とは、固定資産、土地等、有価証券、金銭債権および繰延資産とされており、そのうちから前５年内事業年度等に一定の圧縮記帳等の適用を受けた減価償却資産、売買目的有価証券、償還有価証券、含み損益の少額な資産(資本金等の額の２分の１又は1,000万円未満のいずれか少ない金額に満たないもの)が除かれる(法62の９①、法令123の11)。なお、この時価評価に伴う各項目の取扱いに関しては、棚卸資産の取得価額(法令33④)、減価償却資産の償却等(法令48③、④、⑤、54④、61①、61の４表五)、繰延資産の償却(法令64②、③、④、66の２表五)、有価証券の１単位あたりの帳簿価額の算出(法令119の３④、119の４①)、外貨建資産等の評価換(法令122の２)、長期割賦販売等に係る延払基準の取扱い(法63④、法令126の３)等の規定が整備されている。

第二に、完全子法人の株主は、株式交換・移転によりその保有する完全子法人の株式を手放して完全親法人の株式の交付を受けることになる。その際、完全親法人又は完全親法人の親法人(完全親法人の発行済株式の全部を保有する法人。「完全支配親法人」とよぶ)の株式以外の資産が交付されなかった場合には、適格、非適格を問わず、その対価の額は交換・移転直前の旧株(手放した完全子法人の株式)の帳簿価額によることとされている(法61の２⑨、⑪、法令119①八～十一)。すなわち簿価による引継ぎが認められ、当該有価証券の譲渡に伴う損益の計上が繰り延べられる。非適格であっても株式交換・移転の場合の株主については、投資の継続性への配慮が図られていることになる。一方、完全親法人又は完全支配親法人の株式以外の資産が交付された場合は、投資の継続性が途切れることになるので、時価による譲渡とされ株主の株式譲渡に係る譲渡損益課税が行われることになる(法61の２①)。なお、完全子法人の株主についてのみなし配当課税は、完全子法人となる法人から株主への資産の交付がないため、適格、非適格を問わず行われない。

第三に、完全親法人については、その受け入れる完全子法人株式の取得価額はその取得のときにおけるその有価証券(子法人株式)取得のために通常要する価額すなわち時価とされる(法令119①二十五)。また、その取得価額に相当する金額(完全親法人の株式以外の資産を完全子法人の株主等に交付した場合はその価額を減額する)だけ完全親法人の「(資本金を含む)資本金等の額」が増加することになる(法令8十一、十二)。

(3)適格株式交換・移転制度

以上の課税の原則に対して、一定の要件を満たす株式交換・移転を適格株式交換・移転とよび「別段の定め」が設けられている。適格とされた場合の取扱いおよび適格とされる要件等は以下のとおりである。

①適格株式交換・移転の場合の取扱い

株式交換・移転が一定の条件を満たし適格とされると課税関係が次のように変化する。

第一に、上述した非適格株式交換・移転に係る完全子法人の有する資産の時価評価の規定は、評価損益を法人の益金又は損金に算入しないとする法人税法の原則(法25、33)に対する例外を定める規定となっている。したがって、法人税法62条の9において資産時価評価の対象から除かれている適格株式交換・移転については(法62の9①括弧書き)、法人税法の原則が適用され評価損益は計上されない。すなわち時価評価は行われない。

第二に、完全子法人の株式を手放す株主については、先にみたとおり非適格株式交換・移転の場合であっても、完全親法人又は完全支配親法人の株式以外の資産の交付を受けていない場合は、手放した株式についての譲渡損益課税が繰り延べられ(法61の2⑨、⑪)、また完全子法人となる法人から株主への資産の交付がないため、みなし配当課税も行われない。適格の場合もこれと同じ取扱いとなる。

第三に、完全子法人株式を受け入れる完全親法人の当該株式の取得価額は、適格の場合、完全子法人の株主が有していた株式の帳簿価額を引き継ぐことになる(法61の2⑩)。ただし、株式交換・移転直前の完全子法人の株主の数が50人以上の場合は、完全子法人の資産の帳簿価額から負債の帳簿価額を減算した金額とされる。いずれの場合もその株式の取得のために要した費用がある場合は、その費用の額を加算する(法令119①九、十一)。これに対応して、完全親法人の資本金を含む増加資本金等の額は、この株式の取得価額となる(適格株式交換・

移転により消滅した新株予約権に代えて当該法人の新株予約権を交付した場合は消滅直前の完全子法人の新株予約権の帳簿価額等を減算する）（法令８十一、十二）。

②適格株式交換・移転の要件

組織再編税制を通じ、「適格」とされる要件についての考え方は、株式交換・移転、合併、分割、現物出資および事後設立で基本的に共通している。ただし、細部にわたると若干の相違がみられる。このため、この株式交換・移転の部分で適格要件の詳細を記述し、合併以下の部分では主として相違点について記述することとする。

NOTE 外国法人との間の組織再編については次のような問題がある。まず、組織再編税制で用いられる株式交換・移転、合併等の概念は、いずれも会社法からの借用概念であり、したがって、会社法上認められない外国法人との間での直接の株式交換・移転、合併等は適格とならない点に留意が必要である（この場合は、例えば、外国法人がわが国に100％子法人を設立し、当該子法人を通じて組織再編税制を活用することになる）。
また、外国法人に対して、現物出資又は事後設立により国内にある不動産や国内にある事業所に属する資産等の一定の資産又は負債を移転する取引は、適格とされない（法２十二の十四、十五、法令４の２⑨）。これは簿価引継ぎを通じてキャピタル・ゲインに対する課税機会が失われるためである。これに対し、国外にある資産等を適格現物出資の対象として外国子会社を設立することは可能と考えられている。

ｉ）株式交換の場合

株式交換が適格として認められる要件としては、まず完全子法人の株主に対し、完全親法人又は完全支配親法人の株式以外の資産が交付されないことがあげられる（法２十二の十六）。ここで完全親法人だけでなく完全支配親法人の株式が認められているのは、会社法の三角合併の解禁に対応するものである。この場合、当該株主に対する剰余金の配当として交付する金銭等および株式交換に反対する株主に対し買取請求に基づき対価として交付する金銭等は、ここでいう資産の交付から除かれている。また、合併、分割において、交付する株式に１株未満の株式(端株)が生じた場合の端株の他への譲渡の代金として交付される金銭等も除かれる(法基通1－4－2)。そのうえで、次の３つのケースのいずれかの要件を満たす株式交換が適格株式交換とされる。

第一に、同一者による「完全支配関係」、すなわち同一の者(個人の場合は同族関係者を含む)によって完全親法人と完全子法人の発行済株式等の全部が直接、間接に保有される関係があり、かつ株式交換後にその完全支配関係が継続することが見込まれている場合の両法人に係る株式交換は無条件で適格となる(法２十二の十六イ、法令４の２⑮)。支配の継続がその理由とされている。

第二に、「支配関係」、すなわち完全親法人と完全子法人との間に支配株式(50％超～100％未満の株式をいう)を直接、間接に保有する関係(当事者間の支配関係)があり、又は同一の者によってそれぞれの支配株式を直接、間接に保有される関係(同一者による支配関係)がある場合で、かつそれぞれの支配関係が株式交換後も継続することが見込まれている場合の両法人に係る株式交換で、次の２つの要件を満たす場合が適格とされる(法２十二の十六ロ、法令４の２⑯)。支配の継続プラス事業の継続がその理由とされている。

ａ）　完全子法人の従業員のおおむね80％以上が株式交換後の完全子法人の業務に引き続き従事することが見込まれていること(以下、「従業員引継要件」とよぶ)。

ｂ）　完全子法人の主要な事業が株式交換後も引き続き営まれることが見込まれていること(以下、「事業引継要件」とよぶ)。

第三に、グループ外の企業(支配関係が０％～50％未満)と共同事業を行うための株式交換については次の６つの要件のすべてを満たす場合に適格とされる(法２十二の十六ハ、法令４の２⑰)。このうちａ)とｂ)は上記の第二の場合の要件と同じであり、共同事業の場合はこれにｃ)、ｄ)、ｅ)、ｆ)の４つの条件が追加されていることになる。この条件の追加は、共同事業であることを実質的、形式的に担保するためと説明されている。なお、この共同事業を行うための株式交換は支配の継続性あるいは投資の継続性という観点からは、適格とする理由を説明できない。より大きな視点で、事業の(発展的)引継ぎといった、わが国企業の収益性、効率性を高める政策的な制度とみなすべきであろう。

ａ）　従業員引継要件

b） 事業引継要件

c） 完全子法人の事業と完全親法人の事業とが相互に関連するものであること（以下、「事業関連性要件」とよぶ）。

d） 完全子法人の事業と完全親法人の事業の規模（売上金額、従業員の数もしくはこれらに準ずるものの規模）がおおむね５倍を超えないこと（以下、「規模類似要件」とよぶ）。ただ、この規模類似要件を満たさない場合であっても、完全子法人の特定役員（常務クラス以上の役員）のいずれかが株式交換に伴って退任しない場合（特定役員継続要件）も、この要件を満たすものとして取り扱われる。

e） 完全子法人の株主の数が50人未満の場合にあっては、完全子法人の株主で株式交換によって交付される完全親法人株式の全部を継続保有すると見込まれる者が保有する完全子法人の発行済株式数等の総数の80％以上であること（以下、「株式の継続保有要件」とよぶ）。完全子法人の株主の数が50人以上の場合はこの要件の適用はない。

f） 株式交換後に完全親法人が完全子法人の発行済株式等の全部を直接、間接に保有する関係が継続すると見込まれること（以下、「完全親子関係継続要件」とよぶ）。

NOTE 会社法は、機動的な企業買収、組織再編を可能にするため対価の柔軟化を図っており、合併等にあたって、存続会社の株式だけでなく、親会社株式、金銭、社債、新株予約権、棚卸資産などの交付を可能としている（会社法744）。改正後の法人税法は、「適格」の必要要件として、このうち存続会社の株式および親会社株式のみを認めていることになる。なお、一般に法人による親会社株式の取得は制限される（会社法135）が、合併等にあたって合併法人等が親会社株式を取得・交付する場合には制限が緩和されている（同800）。この親会社株式を交付する合併は、株主、合併会社、その親会社と三者が絡む取引であることから三角合併とよばれる。

ii）株式移転の場合

適格株式移転についても、適格の要件は上述した適格株式交換の場合と同一である。ただ、株式移転の場合は株式移転の前に株式移転を受けて株式移転完全親法人となるものが存在しない等のため、以下のとおり要件についての表現が一部異なる。

まず、完全子法人の株主に完全親法人の株式以外の資産が交付されないことが要件とされる。そのうえで、次の３つのケースのいずれかの要件を満たす株式移転が適格とされる。

第一に、「完全支配関係」については、移転前に完全子法人と他の完全子法人との間に同一者による完全支配関係があり、かつ株式移転後に完全親法人と完全子法人および他の完全子法人との間に同一者による完全支配関係が継続すると見込まれている場合および一の法人のみが完全子法人となる株式移転（単独株式移転）で株式移転後に完全親法人が完全子法人の発行済株式の全部を直接、間接に保有する関係が継続することが見込まれている場合の株式移転は無条件で適格となる（法２十二の十七イ、法令４の２⑱、⑲）。

第二に、「支配関係」については、株式移転前に完全子法人と他の完全子法人との間に当事者間の支配関係（100％未満50％超の株式保有）があり、又は同一者による支配関係がある場合で、かつそれぞれの支配関係が株式移転後も継続することが見込まれている場合の株式移転の場合は、適格株式交換と同じ２つの要件（従業員引継要件および事業引継要件）を満たす場合が適格とされる（法２十二の十七ロ、法令４の２⑳）。

第三に、「共同事業」を行うための株式移転については、適格株式交換と同じ６つの要件を満たす場合が適格とされる（法２十二の十七ハ、法令４の２㉑）。

（４）株式交換・移転の場合の租税属性の引継ぎ

株式交換・移転においては法人間の資産、負債の移転がないため、適格、非適格を問わず、法人間の租税属性の引継ぎの問題は原則として生じない。

Q58　証券関係の資料・情報をみると株式交換・移転制度が広く用いられていることがわかる。報道あるいは解説されている具体的な事例を抽出し、株式交換・移転制度を用いて実際にどのような会社でどのような組織再編が行われているかについて調べなさい。

3. 法人の合併

(1)合併、分割等税制の整備

組織再編の手法のうち商法には企業分割のための規定が欠けていた。平成12年の商法改正ではこの企業分割のための法整備が行われている。租税法はこれを受けて、同年、企業の分割だけでなく、従来ばらばらに対応してきた合併、現物出資および事後設立を含めた組織再編のための統一的な税制を確立すべく税制改正を行っている。その結果、既に述べたとおり、①原則として、合併・分割等に伴う法人の資産等の移転については法人に対し譲渡益課税を行う、また、合併法人又は分割承継法人から株式等の交付(分配)を受ける株主等に対しては手放した株式に係るみなし配当課税および株式譲渡益課税を行う、②例外として、一定の条件に適合する適格組織再編については、法人に対する譲渡益課税並びに株主等に対するみなし配当課税および株式譲渡益課税をいずれも繰り延べる、③租税属性への問題意識から、合併法人・分割承継法人等における資産、負債、資本、繰越欠損金等の引継方法等を詳細かつ明確に規定する、といった内容の組織再編税制が法人税法の中に設けられた。上述したとおり株式交換・移転もこの組織再編税制の中に組み込まれている。

(2)合併に係る課税の原則(非適格合併の場合)

会社法は、合併とは、合併により消滅する会社(被合併会社)の権利義務の全部を合併後存続(吸収合併の場合)あるいは設立(新設合併の場合)する会社(合併会社)に承継させるものをいうとしている(会社法2二十七、二十八)。被合併会社が消滅することおよびその権利義務が合併会社に包括的に承継されることが合併の本質といえる。この合併の性格をめぐっては、租税法上、合併の社団法的側面を重視して合併会社が被合併会社の人格を引き継ぐとする人格承継説と合併の財産法的側面を重視し被合併会社の資産を合併会社に現物出資したと考える現物出資説とが対立してきたところである。平成13年の法人税法改正では、この点について明確に現物出資説を原則とする考え方が採用されている。したがって、現行法人税法上は、合併により消滅する法人(被合併法人)から存続(設立)法人(合併法人)への資産等の移転は原則として時価によるものとされ、当該資産等について生じたキャピタル・ゲイン・ロスに対して被合併法人に対する課税が行われることになる(法62①)。具体的には、合併により資産等を移転する被合併法人は合併の日の前日までをみなし事業年度として法人税申告を行うことになるが、合併法人に移転する資産等の譲渡損益はそのみなし事業年度の益金又は損金の額に算入することとされる(法62②)。

各当事者についてみてみると、第一に、非適格合併の場合の被合併法人に関しては、合併の前日までをみなし事業年度として資産、負債の時価評価を行って譲渡損益を実現することになるが、その計算にあたって、①国庫補助金・保険差益等に係る特別勘定の金額についてはこれを取り崩して益金に算入する(法43②、③、48②、③)、②貸倒引当金の対象から移転する金銭債権を除く(法52①、②)、同様に返品調整引当金の対象から移転する棚卸資産を除く(法53①)、③経過措置としての特別修繕引当金は取り崩して益金に算入する(平10法附則7①)、④一方、退職給与引当金については一定の要件の下に合併法人に引き継ぐ(平14法附則8⑤)、⑤寄附金損金算入限度額の計算および特定同族会社の特別税率の適用にあたって移転した資産の譲渡損益は含めない(法令73②六、法67③一)等の取扱いが定められている。

第二に、消滅する被合併法人の株主等については、その株式(旧株)消滅の対価として合併法人の株式等が交付される。この場合、交付される株式はまず被合併法人が時価により取得し、直ちにこれをその株主に交付したものとされる(法62①後段)。旧株消滅の対価として株主等に交付される合併会社の株式等の原資は被合併法人の資本部分(資本金等の額および利益積立金の金額)から成ると考えられるので、払戻しとされる部分と配当とみなされる部分とが生ずる。非適格合併の場合、交付された株式等の価額の合計額が被合併法人の資本金等の額のうちその交付の原因となった当該法人の株式に対応する部分の金額を超える金額がみなし配当とされる(法24①一)。合併法人が抱合株式(合併法人が合併の直前に保有していた被合併法人の株式等)に対して合併による株式の交付をしなかった場合にも、株式割当てを受けたものとしてこのみなし配当課税が行われる(法24②)。

なお、資本の払戻しとされる部分については、株主に譲渡損益課税の問題が生ずるのが原則であるが、合併によりその株主等に対し合併法人又は合併親法人(合併法人の発行済株式の全部を保有する法人)の株式以外の資産が交付されなかった場合には、特例として、旧株(被合併法人の株式)消滅の対価はその合併直前の株主等の帳簿価額によることとされ(法61の2②)、株主等の譲渡損益が繰り延べられることになる。支配の継続性がその理由とされている。

第三に、合併法人においては、合併により移転を受けた資産および負債を時価で受け入れ、被合併法人の純資産価額の合併時の時価の合計額だけ資本金を含む資本金等の額を増加させることになる(法令8①五、123の3①)。租税属性のうち、被合併法人の利益積立金、繰越欠損金、圧縮記帳、引当金などは原則として合併法人に引き継がれない。ただ、従業員を引き継いだ場合の一定の条件に適合する退職給与引当金を引き継ぐ(平14法附則8⑤)ほか、法人税・住民税で申告期限が合併の日以後であるもの、合併により消滅する新株予約権に代えてその新株予約権者に交付すべき資産の交付に係る債務を負債として合併法人に引き継ぐ(法令123②)、等の取扱いが定められている。

なお、非適格合併等の場合、合併法人等が交付する金銭等の額(非適格合併等対価額)が移転を受けた資産・負債の時価純資産価額と相違することがあり、その場合の法人の経理処理が問題となるが、この点についてはその相違する差額を5年間で調整する仕組みが設けられている(法62の8)。すなわち、対価として交付した金銭等の額が移転を受けた時価純資産価額を超えるときは、その差額を資産調整勘定(正ののれん)の金額としたうえ、5年間で均等減額し、減額した金額はその年度の損金に算入する(法62の8①、④、⑤)。逆に対価として交付した金銭等の額が移転を受けた時価純資産額に満たないときの満たない部分の金額は差額を負債調整勘定(負ののれん)の金額としたうえ、5年間で均等減額し、減額した金額はその年度の益金に算入する(法62の8②、③、⑦、⑧)。この負債調整勘定については、さらに非適格合併等に伴い引継ぎを受けた従業員についての退職給与債務引受額および合併等の日からおおむね3年以内に履行が見込まれる将来の重要な債務の引受額(短期重要債務見込額)についても適用がある(法62の8②)。それぞれ負債調整勘定の金額としたうえ、退職給与債務引受額については、退職給与支給事実の発生等に応じて対応する金額を減額して益金に算入するとともに、短期重要債務見込額については、損失の発生事実に応じて対応する金額を減額して益金に算入(3年経過後全額を取り崩して益金に算入する）することとしている（法62の８⑥一、二、⑧）。この、資産調整勘定又は負債調整勘定の規定は、非適格の合併、分割および現物出資並びに事業の譲受けにより移転法人から資産又は負債の移転を受け対価を支払う場合に共通して適用される（法62の８①、法令123の10②、④）。

（３）適格合併制度

以上の課税の原則に対して、一定の要件を満たす合併を適格合併とよび別段の定めが設けられている。適格合併の場合の取扱いおよび適格とされる要件等は以下のとおりである。

①適格合併の場合の取扱い

第一に、被合併法人に関しては、非適格合併の場合と同じく合併の日の前日までを最終事業年度とするみなし事業年度が適用されるが、適格合併に該当すれば、被合併法人の資産および負債の移転は、その最終事業年度終了のときの帳簿価額により合併会社に引き継がれることになる（法62の２①）。この結果、被合併法人には資産の移転による譲渡損益が発生しない。

第二に、被合併法人の株主に関しては、適格合併の場合にはみなし配当課税が行われない（法24①一括弧書き）。被合併法人の利益積立金は合併法人に引き継がれる。一方、旧株の譲渡損益については、先にみたとおり非適格の場合であっても、合併により被合併法人の株主等が合併法人又は合併親法人の株式のみの交付を受けた場合には、株主の保有する旧株の譲渡損益の計上が繰り延べられる（法61の２②）。この点は、適格の場合も同じ扱いとなる。

第三に、合併法人に関しては、被合併法人の資産、負債を被合併法人の簿価で引き継ぐことになる。加えて、租税属性のうち、被合併法人の利益積立金、繰越欠損金、国庫補助金・保険差益に係る特別勘定（法43⑧、48⑧）、引当金（法52⑦、53⑥）等の引継ぎを受けることになる。また、合併法人の資本金等の額の増加額は被合併法人の合併直前の純資産額から引継ぎを受ける利益積立金の額を控除した額に等しくなる。

②適格合併が認められる要件

適格合併が認められる要件は前述した適格株式交換・移転の場合と共通しており、以下に述べる要件のそれぞれの意味は、適格合併だけでなく適格分割、適格現物出資、適格事後設立を通じ、原則として、適格株式交換・移転の場合と同様である。

まず、被合併法人の株主等に対し、合併法人の株式以外の資産が交付されないこと又は合併親法人の株式以外の資産が交付されないこと、が求められる(法２十二の八)。そのうえで、次の３つのケースのいずれかの要件を満たす合併が適格合併とされる。

第一に、「完全支配関係」、すなわち被合併法人と合併法人(新設合併の場合は被合併法人と他の被合併法人)の間に完全支配関係がある場合は無条件で適格とされる(法２十二の八イ)。完全支配関係について、前述した株式交換・移転の場合は「同一者による完全支配関係」のみであったが、合併等についてはこれに、当事者間の完全支配関係(合併法人と被合併法人との間に発行済株式の100%を直接又は間接に保有する関係)が加わることになる(法令４の２②)。

第二に、「支配関係」、すなわち被合併法人と合併法人との間に当事者間の支配関係(50%超～100%未満の株式保有)があり、又は同一者による支配関係がありその支配関係が合併後も継続することが見込まれている場合の、両法人に係る合併で、株式交換・移転の場合と同様、従業員引継要件および事業引継要件の２つの要件を満たす場合が適格とされる(法２十二の八ロ、法令４の２③)。

第三に、グループ内組織再編ではないが、「グループ外の企業と共同事業を行うための合併」であって、従業員引継要件および事業引継要件を満たしたうえ、次の３つの追加要件のすべてを満たす場合には適格合併とされる(法２十二の八ハ、法令４の２④)。

ａ）　事業関連性要件

ｂ）　規模類似要件又は特定役員継続要件

ｃ）　被合併法人の株主が50人未満の場合に限っては、被合併法人の株主による株式の継続保有要件。

以上の要件を満たした場合は特段の手続きを経ることなく適格合併となる。すなわち、要件を充足した場合には、適格合併の処理が強制されるということになる。ただし、適格の要件が詳細に定められていることの裏返しとして、仮に納税者が適格合併とせず移転する資産のキャピタル・ゲイン・ロスを実現したいという場合は、適格の要件を意図的に外す(例えば株主等へ金銭等を交付する）ことで容易に非適格とすることができる。したがって、実質的には選択制と考えることも可能である。この選択制でないことおよび実質的には選択可能であるという性格は、適格合併だけでなく適格組織再編税制を通じて共通したものとなっている。

（4）合併の場合の租税属性の引継ぎ

①利益積立金の引継ぎ

法人税法は、適格合併の場合、従来の課税関係を継続させるとの考え方から、法人の累積利益留保額を示す利益積立金額の合併法人への引継ぎを認めている（法令9①二）。この結果、利益積立金は被合併法人の株主に交付される合併法人の株式等の原資とならず株主へのみなし配当課税は行われない。この場合、合併法人においては、合併により移転を受けた資産の帳簿価額から移転を受けた負債の帳簿価額および引き継いだ利益積立金の金額を控除した金額だけ資本金等の額を増加することになる（法令8①五）。

②未処理青色欠損金の引継ぎおよび特定資産譲渡等損失の損金不算入

組織再編を通じて未処理青色欠損金（法57②の「未処理欠損金額」）の引継ぎが可能かどうかは組織再編を考える企業にとって重要な問題といえる。非適格合併の場合は被合併法人の未処理青色欠損金は合併法人に引き継がれないが、適格合併（および合併類似適格分割型分割）の場合は合併法人への引継ぎが認められる。

ただし、繰越欠損金利用の濫用を防止する趣旨から一定の制限が加えられている。

第一に、支配関係が50％超（100％を含む）のグループ法人間で適格合併が行われた場合（共同事業を営むための適格合併でない場合）、その50％超の支配関係（特定資本関係とよぶ）が５年以上前に生じていればよいが、合併法人の合併事業年度開始の日の５年前の日以後に発生している場合は、特定資本関係の発生した事業年度より前の事業年度の（合併両当事者の）未処理青色欠損金は合併後の合併法人において未処理青色欠損金とすることができない、すなわち引継ぎができないこととされる（同57③一、⑤一）。この趣旨は、未処理青色欠損金を有する法人をグループ内に取り込んで繰越欠損金を利用しようとする行為を逆さ合併も含め抑制しようとするものである。なお、合併法人、分割承継法人又は被現物出資法人の場合の未処理青色欠損金については、前記の適格合併の場合だけでなく、適格分割又は適格現物出資の場合にも、同様の引継制限が適用される(法57⑤一)。

第二に、特定資本関係が発生した後の事業年度で生じた青色欠損金であっても、適格合併の5年前の日以後に特定資本関係が生じているときは、その(合併両当事者の)未処理青色欠損金額のうち特定資産譲渡等損失額から成る部分の金額は合併法人に引き継ぐことができない(法57③二、⑤二)。特定資産譲渡等損失額とは、特定資産(特定資本関係発生日前から有していた資産で、棚卸資産、売買目的有価証券、1,000万円未満の資産、特定資本関係発生日の時価が帳簿価額を下回っていない資産を除いたもの)について生じた譲渡損、評価損、貸倒損、除却損等の損失の額をいう。これは、グループの中に含み損を持ち込み、それを実現させることで実質的に特定資本関係発生前の未処理青色欠損金を合併法人に引き継ぐ行為を防止するための措置である(法57③二)。なお、合併法人、分割承継法人又は被現物出資法人の場合の特定資産譲渡等損失額から成る部分の金額については、前記の適格合併の場合だけでなく、適格分割又は適格現物出資の場合にも、同様の引継制限が適用される(法57⑤二)。

第三に、繰越欠損金の問題ではないが、この特定資産譲渡等損失額については、特定適格合併(適格合併、適格分割又は適格現物出資のうち共同事業を営むための適格組織再編でないものをいう)後においても特定資本関係が生じた日から5年間又は適格合併から3年間(いずれか早い日まで)を限って、合併法人の各事業年度の損金に算入しないこととしている(法62の7①、③)。資産の簿価引継ぎを通じて資産の含み損をグループ内に持ち込む行為を、特定資本関係が生じた日以後5年間は制限しようとする考え方を徹底したものといえる。

ところで、こうした未処理青色欠損金および特定資産譲渡等損失についての3つの制限は、企業のグループ化を通じた損失のグループ内への持込みを防止しようとするものであるため、共同事業を営むための適格合併については適用がない。すなわち共同事業のための適格合併については未処理青色欠損金の全額を繰り越すことができ、特定資産譲渡等損失についての規定も適用されない。さらに、共同事業以外のグループ内組織再編(50%超の支配関係がある場合の合併等)に該当する適格合併についても、共同事業の場合と同じ条件を満たした場合は、制限条項が適用されず、未処理青色欠損金の全額の繰越しが認められる。この場合の、共同事業の場合と同じ条件とは、グループ間の適格合併の要件である従業員引継要件、事業引継要件に加え、a)事業関連性要件、b)規模類似要件、c)株主50人未満の場合の株式継続保有要件、を満たすことを意味するが、これにd)被合併法人の被合併事業および合併法人の合併事業が、それぞれ特定資本関係(50%超の支配関係)が生じたときから適格合併の直前の時まで継続して営まれ、かつその間の事業の規模の割合がおおむね２倍を超えないとの要件、が追加されている。企業のグループ化が生じた時点(特定資本関係発生時)とグループ企業間適格合併が生じた時点との間の時間的ズレを調整するための規定とされる。なお、このb)とd)の要件は、特定役員継続要件で代えることができる。すなわち、被合併法人の特定役員(常務クラス以上の役員)のいずれかと合併法人の特定役員のいずれかが合併後の合併法人の役員となることが見込まれる場合は、このb)とd)の要件は満たされたものとして取り扱われる(法57③、法令112⑦一～五)。

加えて、適格合併の場合の未処理青色欠損金の引継等の制限が、損失のグループ内への持込みの防止にあることから、対象となる未処理青色欠損金を有する法人が、特定資本関係が生ずる事業年度終了の時に有する資産および負債について時価評価を行った場合に、時価純資産超過額(時価純資産額が簿価純資産額を超過する額)すなわち含み益が生ずる場合には、確定申告書に明細書を添付する等の要件を課したうえ、その時価純資産超過額を未処理青色欠損金の制限から除外することで制限を緩和している(法令113①、②、123の９①、②)。

③未処理災害損失欠損金の引継ぎ

上記の未処理青色欠損金とは別に、未処理災害損失欠損金についても適格合併の場合は繰越しが認められている。この場合はそれを制限する規定は設けられていない(法58②)。

④その他の租税属性の合併法人への引継ぎ

適格合併の場合、合併法人は被合併法人の資産、負債を帳簿価額で引き継ぐが(法62の２①)、同時に以下にみるとおり租税属性とよばれるものの引継ぎの取扱いが定められている。

ⅰ）所得の計算、制度の適用に関して、納税義務者の資産の取引時期、取得価額、保有期間などが問題になることが多い。そこで適格合併の場合、合併直前までに被合併法人が行った取引の要素のうち一定のものをそのまま合併法人に引き継ぐとする規定が設けられている。これに該当するものとしては、受取配当益金不算入制度における短期保有株式の判定（法令20②、④）および特定株式（25％以上の株式保有）の保有期間の判定（法令22の２②）、棚卸資産の取得価額（法令28④）、減価償却資産の取得価額（法令54①五）、売買目的有価証券の区分と帳簿価額（法令119①、119の12三、119の15①～④）などがあげられる。

ⅱ）被合併法人の支出した費用、所得計算上の数値などが、所得の計算、制度の適用にあたって考慮又は引き継がれる旨の規定が設けられている。これに該当するものとしては、減価償却資産の償却超過額、繰延資産の償却限度額および償却超過額、固定資産等の圧縮額、社債等の発行差益（法令136の２②、③）、未決済の有価証券の空売り等およびデリバティブ取引に係る契約を移転した場合のみなし決済の合併法人での引継処理、時価ヘッジ処理を行った売買目的外有価証券の合併法人への引継処理、同じく繰延ヘッジ処理の合併法人への引継処理、先物外国為替契約の引継ぎ（法令119の16②以下）などがあげられる。

ⅲ）被合併法人が選択した会計処理の合併法人への引継ぎに関する規定が設けられている。これに該当するものとしては、退職給与引当金の退職給与発生基準額の引継ぎ、特別修繕引当金の引継ぎ、為替予約差額の配分計算（法令122の９①）、長期割賦販売等についての延払基準の継続適用（法令128①）、工事進行基準の継続適用（法令129③）などがあげられる。

4.　法人の分割

（１）分割に係る課税の原則（非適格分割の場合）

会社法において、分割は株式会社又は合同会社がその事業に関して有する権利義務の全部又は一部を分割後他の会社（新設分割の場合は分割により設立する会社）に承継させることと定義される（会社法２二十九、三十）。会社の営業の全部又は一部を他の会社に移転し、その権利・義務を包括的に承継させる取引といえる。

法人税法は、分割によりその有する資産および負債の移転を行った法人を分割法人、分割法人から資産および負債の移転を受けた法人を分割承継法人とよんだうえ(法2十二の二、十二の三)、分割法人が分割の対価として交付を受ける分割承継法人の株式その他の資産(分割対価資産)のすべてをその分割の日において分割法人の株主等に交付する場合を分割型分割と定義し(法2十二の九)、一方、分割対価資産をその分割の日に分割法人の株主等に交付しない場合を分社型分割と定義している(法2十二の十)。このうち分割型分割は合併に類似した性格を有しており一般に人的分割とよばれ、合併の場合と同様に分割の日の前日までを区切って事業年度とするみなし事業年度の規定が設けられている(法14①三)。これに対し、分社型分割については営業(その内容としての資産、負債等)を現物出資したものと性格づけることができ一般に物的分割とよばれている。分社型分割にはみなし事業年度の適用はない。なお、会社法は、分割型分割(人的分割)を「物的分割+剰余金の配当」として整理している(会社法758四、八)。

分割について法人税法は、分割型分割、分社型分割のいずれであっても、分割により営業が分割承継法人に承継されることを現物出資と同視しており、原則として時価による資産の移転が行われたものとして取り扱う。すなわち通常の譲渡損益課税が行われる(法62①、②)。この点に関連して、平成13年度改正までは特定の現物出資の場合の圧縮記帳(旧法51)の規定が置かれていたが、この規定は廃止されている。

また、分割法人の株主等に分割承継法人の株式等(時価で評価される)が交付される分割型分割(人的分割)においては、合併の場合の被合併法人の株主等に対すると同様、分割法人の株主等にみなし配当課税が行われる(法24①二)。その場合、分割前事業年度終了のときの資本金等の額に分割割合(分割法人の純資産帳簿価額に占める移転資産の純資産帳簿価額)を乗じた金額に相当する価値が分割により移転したとして、分割法人においてはその金額だけ資本金等の額を減額させる(法令8)とともに、分割法人の株主等に対価として交付された分割承継法人の株式等の価額のうち、その金額を超える部分がみなし配当の額とされる(法24①二、法令23①二)。なお、合併の場合と同様、非適格であっても株主に分割承継法人又はその親法人(分割承継法人の発行済株式の全部を保有する法人)の株式以外の資産の交付がない場合は、株主に対する譲渡損益課税を繰り延べることとしている。

ところで、会社法上は分割において分割承継法人の株式を分割法人とその株主の双方に交付することができる。このため適格、非適格を問わず、双方に株式が交付される場合があるが、その場合は分割承継法人の株式が交付された割合に応じて、分割型分割と分社型分割の双方が行われたものとされる(法62の6①)。

(2)適格分割制度

①適格分割の場合の取扱い

以上の分割についての課税の原則に対し、法人税法は適格分割の制度を設けている。適格分割型分割(人的分割)の場合は、上述した適格合併の制度と趣旨・内容とも基本的に同一であり、営業を分割した法人の資産等譲渡損益に対する課税(法62の2①)、その株主に分割承継法人の株式等が交付された場合の株主に対するみなし配当課税(法24①二括弧書き)および株式譲渡損益課税(法62の2③)がいずれも繰り延べられる。分割承継法人への利益積立金の引継ぎ等も適格合併と同様の取扱いとされている(法令9①三)。ただし、未処理青色欠損金の引継ぎについては合併類似適格分割型分割の場合に限られる(法57②)。合併類似分割型分割とは、営業全部の分割(法人のすべての資産、負債の移転)が行われ、対価として取得した株式等のすべてが株主に分配された(すなわち分割型分割が行われた)後に当該会社が解散した場合がこれに該当する。それは結果的には合併と全く同じ組織再編であり、分割法人の株主はその所有する株式のすべてを分割承継法人の株式と交換したことになる。なお、適格合併の場合と同様、適格の要件を充足して未処理青色欠損金の引継ぎが認められた合併類似適格分割型分割については、損失のグループ内への持込みを防止する趣旨から、未処理青色欠損金および特定資産譲渡等損失についての３つの制限が課されている。

一方、分社型分割(物的分割)の場合は、株主等に対する株式の交付がなく、単純に現物出資と同視できる。このため、以下に述べる現物出資の場合と同様、分割法人における資産等の譲渡損益の課税繰延べが認められ(法62の3)、これが適格制度のポイントとなる。

②適格分割が認められる要件

適格分割の要件は、ほぼ適格合併の場合と同じであるが、主な相違点をあげると以下のとおりである。

まず、分割のうち分割型分割（人的分割）の場合には、株主等に対し分割承継法人又は分割承継法人の親法人の株式以外の資産が交付されないことおよびその株式交付が株主等の有する分割法人の株式の数の割合に応じて行われることが求められる。非按分型の分割型分割は適格と認められないことになる（法２十二の十一）。

そのうえで、分社型分割を含め、次の３つの条件を満たすものが適格とされる（法２十二の十一、法令４の２⑥）。

第一は、「完全支配関係」、すなわち分割法人と分割承継法人が完全支配関係（100％）にある場合は、それだけで適格となる。

第二は、「支配関係」、すなわち分割法人と分割承継法人との間に支配関係（50％超〜100％未満）がある場合。次の３つの要件を満たせば適格となる。

ｉ）分割により分割事業に係る主要な資産および負債が分割承継法人に移転していること（主要資産・負債の移転要件）。ⅱ）従業員引継要件。ⅲ）事業引継要件。

第三は、「共同事業」を行う場合であり、次の６つの要件を満たした場合に適格となる。

ａ）事業関連性要件。ｂ）規模類似要件又は特定役員継続要件。ｃ）主要資産・負債の移転要件。ｄ）従業員引継要件。ｅ）分割事業が分割後分割承継法人において引き続き営まれること（事業継続要件）。ｆ）株式の継続保有要件（その分割が分割型分割でかつ分割法人の株主等の数が50人以上である場合はこの要件は不要）。

（３）分割の場合の租税属性の引継ぎ

①適格分割型分割（人的分割）の場合の利益積立金の引継ぎ

適格分割型分割（人的分割）の場合は、適格合併の場合と同様に分割承継法人が利益積立金を引き継ぐ（法令９①三）。具体的には、分割法人の期末の利益積立金額に期末の純資産帳簿価額に占める移転資産帳簿価額の割合を乗じた額を引き継ぐこととされる（法令９①九）。みなし配当課税は、分割承継法人の株主が将来株式を手離す時点まで繰り延べられることになる。

なお、適格分社型分割(物的分割)の場合は利益積立金引継ぎの規定がない。物的分割の場合には分割法人が資産、負債を手離し分割承継法人の株式を取得するだけであり、株主が株式価値の一部を手離し分割承継会社の株式等の交付を受けるという関係が成立していないのでみなし配当課税は行われず、利益積立金の金額の変動もない。

②合併類似適格分割型分割の場合の未処理青色欠損金の引継ぎ

適格であっても、分割法人の未処理青色欠損金が分割承継法人に引き継がれることは原則としてない。しかし、合併類似適格分割型分割(資産等の全部の分割承継法人への移転分割後直ちに解散が予定されている適格分割型分割〔法令112①〕)に限って、未処理青色欠損金の分割承継法人への引継ぎが認められている(法57②)。合併類似適格分割型分割が実質的に適格合併と同一であることが考慮されたものといえる。

ただし、繰越欠損金利用の濫用を防止する趣旨から、適格合併の場合と同じく一定の制限が加えられている。制限の内容は、i)特定資本関係(50%超の支配関係、100%を含む)にあるグループ法人間で合併類似適格分割型分割(共同事業を営むためのものを除く)が行われた場合で特定資本関係が合併の日の5年前の日以後に発生している場合は、特定資本関係の発生した事業年度より前の事業年度の(当該合併類似適格分割型分割両当事者の)未処理青色欠損金は分割後の分割承継法人に引き継ぐことはできない、ii)特定資本関係が発生した後の事業年度で生じた青色欠損金であっても、合併類似適格分割型分割の5年前の日以後に特定資本関係が生じているときは、その(当該合併類似適格分割型分割両当事者の)未処理青色欠損金額のうち特定資産譲渡等損失額から成る部分の金額は分割承継法人に引き継ぐことができない、とするものである(法57③)。内容および適用除外とされる共同事業要件等については、適格合併の場合の制限と同一であるのでここでは省略する。

以上に加え、分割承継法人自身の特定資本関係前の未処理青色欠損金又は特定資産譲渡等損失から成る部分の金額については、適格分割又は適格現物出資の場合についても引継制限が行われることは、適格合併の部分で述べたとおりである。

③損金不算入とされる特定資産譲渡等損失額

適格分割(分割型、分社型の双方を含む)が行われた以後においても３年間(特定資本関係が生じた日から５年間を経過した日がそれよりも早い場合はその日まで)は、特定資産譲渡等損失額を、分割承継法人の各事業年度の損金に算入しないこととしている(法62の７①③)。資産の簿価引継ぎを通じて資産の含み損をグループ内に持ち込む行為を、特定資本関係が生じた日以後５年間は制限しようとする考え方を徹底したものといえる。この内容および適用除外とされる共同事業用件等についても適格合併の場合と同一であるのでここでは省略する。

Q59　適格分割型分割と合併類似適格分割型分割の相違に注目しながら、両者の課税上の取扱いがどのように異なるかを説明しなさい。

NOTE　米国IRCでは、次の形態の取引(分割)について、親会社が子会社を支配していること、子会社が積極的な事業活動をしていること等を要件として課税繰延べを認めている。

①　spin-off；親会社が財産を出資して子会社を設立し、取得した子会社の株式を自己(親会社)の株主に分配(無償交付)するもの。兄弟会社ができることになる。

②　split-off；親会社が財産を出資して子会社を設立し、取得した子会社の株式と株主が保有する自己(親会社)の株式を交換するもの。子会社株式を一部の株主から自己株式を取得する対価として使い、分割した法人ごとに株主も分割する組織再編成。

③　split-up；親会社が財産を出資して複数の子会社を設立し、取得した子会社株式を自己の株主に分配(無償交付)したうえ、自己を清算するもの。

5.　現物出資

(1)現物出資に係る課税の原則(非適格現物出資の場合)

会社法において現物出資は金銭以外の財産の出資を意味する(会社法28①一)。

法人税法では、現物出資によりその有する資産、負債の移転を行った法人を現物出資法人とよび、現物出資法人から資産、負債の移転を受けた法人を被現物出資法人とよんで(法2十二の四、十二の五)、現物出資に関する取扱いを定めている。税法上、金銭以外の財産の出資はまさしく資産の移転であるので、移転した法人(現物出資法人)の側で時価譲渡として譲渡損益課税が行われるのが原則である。平成13年度の改正までは現物出資を通じた組織再編に対する課税繰延べを図る観点から特定の現物出資の場合の圧縮記帳(旧法51)の規定が置かれていたが、この規定は廃止されている。一方、資産等の譲渡を受けた法人(被現物出資法人)の側では、対価として交付した株式の額(受け入れた純資産の時価から交付した金銭等を控除した額)だけ資本金等の額が増加する。

なお、株主等についての課税の問題は生じない。

(2)適格現物出資制度

現物出資が適格現物出資に該当すれば、現物出資法人から被現物出資法人への資産等の移転は現物出資法人の帳簿価額により移転するものとされ(法62の4①)、移転資産等に係る譲渡損益の計上が繰り延べられることになる。対価として被現物出資法人の株式等を現物出資した資産等の帳簿価額で取得するのみで資本金等の額および利益積立金の額は変動しない。被現物出資法人においては、受け入れた純資産の額(適格の場合は現物出資法人の帳簿価額)に相当する金額だけ資本金等の額を増額することになる。

現物出資が適格とされる要件は、上述の適格分社型分割の場合と同一である。ただし、外国法人に国内にある不動産、不動産の上に存する権利、鉱業権、採石権その他国内にある事業所に属する資産又は負債の移転を行うもの等は適格の対象から除かれる(法2十二の十四、法令4の2⑨)。これは適格として簿価で国外へ資産を移転した場合、当該資産のキャピタル・ゲインへの課税機会を失うことになるためである。なお、発行済株式総数の25%以上を有する外国法人の株式については、適格現物出資が認められる(法令4の2⑨)。

6. 事後設立

(1)事後設立に係る課税の原則(非適格事後設立の場合)

会社法において事後設立は、会社の成立後２年以内に、成立前から存在する財産であってその事業のために継続して使用するものを取得することを意味する(会社法28①二、467①五)。契約による資産の移転に該当するので、税法上は資産を移転した法人の側で時価譲渡として譲渡損益課税が行われるのが原則である。ただ、以前の商法に会社分割の規定がなかった等の事情から、事後設立が組織再編の手法として活用されてきており、このため、事後設立についても現物出資同様、課税繰延べの措置が講じられてきた経緯がある(旧法51。旧法基通10－7－1。変態現物出資)。この特例は適格組織再編税制導入とともに廃止されている。

(2)適格事後設立制度

このように事後設立についても課税繰延べが認められてきた経緯に鑑み、平成13年度に導入された組織再編税制の中に一定の条件を満たした事後設立を適格事後設立として取り込んでいる。事後設立によりその所有する資産、負債の移転を行う法人を事後設立法人とよび、事後設立法人から資産、負債の移転を受ける法人を被事後設立法人とよんで(法２①十二の六、十二の六の二)、適格事後設立の条件に適合する場合の資産の譲渡損益課税の繰延べを認めている。ただ、事後設立の場合、他の組織再編と比べて組織再編の時期と資産の譲渡時期にずれがある等の相違があるため、以下にみるとおり、適格の要件、課税繰延べの方法等に特色がみられる。

まず、事後設立に係る資産等の時価譲渡により利益が生ずる(譲渡に係る対価の額が原価等の額を超える、すなわち含み益が実現する)場合、適格事後設立に該当すれば、事後設立法人において実現した含み益に相当する額を帳簿価額修正損として計上することができることとし、受け取った被事後設立法人の株式の価額をその分だけ減額することとしている。逆に、事後設立に係る資産等の譲渡により損失が生ずる場合には、損失額に相当する額の帳簿価額修正益を計上し、受け取った被事後設立法人の株式の価額をその分だけ増額する(法62の５①②)。実質的に資産等の移転に係る譲渡損益を繰り延べる仕組みが採用されていることになる。

なお、適格事後設立の場合、被事後設立法人の側でも、この帳簿価額修正損益を資本金等の額に反映させることとされる。帳簿価額修正損益を織り込んだ価額で株式が被事後設立法人から事後設立法人に交付されたことになる。

適格事後設立の要件は、a）事後設立法人が被事後設立法人の設立のときから資産等の移転のときまで当該被事後設立法人の株式等の100％を継続して保有していること、b）事後設立後も100％保有の継続が見込まれること、c）資産等の移転が被事後設立法人の設立時に予定されており、かつその設立から6ヶ月以内に行われること、d）資産等の移転による譲渡対価の額が被事後設立法人を設立するために払い込んだ金銭の額とおおむね同額であること、とされている。また、適格現物出資の場合と同様、国外に不動産等の資産又は負債を移転するものは適格の対象から排除されている（法２十二の十五）。

7. 組織再編に係る租税回避防止規定

組織再編税制はわが国の税制に初めて本格的に導入されたものであり、その導入意義は評価されても、それが予期せぬ租税回避をもたらす懸念が払拭されないという問題点があった。このため、先に述べた適格合併および合併類似適格分割型分割の場合の未処理青色欠損金の引継ぎの制限（法57③）、特定資産譲渡等損失額の損金不算入（法62の７）などの租税回避のための規定が随所に整備されている。これらの規定は、主として組織再編を通じた損失の外部からの持込みの防止、株主に対する法人利益の無税分配を防ぐことを目的としている。

また、より多様な租税回避行為に対応できるようにする趣旨から包括的否認規定が設けられている。法人税法132条の２において、税務署長は、合併、分割、現物出資もしくは事後設立によりその有する資産等の移転を行った法人（移転法人）、その資産等の移転を受けた法人（取得法人）又は移転法人もしくは取得法人の株主等である法人の法人税につき更正又は決定をする場合において、これらの法人の行為又は計算について一定の場合にこれを否認できるとする規定を設けている。この規定がどのように発動されるかについては現段階では明確でないが、①欠損金や含み損のある会社を利用するための組織再編、②課税を受けないで法人の資産や株主の株式の譲渡をもたらす組織再編、③他の法人の税額控除枠や各種実績率を利用するための組織再編、④株式の評価を下げるための組織再編などが問題になる可能性がある。

なお、平成19年度の改正で、会社法の三角合併の解禁に対応するため、適格合併等の対価として合併親法人等の株式が認められることになったが、これに伴い、わが国の課税機会が失われないための措置として、①適格三角合併等により外国親法人の株式が非居住者に交付された場合は課税繰延べを認めず(国内事業管理親法人株式交付の場合を除く)旧株の譲渡益に課税することとする(措法37の14の２①~③、⑦)、②対価として特定軽課税外国親法人の株式が交付されるグループ内合併(50%超の支配関係にある法人間の合併)の場合は適格に該当しないこととする(措法68の２の３)、この適格性否認は三角分割、三角株式交換にも同様に適用される、③個人又は法人が非適格合併、非適格分割型分割、非適格株式交換により、特定軽課税外国親法人(軽課税国に所在する外国法人)の株式を交付された場合には、その合併等の時に株主の旧株の譲渡益に対して課税する(措法37の14の３、同68の３)といった措置が講じられている。

また、三角合併についてはいわゆるコーポレート・インバージョンとよばれる現象が意識されるようになった。これは特定の国に外国法人Ａ社を設立し、さらにＡ社を親法人とする内国法人Ｂ社を設立したうえ、親法人であるＡ社株式を対価とする適格組織再編を行うことで国内の他の法人をＡ社の子法人としてしまう問題である。こうした組織法上の操作性はさまざまな租税回避に結びつくおそれが懸念されるが、当面、タックス・ヘイブン対策税制を無力化する可能性が指摘された。コーポレート・インバージョンの手法によりタックス・ヘイブン法人を「外国子会社」でなく「外国親会社」とすることで合算課税を免れることになる。このため、タックス・ヘイブン対策税制の実効性確保の観点から、三角合併による組織再編(特定関係)の直前に株主等の５人以下で(特殊関係者を含む)80%以上の株式を保有していた内国法人の株主(「特殊関係株主等」という)が、三角合併等の結果としてタックス・ヘイブン会社(「特定外国法人」という)の子会社となった当該内国法人(「特定内国法人」という)の株式をタックス・ヘイブン会社を介在して80%の株式を間接保有するときは、タックス・ヘイブンにある当該「特定外国会社」の利益留保額を、「特殊支配株主等」の請求権に応じて計算し、当該「特殊関係株主等」である内国法人の収益の額とみなすこととしている（措法66の9の6〜66の9の9）。なお、タックス・ヘイブン対策税制と重複する場合はタックス・ヘイブン対策税制の適用が優先される（措法66の9の6⑦）。この措置は、いわゆるコーポレート・インバージョン対策税制とよばれるものであるが、タックス・ヘイブンの留保利益を合算課税するという点ではタックス・ヘイブン対策税制と共通した制度となっている。

第2節　連結納税制度

1.　連結納税制度導入の意義

連結納税制度は法人税の課税単位をどう考えるかという問題である。わが国の法人税法は、多くの諸外国と同様、個々の法人を納税義務者とする単体法人単位主義を採用している。平成14年度に導入された連結納税制度は、連結親法人を納税義務者として連結グループ法人を一体として課税単位とするという点で、こうした従来の法人税の課税単位の考え方に部分的な修正を迫るものとなっている。

なぜ連結納税制度がわが国に導入されたかについては既に本章冒頭で述べたところであるが、法人がグループを形成して企業活動をすることが税の面で単体での企業活動に対し不利にならないようにすることがわが国企業の競争力強化と経済活性化のため必要と考えられたためである。このため、法人の選択により連結納税を認め、グループ内の企業の赤字と黒字の通算を可能にする等の措置が導入されている。しかし、連結納税制度が租税特別措置としてではなく法人税法そのものに規定されている（法4の2〜4の5、15の2、81〜82ほか）ことは、グループを形成した法人の担税力はグループで稼得した所得を個々の単体法人の所得に分解してみるのでなく、グループ全体の所得として把握する方が望ましい、という考え方が部分的にわが国の法人税法の中に取り込まれたことを意味する。現在、多国籍企業を含め多くの有力企業はグループを形成しており、その活動目的はグループ全体の税引後利益を最大化することにあると指摘される。そうした中で、利益がどの企業で生じたかはグループ企業にとって（税負担という点を除けば）関心事ではなく、また実際に個々の企業ごとにその企業がグループ内で果たした機能に従って利益を正確に計算することも難しいということがその背景にある。連結納税制度はこうした企業グループに対する課税のあり方に対する１つの解答である。連結納税は、グループ全体の利益を課税所得とするため、グループ内の単体法人についての意図的なあるいは意図的でない課税漏れを防ぐことができるという点で適正課税の実現に資するという一面も指摘される。

ただ、それは単体法人を課税単位として捉えてきたこれまでの法人税法の考え方を根底から変革することを意味する。現状では、連結納税を採用している諸外国においても、単体法人単位主義と決別して新しく企業グループを課税単位とする連結納税制度を確立するというまでは至っておらず、単体法人課税を原則としながら部分的に連結納税が導入されている段階にある。同時に、こうした２つの制度の併存は租税回避行為を誘発するおそれがあり、広く租税回避防止のための制度的手当てが行われている。また、連結納税を外国のグループ企業にまで適用するかどうかという問題については、連結納税を採用する多くの国が、連結納税の適用を内国法人間に限っている。国際的連結納税は企業グループの全世界所得を一定の指標で分割するいわゆる国際的フォーミュラ方式(ユニタリー方式ともよばれる)の採用につながる可能性があるが、OECDなどの議論で国際的フォーミュラ方式は否定されている。

わが国の連結納税制度は、こうした背景事情の下、主として米国の制度を参考にしながら、100％支配関係にある内国法人間に限って、かつ国税である法人税のみを対象として(地方税である法人住民税や法人事業税は対象外)、さらに損失の連結納税制度への持込みや利益の持出しを防ぐ多くの租税回避防止規定を設けながら、恒久的制度として初めてわが国に導入されたものということができる。

2. 連結納税の仕組み

法人税法が定める連結納税制度の仕組みは以下のとおりである。

(1)連結納税の範囲

連結納税は、親会社である内国法人(普通法人および協同組合等に限る。他の内国法人の100％子会社、清算中の法人、特定目的会社等を除く）とその内国法人が完全支配関係（発行済株式又は出資の全部を直接又は間接に保有する関係）を有する子法人である他の内国法人（普通法人に限る。清算中の法人、特定目的会社等を除く）との間でのみ認められる（法４の２）。連結納税を適用する親法人を連結親法人、子法人を連結子法人とよび、連結事業年度を原則連結親法人の事業年度に統一したうえ（法15の２①）、連結親法人が各連結事業年度の連結所得に対する法人税の納税義務者となる（法６の２）。なお、連結子法人は連帯納付の義務を有する（法81の28）。

Q60　外資系法人、例えば外国法人の100％子法人は連結親法人となることができるか。他の内国法人が80％、当該他の内国法人の外国子法人が20％の株式を保有する内国法人の場合はどうか。

（２）選択と継続

連結納税の適用は納税者の選択による。選択する場合は、連結親法人となる法人が、最初に連結納税を適用しようとする自己の事業年度開始６ヶ月前までに、連結の対象となるすべての法人の連名で申請を行い国税庁長官の承認を受ける必要がある（法４の３）。この場合、連結の対象となり得るすべての法人を連結に含めることが条件とされる。完全支配関係にある子法人の一部を連結から外すことはできない。なお、連結親法人の事情で６ヶ月前までの申請ができない場合については申請期限の特例が定められている（法４の３⑥）。こうした申請に対し、連結事業年度開始の日の前日（特例申請の場合は提出から５ヶ月経過後）までに承認又は却下の通知がない場合は、承認されたものとみなされ、連結事業年度開始以後の期間について承認の効果が生じることになる（法４の３①～⑧）。この親法人の最初連結事業年度開始の日がすべての連結子法人にとっても連結事業年度開始の日となる。事業年度が異なる子法人は最初連結事業年度開始の日の前日までの期間をみなし事業年度として個別申告を行う必要がある。また、連結の開始、連結子法人の離脱等に関して、詳細なみなし事業年度の規定が設けられている（法14四～十八）。

連結納税の承認を受けた法人（連結法人）はそれを継続する必要がある。やむを得ず連結納税を取りやめる場合は取りやめの承認を受けなければならない(法4の5③)。取りやめの承認があった場合は、承認の日の属する事業年度終了日の翌日以後個別申告に戻ることになる。ただし、以後5年経過日の属する事業年度終了日までの期間は新たに連結納税の申告を行うことができない(法令4の3②八)。一方、帳簿書類の保存不備等を理由に連結納税の承認が取り消されることがある(法4の5①)。この承認取消しがあった場合も以後5年間新たな連結納税の承認は認められない。

さらに、連結納税の範囲が100%株式保有を基準としているため、完全支配関係が新たに生じたり(新たに100%子法人になる)、逆に失われたり(100%子法人でなくなる)すると、連結対象法人に変動が生ずることになる。このため、連結グループへの加入についてのみなし承認の規定(法4の3⑩)とみなし取消しの規定(法4の5②五)が設けられており、自動的な連結納税への加入、離脱手続きが定められている。

なお、連結親法人自身について、連結納税の承認を取り消された場合、他の内国法人の100%子法人となった場合、解散した場合、連結子法人がいなくなった場合には、連結納税の承認が失効することとなる(法4の5②、14十三、十四、十五、十六)。

以上の、連結納税の取りやめ、承認取消し、自動加入・離脱、連結納税の失効といった事態に対しては、連結所得計算と個別法人ごとの所得計算の調整を円滑に図る必要がある。このため、加入、離脱等の前後でみなし事業年度を設ける等、多くの調整規定が設けられている(法14①四〜十八ほか)。

(3)個別法人ごとの所得計算が基本

連結法人税の申告および納付は連結親法人が行う(法81の22、81の27)。ただし、連結子法人も、連結事業年度を自己の事業年度として益金の額(個別益金額)および損金の額(個別損金額)を計算し、それぞれ個別に法人税個別帰属額等を記載した申告書(個別申告書)を所轄税務署長に提出しなければならない(法81の25)。

連結親法人は各連結子法人の個別申告書に記載された個別の法人所得額を基礎として連結法人所得を計算する。個別法人ごとの所得計算が連結所得計算の基本となる。ただ、その際、①グループ内取引についてグループ全体としてみた場合に未実現損益となるものの排除、②法人税法の規定が連結グループ全体を１単位として適用されることに伴う調整という問題に加え、③グループ内各法人の繰越欠損金の控除、④連結グループからの連結子法人の離脱があった場合の調整といった問題を解決することが必要になる。

このうち、まず、①グループ内取引に伴う未実現損益の排除であるが、グループ法人間の資産等の取引についても単体法人の場合と同様の取扱いとされている。したがってグループ内での資産の譲渡等についても損益が認識されることになるが、これはグループ全体としてみると未実現損益であるので排除する必要がある。ただし、法人の事務処理が煩雑となるので負担軽減を図る趣旨から、未実現損益排除の処理は一定範囲の資産（譲渡損益調整資産）に限定することとしている。すなわち譲渡損益調整資産は、固定資産、土地、有価証券（売買目的有価証券を除く）、金銭債権および繰延資産とされ、棚卸資産が対象外とされている。また単位あたりの税務上の帳簿価額が少額（1,000万円以下）のものも除外される。具体的な調整は、連結確定申告書別表において譲渡利益又は譲渡損益を相殺する損益を計上する形で行う（損益の凍結）ことになる（法81の10①）。当然のことであるが、当該資産がグループ外に譲渡された場合等は、こうした損益の凍結処理が解除され、譲渡損益が連結損益に計上されることになる（法令155の22②、③）。分割等前事業年度において連結法人間で譲渡損益調整資産の譲渡が行われた場合も、その分割等前事業年度の損益について、同様の取扱いが適用される（法61の13①～④）。

次に、②法人税法の規定が連結グループ全体を１単位として適用されることに伴う調整の問題は、以下にみるとおり単純に各連結法人の数字を合計するだけのものと、限度額計算や適用範囲でやや複雑な特別規定を設けているものとに分かれる。

第一は受取配当等の益金不算入である。関係法人株式等や短期所有株式等の判定、負債利子の控除をグループ一体として行うこととされている（法81の４②、③、⑤、法令155の７、155の８①、155の10）。なお、グループ内受取配当（連結法人株式等の配当）は負債利子控除をせず全額が控除される（法81の４④、法令155の９）。そのうえで、計算された配当等の益金不算入額を各連結法人に個別帰属させることとし、その計算を行う（法令155の11）。

第二に、寄附金の損金不算入である。グループ全体で計算することとされ、損金算入限度額計算の所得基準額は「連結所得の金額」を、また資本基準額は「連結親法人の個別資本等の額」を基準として計算される（法81の６③、④）。なお、連結グループ内で寄附金の支払いがある場合は限度額計算をせず全額が損金不算入とされる（法81の６①、②、③、法令155の13）。

第三は、交際費等の損金不算入である。不算入額の計算は連結法人グループ全体で行われ、資本金等の基準は連結親法人の資本金又は出資金の額が用いられる（措法68の66③）。なお、損金不算入額は寄附金の場合と同様、各連結法人に個別帰属額として配分される。

第四は、貸倒引当金の計算である。計算にあたって連結支配関係にある他の連結法人への金銭債権は貸倒引当金計上の対象外とされている（法52⑧）。計算は貸倒実績率の計算も含め各連結法人ごとに行われるが、中小企業の法定繰入率が適用できるかどうかの判定にあたっては連結親法人の資本金又は出資金額が基準とされる。

第五は、所得税額および外国税額の税額控除である。基本的には単体法人の場合の制度がそのまま適用される（連結所得税額、連結外国税額の損金不算入を含め）が、連結親法人の申告段階で控除が行われるため、控除額の計算あるいはその個別帰属額の配分のための特別な規定が設けられている。まず、所得税額控除について、各連結法人が源泉徴収された所得税額は合計額が連結親法人の連結法人税額から控除され、控除不足額が生じた場合は連結親法人に還付される（法81の14、81の29）。そのうえで控除額又は還付額は個別帰属計算を通じて各連結法人に配分される（法81の18）。一方、外国税額控除については、控除限度額の計算をグループ全体として行ったうえ、それ（連結控除限度）を各連結法人に個別帰属額として按分し、各連結法人において控除できる外国税額の金額を算出する。この各連結法人が計算した控除可能外国税額の合計額が連結ベースで控除される外国税額となる。控除対象となる外国税額の計算（控除限度額、控除余裕枠、控除超過額など）が個別連結法人ごとに行われるのが連結外国税額控除の場合の特色の１つといえる（法81の15）。一方で、間接外国税額控除の場合の子法人・孫法人の判定はグループ全体で行われる（法81の15⑧）。

第六は、連結法人税額の個別帰属額配分の問題である。連結親法人が納付した連結法人税額は各連結法人に個別帰属額として配分され、それぞれが精算・負担することとされている(法81の18)。仮に連結法人間でその負担の精算が行われない場合は、連結法人間の寄附金(全額損金不算入)として取り扱われる(法令155の15②)。こうした仕組みを採用しているため、連結親法人においては子法人から連結法人税の個別負担額として収受する金額の益金不算入(逆に子会社の個別帰属額として還付する金額の損金不算入)の規定を、また連結子法人においては親法人に支出する連結法人税の個別負担額の損金不算入(逆に親法人から個別帰属額として還付される金額の益金不算入)の規定等を設けている(法26③、④、38①、③、④)。

上述した連結所得を計算するうえでの問題点のうち、③グループ内各法人の繰越欠損金の控除および④連結グループからの連絡子法人の離脱があった場合の調整の問題については以下にそれぞれ項を設けて説明する。

(4)グループ内各法人に生じた欠損金の取扱い——損益の通算と繰越し

前述した③連結グループ内各法人に生じた欠損金をどう取り扱うかの問題は、制度導入の経緯からみて連結納税制度設計にあたっての核心の1つであったと考えられる。連結法人は、連結納税を開始した事業年度(最初連結事業年度)以後の連結納税期間中に単体法人として損失が発生すれば連結グループ全体の所得の中で損益が通算され、グループ全体として損失が生ずれば連結繰越欠損金額として7年間の繰越し又は1年間の繰戻しが認められる(繰戻しについては執行停止中)(法81の9①、81の31)。ただし、連結納税以前の単体課税の期間に生じた欠損金の連結納税への持込みは厳しく制限されている。その例外として、連結親法人に限って連結開始の日前7年間の青色欠損金等(災害損失欠損金を含む)についてその発生年度を連結事業年度とみなして繰越控除できることとしている(法81の9②)。また、その延長線上の措置として、連結親法人が連結グループ外の法人と自己を合併法人又は分割承継法人とする適格合併又は合併類似適格分割型分割を行って被合併法人等の欠損金(青色繰越欠損金額又は連結を離脱した法人の連結欠損金個別帰属額)を引き継いだ場合は、その引き継いだ繰越欠損金も連結納税にあたって繰越控除ができる(法81の9②三)。

これに対して、連結子法人の青色欠損金は原則として連結納税に持ち込めないが、例外として、連結開始前５年間に株式移転に係る完全子法人となった連結子法人については７年間の青色欠損金等のうち一定のものについて控除が認められている(法81の９②二、法令155の19⑤)。

(５)連結グループからの連結子法人の離脱に伴う問題

さらに前述した④の問題がある。連結子法人は、連結納税の承認取消しにより、解散によりあるいは連結親法人との持株関係の変化(100%の持株関係でなくなる)等が生じることにより、連結納税から離脱することがある(法14九～十一)。離脱した連結子法人は、当該離脱の理由(承認取消し、解散、株式の外部への譲渡、合併、分割)の生じた日が連結事業年度の中途である場合は、その連結事業年度開始の日から理由が生じた日までの期間をみなし事業年度として単独申告を行うこととされる(法14十～十二、15の２①三)。また、理由が生じた日以後の子法人の所得および欠損は連結納税の対象とはならない。この規定は、連結グループ内の連結法人同士で適格合併あるいは適格分割型分割があった場合にも適用される(ただし、連結グループ内で事業を分割した連結子法人は分割の日以後、再び連結納税に復帰する)。

連結子法人の離脱に伴い処理を要する問題の第一は、投資修正である。連結親法人等の連結グループ内の法人が連結子法人の株式を現在又は将来譲渡するとして、その取引価額は離脱する連結子法人が連結納税の期間中に留保した利益又は損失、すなわち連結利益積立金個別帰属額を反映したものになると考えられる。ところで連結子法人の連結利益積立金個別帰属額は既に連結法人税の計算において利益又は損失とされたものであり、それが再び譲渡所得計算に織り込まれることになると、利益又は損失の二重計上の問題が生ずることになる。投資修正は、連結子法人が連結納税から離脱する機会等を捉えて、こうした利益や損失の二重計上を排除するために、連結親法人等が保有する連結子法人の株式の帳簿価額に、連結子法人の連結期間中に稼得した連結利益積立金(欠損金)個別帰属額を反映させて当該帳簿価額を修正しようとするものである。

具体的には、一定の修正事由が発生した場合、すなわちⅰ)連結子法人の株式の全部又は一部を譲渡した場合(ただし連結グループ内の適格組織再編に伴う譲渡、みなし配当課税の適用がある場合の譲渡等は除く)、ii)株主等である連結法人において更生手続開始等に伴う株式評価換えがあった場合、iii)連結完全支配関係喪失の場合、iv)連結法人が他の連結法人の株式を保有したまま連結から離脱する等上位法人において修正事由が発生した場合(この場合は資本関係が最も下位にある法人から計算を始める)については、株式の帳簿価額の修正が求められる(法令9①四、9②一〜四、9の2①四、②)。帳簿価額修正額は、連結期間開始後、修正事由が生ずるまでに発生した連結個別利益積立金(又は単体の利益積立金)の額であり(法令9の2②)、仕訳としては株主法人に同額の連結利益積立金が計上されることになる。

NOTE 連結親法人P社が連結子法人S社の株式(簿価1億円)を全額外部の会社に2億円で譲渡したケースで、譲渡直前までの連結期間中にS社が稼得した連結利益積立金発生額は6,000万円、譲渡直前の単体申告期間中に稼得した利益積立金は500万円であったとした場合、投資修正により株式の簿価は6,500万円(6,000万円+500万円)増加(P社の連結利益積立金が同額増加)する。結果として、譲渡益は2億円マイナス1億円ではなく、2億円マイナス1.65億円の3,500万円となる。

投資修正以外の問題として、連結子法人が連結納税を離脱するときには、原則として、その後の単体申告にあたって連結欠損金個別帰属額を法人税法57条の欠損金とみなすことになる(法57⑥)。ただ、これは連結納税の期間中に生じた欠損金が対象であり、連結子法人が連結納税を行う以前に生じた青色欠損金で連結欠損金とされなかったものが連結離脱により復活することは原則として認められていない(例外として最初の連結事業年度の中途で離脱した場合、復活が認められる)。

また、グループ内取引として譲渡損益の繰延べが行われているケースで、譲受法人又は譲渡法人が離脱した場合は、繰延譲渡損益の戻入れを行う。一方、連結加入時に計上した時価評価課税については、離脱にあたって損益の調整は行わない。

3. 税額の計算

連結所得金額に対する税率は30%である。ただし、親法人を基準に、資本金額1億円以下の普通法人の場合の800万円以下の部分は22%、資本の定めがない医療法人で国税庁長官の承認を受けたものは23%、協同組合である親法人は23%(一部26%)とされている(法81の12、措法68の108、68の100)。

また、連結親法人が特定同族会社の場合は、連結所得等の金額(連結所得の金額に受取配当等益金不算入額等を加えた金額)のうち留保した金額から法人税等を控除した金額(連結留保金額)に対して連結留保金課税の適用がある(法81の13)。

計算された連結法人税額からは、単体納税の場合と同様、所得税額控除等の税額控除が行われる。連結納税の場合の税額控除は、連結親法人の段階で一括して行い、その後各連結法人への個別帰属計算を行うというのが基本的な手続きである。

まず、所得税額控除についてみると、各連結法人が源泉徴収された所得税額は合計されて連結親法人により連結法人税額から控除される。この控除に伴う各連結法人間の税負担の調整は、連結法人税額の個別帰属額の計算を通じて行われる(法81の14、81の18)。控除不足額の還付の場合も同様である(法81の29、81の22①三)。

次に、外国税額控除については、控除限度額(連結法人税額に、連結所得金額のうちに連結国外所得金額の占める割合を乗じて計算する)の計算を連結グループ全体で行いそれを各連結法人に個別控除限度額として配分するが、控除限度超過額、控除余裕額などは個々の連結法人ごとに行うこととされている。その結果、各連結法人が計算した外国税額控除の額の合計が連結ベースの外国税額控除の額となる(法81の15)。なお、間接外税控除を適用する場合の子会社、孫会社の判定は連結納税グループ全体で行う(各連結法人の持株等を合計)。

連結親法人が申告・納付した連結法人税は、各連結法人に個別帰属額として配分・精算される。この連結法人税の各法人間の個別帰属額の精算は、実際に受払いされる必要があり、精算されない場合は寄附金として全額が損金不算入とされる(法81の18)。連結法人税の個別帰属額は、連結法人ごとに個別所得金額又は個別欠損金額を計算し、これに連結法人税率を乗じて計算した個別負担額に、連結調整金額(連結同族会社の連結留保税額、所得税額控除、外国税額控除、連結欠損金の繰戻還付のそれぞれ個別帰属額等)を加減して計算する(法81の3、81の18①)。なお、親法人による連結法人税の納付の損金不算入、各連結法人間での連結法人税額の個別帰属額の精算の損金不算入又は益金不算入の規定が設けられている(法38①、③、④、26③、④)。連結子法人には親会社の納付する連結法人税について連帯納付義務が課されている(法81の28)。

NOTE 地方税である法人住民税、法人事業税については連結納税の適用はないが、法人税について連結納税を選択した場合の法人住民税の課税標準は個別帰属法人税額とされ、法人事業税の課税標準は個別帰属益金額から個別帰属損金額を控除した金額とされている(地法23①三、292①三、72の23①)。

4. 連結納税に係る租税回避防止規定

連結納税に伴う租税回避として最も問題とされるのは、既に生じている損失の連結納税への持込みである。このため、連結納税を開始するあるいは新たに連結グループに加入する際には原則として連結子法人の繰越欠損金を連結納税では利用できないこととしている(法81の9②)。

Q61　米国IRCも、わが国と同様、連結子法人の連結加入前の繰越欠損金の連結納税への持込みを制限しているが、その子法人の所得の範囲内で連結開始後も繰越控除することを認めている。これはSRLY(Separate Return Limitation Year)ルールとよばれる。このSRLYルールをわが国でも採用すべきではないかとの議論があるが、その是非についてどう考えるか。

同様に、連結子法人が含み損益を連結納税に持ち込むことを制限するため、連結加入前の連結子法人の資産の時価評価の規定が設けられている(法61の11)。この点については既に第2編第2章第2節2(7)「連結納税開始、加入等に伴う資産の時価評価」のところで説明したところであるが、連結子法人は、最初の連結納税事業年度開始の日の前日の属する事業年度(直前事業年度)が終了するときに有する時価評価資産(一定の固定資産、土地、有価証券、金銭債権および繰延資産)について時価評価を行い、その損益を当該直前事業年度の損益として計上することが求められる。ただし、時価評価資産の対象からは、1単位あたりの含み損益が少額(1,000万円未満又はその法人の資本金等の額の2分の1未満)な資産、棚卸資産(土地等を除く)、完全支配関係成立後でかつ連結前5年以内に圧縮記帳の適用を受けている減価償却資産、売買目的有価証券・償還有価証券等が除外されている(法令122の12)。また、連結開始の5年前から継続して完全子法人であった法人および5年前より後に新設し継続して完全子法人である法人、株式移転・株式交換に係る完全子法人で一定の要件を満たすもの、一定の適格合併・合併類似適格分割型分割に係る完全子法人等は、時価評価の対象外とされる(法61の11①、61の12①)。

また、特定株主等によって支配された欠損等法人の欠損金の繰越の不適用(法57の2)は、特定支配を受けた欠損等連結法人についても適用される(法81の9の2)。

NOTE 連結開始時の時価評価資産の具体的な評価方法については、実務上の取扱いルールが統一され公表されている(法基通12の3−2−1)。

さらに連結納税が新しい制度で将来さまざまな租税回避が生み出される可能性があることから、連結法人の行為又は計算で、これを容認した場合には、当該連結事業年度の連結所得の金額又は所得控除額の増加、税額控除額の増加、連結法人間の資産の譲渡に係る利益の額の減少又は損失の額の増加その他の事由により法人税の負担を不当に減少させる結果となると認められるものがあるときは、税務署長は、その行為計算を否認できるとする規定(法132の3)が設けられている。同族会社の行為計算否認規定、組織再編の場合の行為計算否認規定と並んで包括的否認規定とよばれる規定であり、その解釈、運用が今後の課題とされている。

第３節　グループ間取引についての課税

1. 現行の取扱い

グループ企業間取引の問題は、それが市場テストを受けないで行われる点にある。そのためグループ企業間の取引価格は市場であれば形成されたであろう価格から乖離する可能性があり、それによりグループ内の各企業の所得が、市場価格で行われた場合と比べて増減することになる。法人税法は取引を時価（市場価格）で行うべきとする多くの規定を有しており、取引は時価で行われることを一種の公準にしているといえるが、この観点からは、時価から乖離したグループ企業間の取引価格が問題とされる。

NOTE　時価取引原則の適用は、取引価額が時価でないと認められるものについて時価に引き直して所得が再計算されるという側面と、当事者が資産の譲渡等の取引が行われていないと主張する行為についてそれが資産の譲渡等の取引と認定されるあるいは法律に定める一定の要件に該当する場合には時価による取引が行われたとして所得が計算されるという側面とがある。

グループ企業間取引価格の問題に直接対応する税制としては、移転価格税制があげられる。わが国も他の主要国と足並みを揃える形で移転価格税制を整備しており（措法66の４ほか）、法人が国外関連者との間で行った資産の販売、資産の購入、役務の提供その他の取引が独立企業間価格（市場価格と同義）と異なり、その結果所得が過少となっている場合は独立企業間価格で取引が行われたものとみなして課税が行われる。取引相手においても原則として対応的調整が行われ、独立企業間価格を基準にしてグループ内当事者間の取引価格を統一的に修正する一貫性のある税制となっている（移転価格税制の詳細については、第８章第５節１参照）。ただ、わが国の移転価格税制は課税の対象を国際取引かつ法人間取引に限定している。このため、移転価格税制が対応し切れない国内のグループ企業間あるいは法人と株主(法人の役員等を含む)間の取引における取引価格の問題に対しては、法人税法22条２項の無償取引から収益を認識する規定、同法37条の寄附金の規定(あるいは同法34条の役員給与の損金不算入の規定)、同法132条の同族会社等の行為・計算の否認等の規定が適用されることになる。最近は、法人税法22条２項の無償による資産の譲渡又は役務の提供について、以下にみるとおり、適正所得算出説に基づく判例の蓄積が進み、同規定の適用により国内のグループ企業間取引についても適切な対価による取引が求められるようになっている。ただ、対応的調整の規定を欠くことから借方処理が寄附金等の社外流出とされてしまうという問題が残されており、この点も以下に述べるとおりである。

NOTE　法人税法における時価取引原則の規定の例としては、以上のほか、法人が購入、製造等以外の方法(贈与や交換、合併・分割・現物出資等)により資産を取得した場合の取得価額は、「その取得の時における当該資産の取得のために通常要する価額」又はそれに附随費用を加算した額とするものがあげられる(法令32①三、54①六、119①二十五)。

法人税法22条２項の無償取引から収益を認識する規定については既に第２編第１章第２節「益金の意義」で説明したが、多くの裁判例・裁決例を通じてその解釈の統一化が進んでいる。具体例でみると、最高裁判決平成７年12月19日では、法人がその支配株主であり代表取締役である者に対して、近く上場予定の第三者株式を低額で譲渡した事案について、下級審の判断を支持し、法人税法22条２項の適用を認めている。下級審を含めた本事案の判決の中で、裁判所は、①22条２項は、正常な取引を行った者との間の負担の公平を維持するために、無償取引からも収益が生ずることを擬制した創設的規定である、②法人から個人への株式の譲渡により、その株式を保有していたことによる収益が顕在化する、③低額譲渡は無償取引ではないが、当該資産には譲渡時における適正な価額に相当する経済的価値が認められる、したがって無償取引との負担の公平のためにも低額取引について適正な価額との差額が益金の額に含まれるべき、④租税回避目的かどうかとか取引が不合理、不自然かどうか等は22条２項の適用とは無関係である、といった判断を示している。この考え方は、その後のグループ企業間の株式の低額取引事件(最判平成12年６月27日)にも引き継がれており、判例として確立しているように思われる。なお、22条２項の規定は、無利息貸付けや不動産の低額貸付けなどの役務の無償又は低額供与、多額の含み益を有する外国子会社の持分の無償移転(最判平成18年１月24日)、引受権の無償譲渡(最判昭和41年６月24日)などにも適用される。

一方、同じ時価でない取引であっても、共通の株主を有する会社から仕入れた原材料の価額が高額である(高額譲受け)とされた事案(福岡高判平成11年２月17日)では、文理解釈上「無償又は低額の譲渡」とはいえず22条２項は適用できない。この場合は、法人税法37条(又は34条)の規定が適用され、高額部分は寄附金(34条の場合は損金に算入されない役員給与)と認定されることになる。債務超過会社(株式の価値は０)の増資引受け(名古屋高判平成14年５月15日)、高額の経営指導料支払いが問題とされた事案(東京地判平成12年２月３日)についても同様に法人税法37条等の適用事例とされる。このように無償・低額譲渡も高額譲受けも、関連者間の時価によらない取引という点では同じであるのに適用条項が別になるという問題がある。

わが国では、グループ企業間の国際的所得移転の問題に対しては、上に述べた移転価格税制のほか、タックス・ヘイブン対策税制、過少資本税制などが整備されている。ただし、これらはいずれも国内取引とは切り離され、国際取引についてのみ適用される制度として制定・運用されている。これら国際取引にのみ適用される制度のそれぞれの内容については、本編第５章第５節「国際的租税回避防止のための個別的否認規定」で説明を行う。

2. 現行取扱いの問題点

上述した現行取扱いの問題点としては、取引の当事者のそれぞれについて課税処分が行われ、取引全体を通じた適正な課税が考慮されない点があげられる。例えば、無償又は低額で資産が譲渡された事例では、それが時価で行われたものとして譲渡した側に収益が認識される。そのうえで、その収益相当額が取引相手に移転しているとして、譲渡した側の寄附金(あるいはその他の支出)と認定され、結果として、寄附金限度超過額の損金不算入等として課税処分が終わることとなる。こうした処理は、①譲渡した側の課税と別に、資産を受け入れた取引相手もその無償又は低額部分について受贈益として課税されるが(課税時期は資産の再譲渡時期等により異なるが)、その結果、二重課税の問題が発生する、②寄附金課税は一定の限度額の範囲で損金算入を認めるが、これは独立企業間価格に基づく適正な課税が十分に行えないことを意味する、③先にみたとおり、関連者間の時価によらない取引という点では、無償・低額譲渡も高額譲受けも同じであるのに、適用条項が別になるという不自然さがある、さらに④納税者の意識としては、贈与(寄附金)の意思がないのに一方的に寄附金等と認定する処理が行われるため違和感を覚える(裁判例のほとんどで納税者は贈与の意思がないことを主張している)といった問題を生じることになる。この問題を解決するためには、立法措置として、①無償・低額譲渡および高額譲受けについて時価と乖離する部分は損金に算入しないとする規定を設ける、これにより寄附金等と認定することなく課税処理を行うことが可能となる、②取引の相手方に対して対応的調整を可能とする、これにより無償・低額譲渡も高額譲受けもその相手方は取引価格を適正な時価に引き直すことができ二重課税を排除できる、③例えば無償譲渡の事例で譲渡した側に時価で取引が行われたものと擬制した課税が行われたとして、その擬制を完結するために借方処理、すなわち取引相手に移転している利益相当額をどう取り扱うかという問題が生ずる、この利益の取戻しを無税で(寄附金等と認定することなく)行うことができる制度を創設する、④ただし、取り戻さない意思を明確にした場合は、寄附金あるいは相手が株主であれば配当、子会社であれば出資金と認定する、等の措置の導入が考えられる。なお、こうした措置を導入することは、現在の米国が行っている移転価格税制の運用、すなわち移転価格税制を国内・国外を問わず法人間および法人・株主取引に適用することを、わが国においても行うことを意味する。企業のグループ化が進展し、グループ法人に対する適正な課税制度の必要性が増していることから、こうした移転価格税制の国内取引への適用を必要とする状況が醸成されてきているように思われる。

第2章

株主・法人間取引の税務

第1節　出資

1.　株主・法人関係の成立と課税関係

株式会社の場合、会社は設立にあたって株式を発行し自己資本を調達する。この株式との交換で金銭等を払い込む行為が出資であり、株式を取得した者は株主として、議決権行使や法人の獲得した利益の分配を請求する権利を獲得することになる。株主・法人関係の成立である。株主という言葉を用いない出資者・法人関係についても同様である。以下、株式会社を中心に株主・法人関係の税務について考察することとしたい。

この出資という取引は金銭等が流入する法人にとっては資本等取引である。法人税法22条５項の「法人の資本金等の額の増加を生ずる取引」に該当する。一方、金銭等を払い込む株主にとっては等価交換と考えられる。したがって、いずれの側でも原則として課税関係は生じない。ただ、①出資の払込みが金銭以外のものである場合、②出資払込価額が時価でない場合、③増資の場合であって出資の割当てが既存の株主の持分に按分的に行われない場合には、出資した株主に対し、または出資を受けた法人に対し、あるいは株主相互間において、例外的に課税の問題が生ずることになる。

出資に係る課税問題が難しくみえる理由は、出資の方法や株主・法人関係の成立の仕組みが多様であるためと思われる。多様性のその１は、会社の設立に際して株主となる者が金銭だけでなく金銭以外の現物（不動産、有価証券等）で払込みを行うことができることである。会社法の現物出資、財産引受けといった規定は、現物払込みに関連する規定である（会社法28一、二、199①三、207）。合併、分割により合併法人、分割承継法人が新たに設立される場合も、一方で設立される法人に資産等が流入し他方で設立される法人の株式が旧株主に交付されることから設立に伴う金銭以外の現物（資産等）での出資ということになる。株式移転により株式移転完全親法人が設立される場合も同様である。こうした金銭以外の現物での払込みについては、原則として払い込まれる現物の時価評価の問題が発生する。

NOTE 会社設立時だけでなく設立後の増資の場合も現物での払込みの問題がある。また、厳密にいうと増資とはいえないが、法人が、①取得請求権付株式の請求権行使、②取得条項付株式の取得事由の発生、③全部取得条項付株式の取得決議、④新株予約権付社債の新株予約権の行使、⑤取得条項付新株予約権等の取得事由の発生により、その保有する有価証券(取得請求権付株式等)を譲渡し対価として相手法人の株式又は新株予約権のみの交付を受ける場合(有価証券の転換とよばれる)は、いずれも現物での対価の支払いということになるが、一定の条件の下に当該現物の時価評価は行われず、譲渡損益課税が繰り延べられている(法61の2⑭)。相手法人が自己株式を取得する場合についてのみなし配当課税も行われない(法24①四括弧書き)。会社法の規定に適合させる趣旨と説明されている。

その2は、法人設立後の増資に関するものである。増資は法人の増資決議により行われるが、その方法は、既存株主持分に対する按分的割当増資のほか、第三者割当増資、法人が保有する自己株式の有償譲渡、転換社債の転換、新株予約権の行使、株式交換・合併・分割等の組織変更に伴う株式交付など、多様である。何らかの対価関係を伴って株主等が株式を新たにあるいは追加して取得する場合が広く増資に含まれる。その際、時価以外での取引あるいは既存の株主持分に対する非按分的取引を通じて当事者間で利益の移転が生じ、課税関係が発生する場合がある。

このうち特に新株予約権については、当該予約権が付与されたときに予約権(オプション)という一定の経済的利益の発生(移転)が認められるとともに、その権利の行使があって初めて当該株式についての株主・法人関係が成立することになるという特徴がある。このため、新株予約権を付与された者、付与した者の双方について、新株予約権付与時の課税関係および権利行使時の課税関係が問題となる。この点について租税法では、新株予約権付与時の価値を正確に測定することが難しいことから、原則としてその時点では付与された者への課税関係を発生させず権利行使時に課税関係を処理するという考え方が採用されている(所令84、法54)。一例として、新株予約権を付した社債である新株予約権付社債(社債全額償還型)のケースをみると、発行法人側では、その発行時に払い込まれる金額を社債として負債の部に計上する。その後権利が行使された時点で、その社債権者に新株又は自己株式を交付するとともに、既に計上してある負債と権利行使時に新たに払い込まれる金額を合計して資本金等の額に振り替える処理をすることになる。新株予約権付社債保有者の当該株式に係る株主・法人関係はこの権利行使時に成立することになる。

さらに、新株予約権等の取得者についてみると、権利行使時にその実現した経済的利益について課税されるのが原則であるが、政策として、権利行使時の課税を一定の条件の下に繰り延べ、将来その株式を譲渡した時に、その株式に伴う一切の利益を譲渡所得として課税するという特例が認められている(措法29の2)。

ここで広義の新株予約権としては、会社法に定める新株予約権(会社法236①)、旧商法に規定する新株引受権(旧商法280の19②)および旧商法に規定する株式譲渡請求権(旧商法210の2②三)が併存している。法人税法上は、①こうした新株予約権を与えられた者がその権利を行使した場合の発行法人側の処理および②当該新株予約権が給与等の支給に代えて支給したものである場合の法人側の損金処理の方法が問題となる。このうち①の問題について、狭義の新株予約権および新株引受権は、法人の資本金等の額の増減を生ずる取引として(法令8①一)資本等取引とされるので、法人に損益は生じない。また、株式譲渡請求権の場合も自己株式を譲渡することになるが、自己株式は有価証券の範囲から除かれており(法2二十一)、その譲渡は資本等取引に含まれる(法令8①二)。したがって、法人の損益には影響しない。さらに、新株予約権が行使されず消滅した場合も、それを益金には算入せず(法54③)、新株予約権を発行する場合に払込額が当該新株予約権の発行時の価額と相違してもその相違額は損益には影響させない(法54⑤)。新株予約権の発行あるいはその行使に伴う処理のすべてを資本等取引とする考え方が採用されているといえる。

また、②の問題については、給与等に代えて新株予約権の交付を受けた者が、その権利を行使した結果として給与等の所得に係る収入金額が生じたことになる日に、法人として、給与等の損金の額を計上することとしている(法54①)。法人の費用計上の日と個人に給与等課税事由が生じた日を一致させるという考え方に基づいている。したがって個人に給与等課税事由が生じないときは法人において損金を計上することはできない(法54②)。ただし、当該損金計上の場合に法人が損金に計上する金額は、新株予約権の発行が正常な取引条件で行われた場合には、新株予約権の発行時の価額に相当する金額とされている(法令111の2③)。これは、給与等の費用となる額が株価の変動により左右されることを避ける趣旨と考えられるが、「正常な取引条件」とは何かという問題が残されている。

なお、株式譲渡請求権の場合は、法人が自己株式をいったん取得してこれを譲渡することから、権利行使価額が権利付与日の価額を下回る場合、その下回る金額は有利に株式を請求する権利を与えられた者への経済的利益の供与ということになる。そこで、この下回る額を計算上役員又は使用人に対する給与の額とみなしたうえで、平成18年度改正前の役員給与の損金不算入等の規定(旧法34～36の3)を適用した場合に損金とならない金額に相当する金額は、権利の行使により自己株式を譲渡した事業年度において益金に算入することとされている(法令136の4)。

NOTE ストック・オプションは、平成９年の商法改正で導入され株式譲渡請求権、新株引受権として認められていたが、平成13年の商法改正で新株予約権に統一されている。課税上は、本文でみたとおり、当初から①その付与時には課税せず行使時に課税する(ただし、それが一時所得か給与所得かで多くの裁判例がある)とともに②自己株式を用いる株式譲渡請求権方式の場合は法人が取得・交付する自己株式を有価証券として行使時に法人側に譲渡損益を発生させる、としてきた。その後、③権利を行使する個人の側では、平成10年度の税制改正ですべての業種を対象として一定の条件に適合するストック・オプション行使時の経済的利益への課税を繰り延べ、取得した株式の譲渡時に譲渡所得として課税する制度を創設し(措法29の２)、④権利を付与する法人側では、新株予約権が資本等取引であることを明確にするとともに自己株式を有価証券の範囲から除外して(法２二十一)株式譲渡請求権の場合も法人側に損益が発生しない取扱いとし、加えて⑤新株予約権の付与が給与等の費用の支出に代えて行われる場合の損金の計上に関する規定(法54)を整備している。こうした制度の変遷の中で、本文にある株式譲渡請求権あるいは株式引受権に関する部分は、一種の経過規定とみることができる。

Q62　新株予約権に関し、企業会計はインセンティブ報酬としてのストック・オプションについては、その付与時に費用計上することを求めている(平成17年12月27日企業会計基準第８号、同適用指針第11号)。また、会社法も、有利発行かどうかを判定する必要があるため、新株予約権の付与時の価値は測定可能との前提に立っている。

こうした中でも、税務においてもストック・オプションの権利付与時に課税することとした場合、どのような問題が生ずるか。さらに、権利付与時に課税するとして、親会社が子会社役員にストック・オプションを付与した場合の、親会社、子会社の権利付与時の税務上の経理処理はどうなると考えるか。

NOTE　新株予約権を通じた増資は、敵対的買収に対するポイズンピルとしての役割を果たすことがある。例えば、新株予約権の割当てスキームを株主総会で特別決議しておき、20%以上の株式を保有した買収者の登場を引き金として、買収者以外の株主に権利を付与するという仕組みが考えられる。こうした支配権の争いがあるものについては訴訟の対象となりやすく、このため買収防衛策の目的、開示、株主意思、必要性、相当性等の原則を示した指針(経済産業省・法務省共同;平成17年５月27日)が示されている。こうした場合の新株予約権についてもその権利行使時に課税問題が処理されることになる。

その３は株主が取得する株式の多様性である。株式には普通株式のほか特別株式(株式の全部について譲渡制限、取得請求権付、取得条項付等の条件が付された株式)あるいは種類株式(一部の株式について条件が付された株式。会社内に2以上の異なる種類の株式が存在することになる)があり、さらに法人がすでに保有していた自己株式が交付される場合がある。なお、例外的ではあるが、当該法人自身の株式でなく親法人株式等の関連法人株式が交付される場合があるが、この場合は交付した法人ではなくその親法人等との間で株主・法人関係が成立することとなる。

このうち、種類株式は、特別株式と異なり、一部の株式に限って、剰余金の配当や残余財産の分配に差を設ける(優先・劣後株式、トラッキング・ストック等)ことができるほか、議決権制限、譲渡制限、取得請求権付、取得条項付、拒否権付、役員選任権付などの条件を付することが可能である。こうした種類株式が認められたことは、定款による会社自治の広がりを示すものとされ、また、ベンチャー企業にとって資金調達の可能性を高め、株式会社経営の弾力性を増すものと期待されている。種類株式の課税上の問題は、一定の条件が付された株式を普通株式の価額と比較しながらどう評価するかという点にある。定款変更を通じ株式種類を変更し株主の持分価値に変更が生ずる場合などが問題となりやすい。株主の持分価値に対する合理的な評価が行われていない場合は、当事者間での利益の移転が問題となる。

出資への課税の問題を難しく感じるその4として、株式の時価概念の難しさがあげられる。改めて株式の時価ということを考えてみると、法人は払い込まれた資金を株主の期待に応えるように使用する義務を負うが、株主はそうした法人の活動が生み出す利益を期待して資金を拠出する。したがって、株式の価額(時価)は持分から合理的に期待される利益の大きさということになるが、その見積利益としての性格から当然に個々の株主(投資家)によって時価の評価額が異なってくる。このため公開株式については市場が成立し、非公開株式については株式価額(時価)の評価方法やその金額の妥当性が問題とされることになる。いずれにせよ市場価額がない場合は、「合理的に期待される利益の大きさ」を手掛かりに株式の課税上の時価を算定することが必要とされる。また、そうした時価が成立することを前提として、法人が有利発行等により時価でない価額で株主全員にあるいは特定株主に株式を発行した場合は、法人・

株主間あるいは株主相互間で利益が移転することになり課税の問題が生じることになる。

出資の問題を難しく感じるその5は、株主･法人関係は株主間の株式の譲渡･取得を通じても成立･消滅することである。株主は株式の性格から当然に市場を通して又は市場を通さないでその保有する株式を譲渡することができる。株式を譲渡する株主は、原理的には、それまで法人が獲得し留保していた利益(あるいは損失)が取引の対価(株式の時価)に反映する形で株式譲渡益(あるいは損失)を実現することができる。この場合、みなし配当課税は行われず譲渡損益として課税が行われることになる。保有する株式の全部を譲渡した株主は、株主としての地位を失い、一部を譲渡した株主は、株主としての地位が薄まる(利益や残余財産に対する請求権および議決権が減少する)ことになる。一方、株式を購入した者は新しく株主としての地位を獲得するか、既に株主であった者は株主としての地位を濃くする(利益や残余財産に対する請求権および議決権が増加する)ことになる。なお、こうした株主間の時価(市場価額)による株式の譲渡は株主の入替えがあったに過ぎず、法人の資本部分(資本金等の額および利益積立金の額)には影響を与えない。

以下、出資についての課税関係について、①金銭で払い込まれる場合と金銭以外のもので払い込まれる場合とを区分して、②株式の発行価額が時価による場合と時価によらない場合とを区分して、さらに、③(設立の場合を除き)従来の株主持分に按分的に発行される場合と非按分的に発行される場合に分けて、それぞれの場合の具体的な課税関係を考えることとする。

2. 出資の払込みが金銭の場合と金銭以外(現物)の場合

金銭により払込みが行われた場合、原則として、法人は払い込まれた金銭の額を資本金等の額(法人が株主等から払込みを受けた金額と定義される)とし、株主は払い込んだ金銭の額を取得した株式の取得価額とすることになる。払込金額が株式の時価と見合っている限り、いずれの側でも課税の問題は生じない。出資が金銭と株式の等価交換であることを前提にしている。

これに対し、金銭以外の資産(現物)で出資する場合も等価交換であるが、法人は時価取引原則により(法令32①三、54①六、119①二十五)その資産を時価で受け入れる。このため、株主(個人、法人を問わず)は出資した資産の対価としてその資産の時価相当額の価値を持つ株式を取得することになる。資産を時価で受け入れた法人の方は資本等取引であり課税の問題は生じないが、株主の側では資産に含まれたキャピタル・ゲインが実現し譲渡所得課税の問題が生じることになる。法人が出資資産について時価取引原則を採用しているのは、法人の課税所得計算を適正に行うためであり、仮に現物に対し時価を付さない場合は、金銭で出資した株主と現物で出資した株主との間の利益移転の問題が生じることになる。

なお、会社法における株式会社および持分会社(合同会社を含む)、有限責任事業組合法の有限責任事業組合のいずれも、出資の払込みは金銭又は金銭以外の財産に限っており、信用や労務の出資を認めていない。金銭以外の財産がどの範囲まで認められるかが問題となるが、棚卸資産、減価償却資産、有価証券などの有形資産さらに無形資産など、財産価値のあるものが広く含まれると解されている。一方、信用や労務の出資を認めていない点は民法組合の場合と相違している。仮に信用、労務の出資を認めるということになると、信用や役務の時価評価が必要となり、時価相当額の所得が実現したものとして出資者に課税の問題が発生することになる。

さらに、現物による出資の場合は、法人の活動に必要のない資産(役員の別荘など)が現物として時価により出資された場合どうするかという問題がある。課税の観点からは、法人にとって不必要な資産であることが明らかである場合は、その財産の出資は認められず、当該資産に係る減価償却費等が問題とされることとなろう。

ところで現物での払込みに関して議論の整理が必要と考えられてきたものに債務の株式化の問題がある。債務の株式化とは、法人の債権者が自己の保有する債権を現物出資することを意味する。財産価値が認められる債権を出資払込みの対象とすることに会社法上の問題はない(会社法207⑨五)。この取引は、債務を有する法人側からみると債務が消滅して資本が増加することを意味し、他方、債権者側からみると約定金利が得られる債権と将来の法人利益への請求権を有する株式との交換を意味する。こうした取引の性格から債務の株式化はデット・エクイティ・スワップ(DES)とよばれている。

Q63　DESは、例えば企業再生にあたってDESを行おうとする者が、他の債権者に対して分配上劣位に立つことにより再生計画のリスクを負担し、一方将来再生すれば成果を享受できるという点で再生手段としての合理性があるとされる。報道あるいは解説されているDESを伴った企業再生事例をいくつか検討し、債権を出資に振り替えて再建計画を実現した債権者、DESの対象となった法人、DESは行わなかったが再建計画の中で債権の一部放棄に応じた債権者のそれぞれについて、その思惑と課税上の問題点について考察しなさい。

このDESは現物出資される債権の評価が適正に行われれば等価による交換であり課税上の問題は生じない。逆に評価が適正でない場合は等価でない交換となり、その取引を通じて移転した利益に対する課税問題が発生する。特に債権者が不良債権を出資払込みの対象とした場合は当該債権に含まれる含み損が問題となる。法人税法はこの場合の現物出資を受ける法人の立場を明確にしており、法人が自己宛債権(法人にとっては債務)の現物出資を受け自己の株式を交付した場合に増加する資本金等の額は、「払込まれた金銭の額および給付を受けた金銭以外の資産の価額その他の対価の額に相当する金額」、すなわちこの場合はその自己宛債券の時価ということになる(法令8①一)。自己宛債券の券面額と時価との差額は法人の債務消滅益として益金に算入されることになる。ただ、実際にDESが行われるのは会社更生法等の法的整理および一定の私的整理の場合であろうが、こうした場合に債務消滅益が課税されることは企業再生の妨げとなるおそれがあることから、会社更生法等に基づく債務免除等(消滅を含む)に該当する場合は法人の繰越欠損金(期限切欠損金を含む)の損金算入が認められている(法59①一、②一)。

一方、債権を現物出資する債権者側では、子会社等の事業関連性を有する者への債権を株式に代えるだけで時価評価が行われるということになると、評価損あるいは貸倒損失の計上ルールを容易に免れるといった事態が生じる。このため合理的な再建計画等による場合に限って、子会社等に対する債権の身代わり株式について時価で計上し譲渡損を損金に算入することを認めている(法基通2－3－14)。この場合、合理的な再建計画等によらないで債権を現物出資し株式を取得した場合の取扱いが問題となるが、株式を取得した法人の側ではその取得価額を時価としたうえ（法令119①三）、債権の簿価との差額については子会社等への寄附金とされる可能性がある。

ただし、適格現物出資となる場合（たとえば100%子法人への債権の現物出資）には、債権者側では債権に係る譲渡損益が発生しないことに留意が必要である。

なお、擬似DESとよばれるものがある。これは、債務を有する子会社等がいったん債務を弁済した後、債権者である親法人等がその弁済された金銭により第三者割当増資に応じるというもので、結果として債権者の債権が有価証券（株式）に転換されることになる。最初に債権者である法人が金銭出資を行い、その出資された金銭を弁済資金に充てた場合も同様である。この場合、債権者側、債務者側のいずれにも直ちに損益を生じさせないこととすると、債権者側が取得した株式を他に譲渡して譲渡損失を計上した場合は、債権の評価損あるいは貸倒損失の計上ルールを免れることになる。この擬似DESに対しては、増資払込みにより取得した株式について、その株式の発行法人が債務超過の状態にあったとしても法人税法施行令68条二号ロの評価損の計上は、その増資から相当の期間を経過した後において改めて債務超過等の事実が生じたと認められる場合を除き、実務上認められないこととされている（法基通9－1－12）が、さらに進んで債権者が取得した有価証券（株式）の取得対価が時価として適切であるかどうかが検証されるべきであろう。時価を超える対価で取得している場合は寄附金課税の問題が生じることになる。ただ、問題の本質は、不良債権の評価損を適切に行うことにある。擬似DESについても、合理的な再建計画等に基づく不良債権処理の一環とすることで寄附金課税を免れることとすべきであろう。

Q64　債務超過状態にある子会社Ｂ社に対し不良債権を有していたＡ社が、Ｂ社の増資を引き受け金銭を払い込み、Ｂ社はその金銭でＡ社に対する債務を弁済した。その後、Ａ社は取得したＢ社株式を他に譲渡して譲渡損失を計上した。この取引のどこが課税上問題か。次の裁判例を参考にしながら考察しなさい。

①東京地裁平成12年11月30日判決、②福井地裁平成13年１月17日判決。

3. 出資の払込価格が株式の時価である場合と時価でない場合

出資は株式と金銭等の等価交換であり、株式は時価で発行されることが原則と考えられている。その例外として、以下にみるとおり、払込みが金銭でなく現物で行われる場合で受入価額が時価を下回るケース(株主にとって不利発行)があげられ、また株主の全部又は一部に対し時価と異なる有利な価額で株式が発行されるケース(株主にとって有利発行)があげられる。

まず現物で払込みが行われた場合、資産の時価が法人の受入価格(増加する資本金等の額)と相違する場合がある。現物出資資産の時価を超えた受入れは資本の希薄化を招くため認められないが、会社法は時価未満での受入れについては認めている。したがって、法人が時価未満で現物を受け入れた場合の課税上の処理が問題になるが、法人税法ではすべての現物資産を時価で受け入れる処理を行うことになる(法令32①三、54①六、119①二十五)。時価と帳簿価額の差額は、資本金等の額に加算される。一方、払込みを行った株主側では、低額譲渡として個人株主であれば所得税法59条のみなし譲渡、法人株主の場合は寄附金課税(国際取引であれば移転価格税制)の問題が発生する(名古屋高判昭和48年12月6日、東京高判昭和51年11月17日)。

次に、有利発行のケースについて考えてみると、それは時価に満たない価額での株式の発行(自己株式の交付も含む)といえる。時価が成立していることが前提であるので、通常は既に株式が発行されている法人の増資の場合が想定される。課税上は、原則として有利発行による利益移転を損益取引として捉え課税処理が行われることになる(これが原則であるが後述するとおり株主に按分的に有利発行する場合は課税が繰り延べられる)。株式を交付された株主の側では、時価により当該株式を取得したとされ(法令119①四)、払込金額と時価との差額は適正な対価なしに株式を取得した利益として課税される。すなわち、株式を有利取得した株主が法人であれば受贈益、個人であれば所得等(給与、一時、雑等)とされる。ただし、株式を発行する法人側の課税処理は必ずしも徹底しておらず、一般的には資本等取引として処理されている。

こうした有利発行の場合の課税処理のあり方について、少し掘り下げて考えてみると、有利発行が既存の株主に対して行われる場合は、その有利さの範囲で法人利益の株主への分配と捉えることができる。有利発行を受けた側では株主たる地位に基づき法人から得た利得であるので利益の配当として取り扱い、有利発行した法人の側では資本等取引とするのが本来の課税のあり方として妥当でないかと考えられる。その場合、有利発行を行う法人側の会計処理としては、発行又は譲渡する株式の時価で資本金等の額を増加したうえ、有利部分が配当と考えられる場合には利益積立金額を減額し、配当以外の分配であれば資本金等の額を減額することとなろう。現行の租税法解釈の範囲内で上述した取扱実務を変更することが可能かどうか、あるいは立法的に解決を図る必要があるかどうかについて検討が行われるべきと思われる。なお、有利発行が株主の一部についてのみ行われる非按分的な発行の場合は、後述するとおり株主間での利益の移転の問題が発生する。

NOTE 会社法は、既存株主の利益保護のため、株主以外の者に対する「特に有利な払込金額」による新株発行については、株主総会の特別決議が必要としている(会社法199③、200②、201①)。何が「特に有利な払込金額」に該当するかについては争いがあるが、法人税法は株主以外の者が有利な発行価額で取得した有価証券の取得価額は時価としており(法令119①四)、実務では時価との差額10%相当額を有利発行の1つの目安としている(法基通2−3−7)。

4. 出資が株主持分に按分的である場合と非按分的である場合

既存株主がいる場合、それぞれの株主は議決権の行使あるいは法人利益の配分を請求する権利において一定の持分を有している。有利発行を含め増資あるいは法人利益の分配が行われる場合には、原則としてこうした個々の株主の持分に対し平等に行われるのが原則であり、これは株主平等原則とよばれている。個々の株主に平等に、すなわち株主の持分に按分的に有利発行が行われた場合、株主が払い込んだ金額(無償交付の場合は0)がその株式の取得価額となり(法令119①二、三)、有利発行ではあるが出資者への課税繰延べが認められている。この取扱いは不利発行にも適用される。なお、法人側では資本等取引であるので課税はない。すなわち、株主の持分に按分的に株式を発行する限り、租税法はその時点での損益を認識しない取扱いをしているということができる。法人が有利、不利どのように株式を発行しても、既存の株主の持分の相対的権利関係は変化しないためである。

これに対して非按分的な株式の発行が行われた場合には、既存株主の持分について価値の移転が生じることになる。このためこうした持分の価値の移転を課税上どう捉えるかという問題が発生する。有利発行が一部株主のみを対象に行われた場合、有利発行を受けなかった株主から有利発行を受けた株主に対する贈与と判定される可能性がある。裁判例では、同族会社の増資にあたって従前の出資割合と異なる割当てがなされたため出資持分の価値に変動を生じた場合に、相続税法９条（みなし贈与）が適用されその価値の増加した者は価値の減少した者からその価値増加に相当する金額の贈与を受けたとみなされている（最判昭和38年12月24日ほか）。また同族会社が特定の株主から資産の低額譲渡を受けた場合には、その会社の他の株主がその資産の譲渡者からそれぞれの株式の価値の増加に相当する金額の贈与を受けたとみなされた裁判例もある（大阪地判昭和53年５月11日）。発行済株式の100％を支配する株主（法人）が子会社の株主総会決議に基づく第三者割当増資を通じて株式保有割合を大幅に低下させ、もって保有する株式に帰属する経済的価値を関係する第三者に移転した最高裁平成18年１月24日判決も、非按分的出資（増資）が問題とされたものである。

ただ、これらの判決はいずれも同族会社に関わる事例で、同族関係にある当事者間の贈与意思が比較的明確に推認される事例に限られている。非按分的な出資を通じた株主間の持分の価値の移転に対して、どの範囲で、またどの時点で、株主同士での贈与としての課税（株主が法人であれば一方は寄附金、他方は受贈益としての処理）を行うかについては、前提としてそれぞれの株主の持分価値に当該非按分的な出資がどのような経済的影響を与えたかを考慮する必要がある。例えば非按分的な株式有利発行が対象となった人の労働意欲を高めそれを通じて株価を押し上げる可能性がある、といった場合には、単純に有利発行の対象とならなかった株主から対象となった株主に利益が移転したと考えることは難しい。非按分的ではあるが対象とならなかった株主にも経済的利益をもたらすといった合理的理由がない場合に限って、株主間での持分価値の移転に対する課税が検討されるべきであろう。

第2節　清算以外の法人財産の分配(配当と一部償還)

1. 配当と一部償還の区分の必要性

清算以外の法人財産の分配は、法人の解散·清算を通じた残余財産の分配以外で、株主に対し株主としての地位に基づいて法人から金銭や資産(現物)の分配(交付)を行う取引である。法人から株主への金銭等の分配には、法人が獲得した所得の分配の性格を有する場合と法人の資本の減少に伴う金銭等の払戻しの性格を有する場合とがある。法人税法22条5項の規定でみると、前者は「法人が行う利益又は剰余金の分配」、後者は「法人の資本金等の額の減少を生ずる取引」に該当することになる。

いずれにせよ分配を行った法人の側では、株主·法人間取引として資本等取引に該当し、分配により流出する金銭等の金額は損金に算入されない。流出した金銭等の額に対応して利益積立金の額又は資本金等の額を減少させることになる。ただ、金銭以外の現物が分配される場合に限っては、時価取引原則の適用に伴い分配を行う法人に譲渡損益課税の問題が発生する。

NOTE　剰余金の配当は金銭で行われるのが原則であるが、会社法は剰余金の配当について金銭以外の現物配当を認めている(会社法454④)。ただし、株主に金銭分配請求権を与えない場合は株主総会の特別決議を要する(同309①十)。現物配当について、租税法では、原則として配当法人の側に譲渡損益課税の問題が生じるので留意する必要がある。

一方、金銭や現物を分配された株主の側では、それが法人利益の留保部分の分配に該当するか資本原資の払戻しに該当するかで課税関係に相違が生ずる。金銭等の交付が利益の留保部分の分配である場合は配当とされ、原則として全額(現物分配の場合は時価で受け入れたうえ)が課税対象になる。課税にあたっては、法人株主に対する受取配当益金不算入(法23)、個人株主に対する配当税額控除(所法24)、源泉徴収(所法181)などの適用がある。これに対し、金銭や現物の分配が資本原資の払戻しに該当すると判断されれば、分配された金銭等から当該株式の取得価額(帳簿価額)を控除し差額が株式譲渡損益として課税を受けることになる。このように課税上の差が生ずるので、分配された金銭等を、利益の留保部分の分配の性質を持つものとそうでないものに切り分けることが重要となる。

ところで会社法においては、会社が行う清算以外の法人財産の分配の総額に統一的に財源規制をかける考え方がとられているものの、剰余金の配当の原資について利益の留保部分と資本原資とを厳格に区分する考え方が採られていない。このため両者を厳格に区分する法人税法との間で、法人の資本の部の各項目の金額に関して乖離が生じることになる。この点については、①法人の利益留保部分の分配である配当と株主の払い込んだ資本金等の額の払戻しとを区分する必要のない会社法と、区別が必要な法人税法とでは、法人の内部に留保しているとされる金額(法人税法では利益積立金額)に相違が生ずるのはやむを得ない、②法人税法では、利益積立金額は法人税課税済みの内部留保で株主段階での課税が未済の金額として把握される、このため法人の配当についてはみなし配当を含めすべて利益積立金額を減額する処理を行う、逆に配当でないものについては利益積立金額の取崩しを行わない、③会社法と法人税法の純資産(資本)の部の調整は、法人税法において独自に「利益積立金」および「資本金等の額」を増減することで行う、という考え方が採られている。

2. 配当――法人の利益留保部分の分配

配当は法人の行う利益の留保部分の分配である。配当が行われることは、その範囲で法人の利益が現在の株主等のものとして確定し、将来の株主等に分配されないことを意味する。こうした配当とされるものの定義、範囲等については、法人税法23条１項に「配当等」として、また同法24条１項に「みなし配当」としてそれぞれ規定が置かれており、これらが法人税法における「配当」に関する定義規定となっている。これらの規定について少し掘り下げて考察することとしたい。

(1)「配当等」の範囲(法人税法23条1項)

法人税法23条1項で「配当等」とされるのは、①剰余金の配当(株式・出資に係るものに限り、資本剰余金の額の減少に伴うものおよび分割型分割によるものを除く)、②持分会社からの利益の配当(分割型分割によるものを除く)、③協同組合等からの剰余金の分配(出資に係るものに限る)、④資産の流動化に関する法律115条2項(中間配当)に規定する金銭の分配、⑤公社債投資信託以外の証券投資信託の収益分配金額のうち2分の1に相当する金額(50%超を外貨建資産又は株式以外の資産で運用するものについては4分の1又は0)(法令19の2)である。このうち①〜③には、中間配当、金銭以外の資産をもってする配当、優先配当、法人課税信託の収益の分配などが含まれる。

会社法で違法とされる配当や自己株式に対する配当も対象とされる。ただ、会社法の規定による建設利息の配当、保険業法による基金利息、保険会社の契約配当金、協同組合等の事業分量配当金等、特定目的会社の支払う配当など、支払法人において損金となるものは対象とはならない。

この「配当等」の中心は、「剰余金の配当」である。従来は「利益の配当」の語が用いられており商法の「利益の配当」の借用概念と考えられていたが、会社法で株式会社の株主に対する会社財産の払戻しについて、利益剰余金を原資とするものおよび資本剰余金を原資とするものを併せ「剰余金の配当」とされたことから、考え方の整理が必要とされる。法人税法の「剰余金の配当」は会社法の「剰余金の配当」の借用概念と考えられるが、「資本剰余金の額の減少に伴うもの等を除く」との定義が追加されている(法23①一)。このため会社法上の剰余金の配当のうち、資本剰余金以外の原資(すなわち利益剰余金)によるもののみが法人税法上の「剰余金の配当」の額とされることになる。会社法上の払戻原資の違いにより、法人から株主等に対する金銭等の交付を、所得の分配か資本原資の払戻しかに区別する考え方が採用されていることになる。

(2)みなし配当の範囲(法人税法24条1項)

法人から株主に金銭等が交付される場合で、その原資が利益剰余金によるものであるときは、前記(1)の「配当等」に該当する。しかし、金銭等交付の原資が資本剰余金によるものであっても、一定のものについては「配当等とみなす」取扱いが定められている（法24①、②、③、法令23）。

みなし配当とされるのは、①合併（適格合併を除く）、②分割型分割（適格分割型分割を除く）、③資本の払戻し（分割型分割によるもの以外で資本剰余金の額の減少に伴うものに限る）又は解散による残余財産の分配、④自己の株式又は出資の取得（市場における購入、取得請求権付株式の請求権の行使による取得等を除く）、⑤出資の消却（取得した出資について行うものを除く）、出資の払戻し、社員等の退社・脱退による持分の払戻しその他株式又は出資を発行法人が取得することなく消滅させること、⑥組織変更（当該組織変更した法人の株式又は出資以外の資産を交付したものに限る）の事由により、株主等が金銭その他の資産の交付を受けた場合である。法人税法は、こうした場合の金銭等交付の原資は、その交付の時の法人の資本構成（資本金等の額と利益積立金の割合）に機械的に対応させる考え方を採用している。そのうえで、原資が利益積立金の減少に対応するものは配当（みなし配当）とし、原資が資本金等の額の減少に対応するものは資本の払戻しとされる。

この機械的な割振りはプロラタ方式とよばれるが、具体的には、みなし配当とされる金額は、「交付された金銭等の合計額」が「当該法人の資本金等の額のうちその交付の基因となった当該法人の株式又は出資に対応する部分の金額」を超える額とされている（法24①）。また、この「株式又は出資に対応する部分の金額」については、法人税法24条１項に掲げる事由ごとに対応する資本金等の額を発行済株式等の総数で除し、これに株主が保有していた株式の数を乗じて計算することとしている（法令23①）。みなし配当とされた法人の側の借方処理としては、「株式又は出資に対応する部分の金額」は資本金等の額を減少させ（法令８①十六、十九、二十）、それを超える部分は利益積立金を減少させることになる（法令９①六～八）。なお、発行法人は、１株あたりのみなし配当の額等を株主等に通知しなければならない（法令23④）。

上述のみなし配当の定義からわかるとおり、株主等に金銭等の交付がない場合はみなし配当とはされない。ただし、その例外として、合併法人の抱合株式（合併法人が合併直前に有していた被合併法人の株式・出資又は被合併法人が合併直前に有していた他の被合併法人の株式・出資）がある。抱合株式に対しては、当該合併による株式の割当て又は株式以外の資産の交付がなかった場合にも、株式の割当て等があったものとして、みなし配当課税が適用される(法24②)。

みなし配当の規定は、資本原資の払戻しか配当かの区分が明確でない場合の法人からの金銭等の交付について、利益の配当と資本原資の払戻しを課税上厳密に区分する法人税法の考え方を基礎として定式的な処理方法を定めたものといえる。なお、この規定の適用から適格合併、適格分割型分割に伴う被合併法人株主等への合併法人株式等の交付が除かれているが、これは被合併法人等の利益積立金が合併法人等に引き継がれ、みなし配当が生じないためである。一方、公開買付けに応じた個人株主に対する株式譲渡の対価として受け取る金銭等(措法9の6)、相続財産として取得した非上場株式を一定期間内にその非上場会社に譲渡する場合に受け取る金銭等(措法9の7)についても、みなし配当の規定を適用しないこととしているが、これらは政策上の配慮によるものである。

NOTE プロラタ方式と異なる考え方として、法人に利益積立金額がある限り株主への経済的利益供与はすべて利益の配当に該当するとする考え方がある。米国IRCはこの考え方を採っている(IRC316、規則1.316−1〜1.316−2)。参考のため米国の例をみると、内国歳入法典に基づきあるいは解釈として、法人の株主に対する次のような行為は、E&P(利益積立金に相当)がある限りすべてみなし配当とされる。a)資産の低廉譲渡、b)債務引受け、c)株主所有の航空機を100%子会社にリースすること、d)関連法人間の資金の移転、e)子会社による親会社株主への自己株式引受権の付与、f)その他経済的利益の供与。

NOTE 法人が利益を資本に組み入れ、増加した資本の金額に相当する株式が発行され株主に交付される取引は、株式配当とよばれてきた。現在、会社法は、これを利益の資本組入れ(会社法450、451)と株式分割(同183)が同時に行われる取引と位置づけている。法人税法においては、金銭等の交付がないためみなし配当課税は行われない。そこで会社法に基づき利益の資本組入れがあっても法人税法上は利益積立金を減少させず、資本金以外の資本金等の額を減額させて対応することとしている。この法人税法上の処理は配当課税の繰延べとみることができる。

ただ、同じく株式配当を非課税とする米国においては、a)株主間に不均衡な分配、b)転換優先株式の分配、c)優先株式に係る配当、d)法人の資産又はE&Pに対する比例的持分を増加させる取引(転換比率の変更など)、e)株式の代わりに金銭を受け取るオプションのある株式配当等は、いずれも課税される分配とみなしている(IRC305)。

3. 配当と利益積立金の関係

先に述べたとおり、法人税法は利益積立金額を「法人の所得の金額で留保している金額」と定義し(法2十八)、その細目を政令(法令9)に規定している。この留保された法人所得の金額は株主の持分であり、株主に対し配当されるべきものである。このため利益の配当と利益積立金額の増減は厳格に対応することになる。法人税法施行令9条によりこの点を確認することとしたい。

まず、①法人の各事業年度の所得の金額が利益積立金とされる(法令9①一イ)。欠損金額が生じた場合はマイナスの利益積立金となる(法令9①一ト)。これに対し、②法人税が非課税のため各事業年度の所得の金額に算入されなかった受取配当等や法人税等の還付金の額は法人の留保金額を構成するため利益積立金に加算される(法令9①一ロ、ハ)。同様に法人の損金の額に算入されたが留保金額を減少させない繰越欠損金の損金算入額も加算する(法令9①一ニ)。このほか、利益積立金の加算項目としては、③他の法人からの利益積立金の引継ぎ(適格合併の場合の合併法人、適格分割型分割の場合の分割承継法人)(法令9①二、三)あるいは、④連結納税の場合の連結子会社の離脱や連結納税の中止に伴う利益積立金の調整(連結子会社株式の譲渡・評価換え等の場合、連結法人が連結納税を離脱もしくは連結納税を中止する場合)(法令9①四)等があげられる。一方、⑤法人税等の支払いや利益の配当等の支払いが生じた場合は法人の利益が社外に流出して利益留保額を減少させるため、利益積立金の金額を減少させる(法令9①一チ、同七)。⑥みなし配当を行った法人が引続き法人格を維持している場合も同様にみなし配当分だけ利益積立金を減少させる(法令9①八～十)。また、⑦適格分割型分割により分割承継法人に引き継ぐ利益積立金の額は、当然のことながら、分割法人においては利益積立金の減算項目となる(法令9①十一)。

なお、法人が損金とならない寄附金や交際費を支出する等、何らかの理由で利益を社外流出させた場合にも利益積立金は減額される(法令9①一本文括弧書き)。

以上のように、利益積立金は、法人が事業活動を通じて獲得した利益の社内留保額を示すものであり、株主に対する配当はみなし配当を含め利益積立金の減少額と密接に対応する。このことは逆に株主との関係で利益積立金が減少すれば、それは配当(みなし配当を含む)と考えることが可能か、という問題を提起する。旧商法では、利益や利益準備金の資本組入れが可能とされていたことから、これに合わせて法人税法上の利益積立金を減額した場合、以前はみなし配当とされていた(平成12年以前の旧法24②)。利益をもってする株式の消却、利益積立金の資本等への組入等が行われた場合、株主は金銭等の交付は受けないが持分の実質的な増加があり、その経済的利益は利益の配当が行われたのと変わらない、と考えられるためである。しかし、個人株主にとっては金銭等の収入がないのにみなし配当課税が行われること、一方で法人株主にとってはみなし配当が益金不算入となるのに加え、持分である株式の帳簿価額が増額されて将来の譲渡益を減少させる等の問題が指摘されたことから、平成13年度改正で、みなし配当は、「金銭その他の資産の交付を受けた場合」に限定されることとなった(法24①)。ただ、その一方で、利益の資本組入れが行われた場合はそのことを利益積立金の額には影響させず、資本金等の額の減額により対応することとしている(法令8十五)。こうすることで利益の資本組入れは課税上の取扱いと遮断され、法人税法上は利益積立金と将来の配当課税との関係を維持することが可能となっている。新しい会社法の下で会社計算規則(48~52)は、利益と資本の振替えを認めないとしているが、この問題についての租税法上の考え方の整理が会社法と切り離した形で明確化されたものと評価できる。

4. 一部償還——出資資本の払戻し

法人は何らかの理由で株主の持分である資本原資の一部を株主に払い戻すことがある。払戻しは金銭等の交付により行われるが、こうした払戻しは法人の資本金等の額が減少する取引であるので資本等取引に該当する。したがって、資本原資の払戻しを行う法人側では課税関係は生じない。

また、株主の側でも、払い込んだ資本の払戻しを受けるものであるので本来は課税関係が生じないはずである。ただし、既にみたとおり、こうした株主への法人からの金銭等の交付は、みなし配当に該当する部分と資本原資の払戻しに該当する部分とに切り分けられたうえ、資本原資の払戻しとされた部分については、株主が当該払戻しに相当する株式を法人に譲渡して金銭等の交付を受けたと考えられることから、株式譲渡についての譲渡損益課税が行われることになる。この譲渡損益がなぜ発生するかについてはさまざまな要因が考えられるが、基本的には当該法人がまだ配当していない利益留保額(プラスとマイナスがある)およびその将来収益予測を反映したものと考えられる。ただし、資本の払戻し(分割型分割によるもの以外で資本剰余金の額の減少に伴うものに限る)又は解散による残余財産の一部の分配として金銭等の交付を受けた場合は、譲渡の対価の額は払戻等の直前の帳簿価額とされているので(法61の2⑰、⑱)、この場合の課税は繰り延べられる。投資が継続していることに配慮した措置と考えられる。

なお、法人は資本原資の一部償還を行わず無償で減資を行うことがある。通常、減資と同時に、株式の併合又は消却(強制消却)が行われる。この場合、併合、消却された分だけ1株あたりの取得価額が増額され(帳簿価額の付替え)、取得価額の総額は変わらない。課税上は株主に対する資産等の分配がないので何らの問題も生じない(ただし、後述するとおり資本金等の額の修正を行う場合がある)。

さらに単純な資本原資の払戻しではないが、株主に一定の対価の支払いがあり、それに伴って株主がその株式を手放すあるいは当該株式が無価値になる場合があり、そうした場合も資本原資の払戻しと同じ課税処理が行われる。法人が自己株式を株主から取得する場合がこれに該当し、また組織再編に伴って被合併法人や分割法人の株主が旧株の無価値化の対価として合併法人あるいは分割承継法人の株式を取得するといった場合もこれに該当する。

このうち自己株式については、法人によるその取得、保有、処分のそれぞれの段階で問題があるので以下に別途説明することとしている。一方、組織再編のうち合併および分割型分割の場合は、被合併法人あるいは分割法人の株主の当該組織再編に係る旧株が無価値化し(持分の減少)、その対価として合併法人あるいは分割承継法人の株式や金銭等を受領するので、当該株主についてみなし配当課税、株式譲渡損益課税の問題が発生する（法24①一、二、所法25①一、二）。ただし、当該法人の株式以外の資産が分配されない限り譲渡益課税は行われない。適格であれば、みなし配当課税も行われない。

NOTE　米国IRCは、a）償還の結果、株主の議決権割合が減少するような株主に不均衡な償還、b）株主がその地位を失う償還、c）株主の支配力、収益や残余財産受取権を減少させる償還等は、配当ではなく交換取引とされる。すなわち課税の繰延べは認められない（IRC302、317(b)）。

5.　償還と資本金等の額の関係

利益の配当に利益積立金が対応したのと同様、償還には資本金等の額が対応する。資本金等の額のうち資本金の額は法人が会社法等の規定の範囲内で任意に定め得る人為的なものであるため、しばしば「資本金の額」と「資本金等の額のうち資本金でない部分」との関係が問題となる。「資本金等の額」については第２編第１章第４節１（２）「『資本金の額』以外の資本金等の額」で詳細に説明したところであるが、例えば、法人から株主に配当以外で金銭等の払戻しがあったにもかかわらず法人が資本金の額を減少させない場合は、資本金の額は変えずに資本金等の額を減少させ金銭等の払戻しを資本金等の額に反映させることになる（法令９①十九）。

このように法人税法においては資本金と資本金以外の資本金等の額の区分は重視されず、それを合計した「資本金等の額」の金額に意味があるという考え方が採用されている（法人税法の立場からみると「資本金の額」は会社法からの借用概念であり「資本金等の額」は固有概念である）。このことは、無償減資（株主には何も交付せず、資本金の額を減少して欠損の補填を行う）の場合、資本金の減額分だけ資本金以外の資本金等の額を増額して「資本金等の額」全体の金額を変化させない取扱いにも表れている（法令８①十三）。

NOTE ただし、法人税法の適用にあたって「資本金の額」が法令適用の基準として用いられることも多い。例えば、資本金(又は出資金)の額が1億円以下の法人に対しては軽減税率が適用される(法66②)。また、租税特別措置法では中小企業者に対して多くの特例が設けられているが、そこでの中小企業者は資本金(又は資本金)の額が1億円以下の法人とされている(措法41の4五、措令27の4⑯)。したがって、試験研究費税額控除の特例(措法42の4⑥)、特定機械装置等を指定事業に供した場合の特別償却等(同42の6)、貸倒引当金の特例(同57の10)、交際費の損金算入(同61の4)、少額減価償却資産の特例(同67の8①)などの適用にあたっては資本金の額が問題とされることになる。なお、寄附金のうち損金不算入とされる限度額の計算にあたっては、資本金の額ではなく「資本金等の額」が基準として採用されている(法令73)。

株主等に金銭等を交付し、それが資本の払戻しであり法人の側で「資本金等の額」を減少させるということは、その資本金等の額の減少に見合う分だけ株主の側で持分を手放したことになる。法人の資本金等の額の減少額は、株主の持分の減少に対し法人から支払われる対価となる。したがって、株主の側では、手放した持分についての譲渡損益の課税処理が問題となる。譲渡損益を計算するうえでは、その対価の妥当性と株主の帳簿価額(取得価額等)をどう把握するかが問題となる。対価の妥当性はそれが時価であるかどうかにより判定するが、時価は市場が成立していない場合や単純に純資産価額で把握することが妥当でない場合に問題となる。例えば、合併や分割を通じた組織再編が行われその後の企業の収益力が向上すると見込まれる場合に、所有株式の全部を手放して株主としての地位を喪失する株主に対していくらの対価を支払うべきか、という形で問題になりやすい。

一方、帳簿価額(取得価額等)は、株式の取得のために個々の株主が支払った対価および取得費用である。ただし、有価証券の取得価額について第2編第2章第1節1(4)「有価証券の譲渡損益(ネット概念)の認識」で述べるような特別な定めが置かれており、一定の調整が必要になる。こうした株式の取得価額の調整は、その後に株式を譲渡する際の譲渡所得の額に反映されるため重要である。取得価額の調整計算は米国IRCの用語を借りて「ベイシスの調整」とよばれることがある。

6. 自己株式

法人が自己株式を取得することは、株主に金銭等を交付してその株式等を手放させる行為であり、実質的に減資と同じ効果を持つ。このため会社法は発行法人が取得した自己株式を資産としてではなく資本の部に資本の控除項目として表示することとしている。法人税法もこれを受けて自己株式を資産である有価証券の範囲から除外し(法2二十一)、発行法人が自己株式を取得する行為を資本金等の額が減少する取引および一定の場合には利益積立金が減少する取引として捉えている(法令8①二十、9①八)。このうち利益積立金が減少する場合のその減少する部分は配当とみなされる部分と一致している(法24①四)。また、発行法人は取得した自己株式を保有することになる(資産としては計上されない)がそれを再度譲渡した場合は対価として払い込まれた金銭等の額を資本金等の額に加算することとしている(法令8①一)。すなわち自己株式の取得・譲渡は資本等取引の定義(法22⑤)に一致することになる。したがって発行法人の側では自己株式の取得・処分を通じて原則として損益が生じることはない。一方、株式を手放した株主(法人株主および個人株主)の側からみると、その株式は有価証券であり、その株式を発行法人に譲渡して金銭等を受領するということになる。この交付を受けた金銭等の一部についてのみなし配当課税とともに当該株式についての譲渡損益課税が行われる。すなわち、税法上、自己株式は、①発行法人にとってその取得、処分は資本等取引である、②発行法人が保有する自己株式は当該法人の「発行済株式」であるが税務会計上の貸借対照表では資本金等の額又は利益積立金の額の減少という形で示される、③自己株式を発行法人に譲渡しあるいは発行法人から譲渡を受ける者にとっては有価証券である、という特殊な性格を有していることになる。

以上が自己株式についての基本的な取扱いであるが、多くの例外規定が設けられている。以下、自己株式の取得、保有、処分のそれぞれについて、発行法人と株主(法人株主と個人株主とで異なる取扱いになることがある)の税法上の取扱いを整理する。

(1)発行法人による自己株式の取得

①原則的取扱い

自己株式を取得した発行法人の側での原則的な取扱いは、取得した自己株式に対応する資本金等の額(法令8①二十では「取得資本金額」の語を用いる。具体的には、取得した自己株式の数に当該法人の取得直前の1株あたり資本金等の額を乗じた額。種類株式の場合は種類株式ごとに計算する)を計算し、その額を資本金等の額から減算することである。すなわちこの金額が株主に対する払戻しの金額(株主の側からみると株式の譲渡価額)ということになる。そのうえで取得の対価として交付した金銭等の額がそれを超える場合のその超える額だけ利益積立金を減額する(この部分は株式を手放した株主に対するみなし配当となる)(法24①四、法令8①二十、9①八)。自己株式の買取りを一部は払戻し、一部は利益の分配と捉えていることを意味している。なお、自己株式取得の対価として交付した金銭等の額が上述の「取得資本金額」に満たない場合は、減額する資本金等の額は実際に交付した金銭等の額に止まり、この場合は利益積立金の減額およびみなし配当課税は生じない(法令8①二十)。

NOTE このように、法人税法上、発行法人による自己株式の取得は株式の消却と同様に取り扱われる。また、法人税法の「自己の株式の交付」の用語には、新株を発行することと既に発行され保有していた自己の株式の譲渡の両方の意味が含まれる。こうした取扱いの背景としては、会社法において新株と金庫株(自己株式)の区分が大幅に緩和されたことがあげられる。

したがって、法人税法上発行法人の側での自己株式の性格(資産でない)と、その取引相手における性格(有価証券)との違いについて留意する必要がある。なお、発行法人が自己株式を取得する場合の附随費用は「対価として交付した金銭等」に該当せず当該法人の損金の額に算入される。

②法人税法24条1項四号括弧書きに定める例外

法人税法24条1項四号は括弧書きで、自己株式の取得がみなし配当課税の対象とならない場合を規定している。法人税法施行令8条(資本金等の額)と9

条(利益積立金額)はこの条項を引用しているので、括弧書きに該当すれば、みなし配当課税が行われないだけでなく、上述した資本金等の額および利益積立金額の自己株式に関する原則的な取扱いも適用がないことになる。

この例外取扱いは３種類に区分できる。第一は、自己株式を相対でなく市場で購入する場合である。証券取引所等の開設する市場での購入および店頭売買登録銘柄の店頭売買による購入がこれにあたる(法令23③一、二)。株式を手放した株主はそれが法人による自社株の取得であることを知り得ない立場にあり、このことがみなし課税を行わない理由とされている。この場合、株主は対価として受領した金銭等のすべてが譲渡損益課税の対象とされ、一方、自己株式を取得した法人の側では対価として支出した金銭等の全額が資本金等の額から減額されることになる。第二は、法人の予期せぬあるいは義務による自社株の取得である。事業の全部の譲受けに伴う取得(法令23③三)、合併・分割・現物出資に伴う被合併法人・分割法人・現物出資法人からの移転(法令23③四)、合併に反対する被合併法人の株主からの買取請求に基づく買取り(法令23③五)、単元未満株式等の規定による買取り(法令23③六)、端株の取得(法令23③七)がこれにあたる。この場合の株主および発行法人における自己株式の課税取扱い等は市場での取得の場合と同様である。すなわち、自己株式の取得価額は対価として支出した金銭等の全額となり、その額が資本金等の額から減額されることになる。また、株式を手放した株主には譲渡損益についてのみ課税が行われる。第三は、同じく24条１項四号括弧書きに定める例外であるが、取得請求権付株式の請求権の行使、取得条項付株式の取得事由の発生および全部取得条項付種類株式の取得決議に伴う自己株式の取得である。これらは事前の株主との合意あるいは手続きに基づく自己株式の取得であり、一定の条件の下にみなし配当課税は行われず譲渡損益についても課税繰延べが認められている(法24①四、同61の２⑪一～三)。

③租税特別措置による例外

法人が自己株式を取得してもみなし課税を行わない取扱いが租税特別措置法に定められている。その１は、上場会社等が公開買付けにより自己株式を取得した場合の公開買付けに応じた個人株主の場合である(措法９の６)。法人の公開買付けを促進させようとする政策を背景としたものであり、個人株主には譲渡損益に対する課税のみが行われる。なお、法人株主の場合はみなし配当課税が行われた方が有利になる場合があること等を理由として、この例外措置は法人株主には適用がない。その2は、相続財産として相続人が相続した非上場株式をその発行会社が自己株式として取得する場合である。みなし配当課税は行われず株主に対し譲渡損益課税のみが行われる(措法9の7)。

NOTE 会社法は、一定の手続き、方法、財源の規制の下で、広く自己株式の取得、保有、処分を認めている(会社法155以下)。このことは一般に金庫株の容認とよばれている。
なお、自己株式の取得に際して本文で述べたような、みなし配当課税に係る例外的取扱いをした場合は、利益積立金の額を減少しない分だけ既存株主に対して将来の配当課税の余地を生む(配当課税の一部転嫁)という問題が指摘される。

(2)自己株式の保有

上述したとおり発行法人は自己株式の取得の段階で資本金等の額あるいは利益積立金の額を減少させるのみであるので、税務上の貸借対照表には自己株式は明示的に示されない。しかし、それは当該法人の「発行済株式」には含まれるので、種々の問題が発生する。

まず、発行法人が保有する自己株式に対して配当を行うことができるかどうかという問題がある。会社法は自己株式に対する剰余金の配当は認めていない(会社法453)。法人が保有する株式を役員等の名前で保有するいわゆる名義株に対する配当にも同じ問題がある。一方、税法はこうした自己株式についても利益の配当があったと認められる場合は配当として取り扱うこととしている。受取配当の益金不算入も認められる。

また、法人税法には「資本金等の額」を適用の基準としている条項があるが、この資本金等の額は当然に自己株式取得時における「取得資本金額」控除後のものということになる。寄附金の損金算入限度額の計算等に影響がある。

同様に、法人税法には「発行済株式の数」を適用の基準としている条項がある。この発行済株式から自己株式を除くかどうかについては個々の条項ごとに除外するかどうかが定められている。

(3)自己株式の処分

発行法人の保有する自己株式は法人税法上の有価証券ではないので、それを譲渡した場合も譲渡損益は生じない。対価として払い込まれた金銭等の額について資本金等の額を増加させる処理を行う(法令8①一)。会社法で自己株式の譲渡を新株の発行と同じとみなしていることと平仄があっている。

なお、その譲渡が以下の場合にはそれぞれ以下に記載した処理を行う。

① 新株予約権を行使した者に自己株式を交付した場合、取得条項付新株予約権又は取得条項付新株予約権が付された新株予約権付社債の対価として自己の株式を交付した場合、合併・分割・適格現物出資・株式交換又は株式移転により被合併法人の株主等・分割法人・現物出資法人・株式交換(移転)完全子法人の株主に自己の株式を交付した場合、非適格現物出資により現物出資法人に自己の株式を交付した場合は、それぞれ法人税法施行令8条1項二、三、五～九、十一、十二号の規定に従い、資本金等の額を増加させる。

② 適格分社型分割又は適格現物出資により分割承継法人又は被現物出資法人に自己が保有していた自己の株式を移転した場合、株式交換・移転(完全子法人の株主に完全親法人の株式以外の資産の交付がない場合に限る)により自己が保有していた自己の株式を完全親法人に取得された場合、取得請求権付株式等の請求権の行使等による取得の対価として自己の株式を交付した場合(法61の2⑪により株主の譲渡益の計上が繰り延べられる場合に限る)、株主等に無償で自己の株式を交付した場合は、いずれの場合も増加する資本金等の額は0とする。

ところで、法人は自己株式を譲渡せず消却する場合がある(会社法178)。税法上、保有自己株式の消却は資本等取引に該当し消却した法人側では課税は生じない。消却した自己株式はその取得の時点で既に資本金等の額が減少しているので、減額した資本金の額だけ資本金以外の資本金等の額を増額することになる(法令8)。また、当該法人の株主側でも、自己株式が法人に取得された時点で実質的には減資が行われており、自己株式の消却が行われても特に課税関係は生じない。

第3節　清算

清算所得はそれまで法人の中に蓄積されていた含み損益が法人の清算に伴い実現するものである。法人は一般に解散により清算過程に入り(会社法475、476)、債権債務関係の整理、資産の時価評価等を行ったうえ、最終的に(清算所得に対する納税関係を整理した後)残った財産があれば株主等に分配して消滅する。同時に法人・株主関係も消滅するので、株主からみれば株式の全部償還と同じである。

清算に伴う課税としては、法人の清算所得に対する法人税の課税と残余財産が分配される株主への課税とがあるが、いずれも第１編第２章第２節１「清算所得に対する法人税」に詳述しているので参照されたい。株主・法人間取引という面からみると、法人税法は清算時の株主への残余財産分配を株主に対する出資の全額償還と同視していることを確認することができる。

NOTE　清算所得を計算するうえで特別な取扱いを定める規定がいくつか存在する。例えば、法人税法施行令162条は、株主等が解散前・後に、その法人の事業の全部又は重要部分を承継するために発行済株式等の２分の１以上を取得した場合、出資に係る金額が残余財産の価額を上回る額は無形固定資産(一種ののれん)として残余財産に含めることを定めている。

NOTE　米国IRCは、法人の清算による残余財産の分配を株式との交換取引としている。したがって、株主には配当所得は生じず、譲渡損益が生じる(IRC331、336)。
また、この清算分配が譲渡所得になる点を利用した租税回避を防止するため、解散予定法人等について譲渡所得でなく通常の所得として課税する等の規定が設けられている(IRC341(b)(1))。
一方、80%所有子法人の清算の場合、親法人に対する資産の分配については親法人、子法人とも損益を認識せず課税が繰り延べられる(外国親法人の場合を除く)(IRC332、337)。なお、少数株主に対する清算所得の分配については収益を認識するが損失は認識しない。この損失を認めない取扱いも租税回避防止措置の１つとされる。

第3章

非法人の税務

第1節　「人格のない社団等」と「その他の非法人」

所得税法および法人税法における納税義務者は、原則として、個人と法人(人格のない社団等を含む)であるが、経済社会では多様な法的主体(legal entity)が個人又は法人の経済活動の媒体として利用されている。法的主体のうち法人格を有するものは、法人税法上法人として納税義務の主体とされるが、非法人すなわち法人格を有さない法的主体は、「人格のない社団等」を除き法人税の納税義務者とはならない。そこで非法人の税務を考えるうえで、まず「人格のない社団等」と「その他の非法人」とを区分することが必要となる。

1. 人格のない社団等

「人格のない社団等」とは、法人格のない社団又は財団で代表者又は管理人の定めがあるものをいい(法２八)、法人税法だけでなく国税通則法、国税徴収法、所得税法および地方税法において、法人とみなされ法人と同様の納税義務が課される(法３、通法３、国徴法３、所法４、地法12他)。

「人格のない社団等」の意義については、私法の「権利能力なき社団等」からの借用概念とするのが通説である。私法上、法的主体が「権利能力なき社団等」とされる要件としては、①団体としての組織を備え、②多数決の原則が行われ、③構成員の変更にかかわらず団体が存在し、④組織によって代表の方法、総会の運営、財産の管理その他団体としての主要な点が確定していることの４点があげられている(最判昭和39年10月15日)。この借用概念としての解釈は判例として確立している(福岡高判平成２年７月18日、最判平成16年７月13日)。

こうした組織性、団体性を持つ「権利能力なき社団等」すなわち「人格のない社団等」は、民法33条の法人法定主義による制度的制約から法人格を付与されないものの、現実に法人に準じた事業体活動を行う存在として、租税法上法人としての取扱いがされている、と考えることができる。

NOTE 民法学説のうち、権利能力なき社団等と組合は区別すべきという考え方(社団と組合の二分法)によれば、その区分基準となる社団性の特徴として、一般に、①構成員の個人的目的を超越して独立の単一体として社会関係に現れてくるため構成員の個性が表面に出ないこと、②団体としての名称を用いること、③構成員の加入、脱退が比較的自由であること、④理事その他の機関を設けて行動すること、⑤社団財産に対する構成員の直接又は間接の参与は認められないこと、があげられる。また学説によっては、①多数決による結合、②構成員の数、③業務執行について総会が設けられ監督することになっていること、④内部規則が定款などの一般的規定であることをあげるものもある。

2. その他の非法人

「人格のない社団等以外の非法人」として、わが国では、民法上の組合(任意組合)、商法上の匿名組合、投資事業有限責任組合、有限責任事業組合および信託等があげられることが多く、以下の第2節でそれぞれについて詳述する。なお、欧米では、これに相当するものとしてパートナーシップ、遺産財団、信託等があげられる。

「人格のない社団等以外の非法人」については、学説上、①単なる私法上の契約であって事業体でないとする説と、これを②私法上の契約によって組成された事業体であるとする説に分れる。これまでの税法学においては、組合と人格のない社団等の区別は理論的なものに過ぎず、個別の判断は個々の事例の具体的事実に即して判断するほかないという立場をとっており、裁判例の蓄積などが待たれてきた状況にある。しかし、このような非法人が現実に投資ファンド媒体等として利用される機会が増えており、その稼得する利益又は発生する損失の帰属について国内課税のみならず国際課税においても多くの問題が生じている。また、個人(居住者又は非居住者)および法人(内国法人又は外国法人)がこのような非法人(国内法で組成されるもの又は外国法で組成されるもの)の構成員、参加者又は投資家となる場合も多くなっており、非法人についての課税のあり方が改めて問われている段階にある。組合の本質をめぐる民法学説が積み上げられてきていることも踏まえ、納税者に法的安定性を保障し課税の公平を確保する趣旨から、新たな立法を含めた検討が必要と考えられるようになっている。

NOTE 米国私法(州法)は、法的主体を法人と非法人に区別するが、IRCは、これとは別に事業体の分類を規定している。IRCによると、パートナーシップとは、シンジケート、グループ、プール、ジョイント・ベンチャー、その他の非法人組織で、当該組織を通じもしくは当該組織によって事業、金融活動又はベンチャー投資等を行うものであって、連邦税法上の法人、遺産財団又は信託のいずれにも該当しないものをいう。
パートナーシップは、単なる契約でなく、法的主体である事業体とされるが、それ自体は連邦所得税の納税主体とされず、パートナーシップ課税所得の分配シェアに応じてパートナーが課税されるパススルー事業体である。ただし、パートナーが100人以上の大規模パートナーシップについては特則がある。

第2節 「その他の非法人」に対する課税の仕組みと問題点

1. 民法上の組合

民法は、第３編債権第２章契約第12節(667~688)において組合について規定している。民法上の組合契約は、各当事者が出資をして共同の事業を営むことを約することによって、その効力を生ずる(民法667①)。この民法上の組合は任意組合といわれる。民法の典型契約としての組合契約については、①各組合員の出資その他の財産は総組合員の共有に属すること(同668)、②組合の共同事業の業務執行を１人又は複数の業務執行者に委任することができること(同670~672)、③組合の共同事業から生じる損益は組合契約で定める損益分配割合に応じて直接組合員に帰属すること、④この損益分配割合を定めなかったときは、出資割合に応じて直接組合員に帰属すること(同674)、などが規定されている。これに対して、租税法においては、組合に係る課税関係を規律する規定がなく、通達により「任意組合等」の課税上の取扱いが定められている。

なお、通達が定める「任意組合等」の範囲は、①民法667条１項に規定する組合契約、②投資事業有限責任組合契約に関する法律３条１項に規定する投資事業有限責任組合契約および③有限責任事業組合契約に関する法律３条１項に規定する有限責任事業組合契約により成立する組合並びに④外国におけるこれらに類するものである(法基通14－1－1注)。

(1)任意組合の納税義務とパススルー課税

任意組合は民法上の契約であり、その団体性又は社団性を否定する立場をとる場合には、組合それ自体に団体又は社団としての納税義務を負担させることはできないことになる。国税庁通達は、この立場に立って、任意組合(および匿名組合)は人格のない社団等に含まれないことを明記しており(法基通1－1－1(1)、(2))、実務上、任意組合(および匿名組合)それ自体は納税義務を負わないものとされている。

そのうえで通達は、任意組合等において営まれる事業(「組合事業」という)から生ずる利益金額又は損失金額については、各組合員に直接帰属する(法基通14－1－1)と定める。また、法人組合員の場合に当該利益又は損失が組合員に帰属する時期については、たとえ現実に利益の分配を受け又は損失を負担していない場合であっても、組合の損益の分配割合(組合契約により定める損益分配の割合等)に応じて、利益の分配又は損失負担の金額(帰属損益額)として法人の各事業年度の期間に対応する金額を計算して、当該法人の当該事業年度の益金の額又は損金の額に算入することとしている。ただし、組合事業に係る損益を毎年１回以上一定の時期において計算し、かつ、法人への個々の損益の帰属が当該損益発生後１年以内である場合には、帰属損益額は、組合事業の計算期間を基として計算し、組合の計算期間終了の日の属する当該法人の事業年度の益金の額又は損金の額に算入することができる(法基通14－1－1の２)。すなわち、任意組合等の組合事業から生じる利益等は、各組合員に直接帰属することを明らかにしている。

(2)組合事業から分配を受ける利益・損失の額の計算

法人が組合事業からの帰属損益額を各事業年度の益金の額又は損金の額に算入する場合の計算方法は、次の①の「総額方式」により計算するのが原則である。ただし、法人が②の「中間方式」又は③の「純額方式」により継続して各事業年度の益金の額又は損金の額を計算しているときは、多額の減価償却費の前倒計上などの「課税上弊害」がない限り、これが認められる(法基通14－1－2)。

① 組合事業の収入金額、支出金額、資産、負債等をその分配割合に応じて各組合員のそれぞれの金額として計算する方法(総額方式)。この方法は、グロス・グロス法、収入支出・資産負債配分方式又は完全縦割方式ともよばれる。原則的方法とされる。

② 組合事業の収入金額、その収入金額に係る原価の額および費用の額並びに損失の額をその分配割合に応じて各組合員のこれらの金額として計算する方法(中間方式)。この方法は、グロス・ネット法、収入費用配分方式又は収益費用縦割方式ともよばれる。各組合員には、損益計算書項目のみが配分され、各組合員の段階で貸借対照表項目の情報がないことになる。この方法による場合には、課税上弊害がないかどうかのチェックを受けるほか、帰属損益額の計算にあたって、引当金繰入れ、準備金積立等の規定が適用されない(受取配当等の益金不算入、所得税額の控除等は適用される)。

③ 組合事業について計算される利益の額又は損失の額をその分配割合に応じて各組合員に分配又は負担させることとする方法(純額方式)。この方法は、ネット・ネット法、利益損失配分方式、独立事業体方式ともよばれる。組合段階で損益計算書および貸借対照表の各項目の経理が行われ、各組合員には所得計算尻のみが配分される。各組合員については収入金額の情報もないことになる。この方法による場合には、課税上弊害がないかどうかのチェックを受けるほか、帰属損益額の計算にあたって、受取配当等の益金不算入、所得税額控除、引当金繰入れ、準備金積立て等の規定の適用が認められない。

以上の各方法の計算にあたっての具体的な方法が通達に規定されている。これによると、まず、総額方式又は中間方式による場合、ⅰ)各組合員間で取り決めた分配割合が各組合員の出資の価額を基礎とした割合と異なるときの計算は、例えば、各組合員の出資の価額を基礎とした割合を用いて得た利益の額又は損失の額(以下､｢出資割損益額｣という)に各組合員間で取り決めた分配割合に応じた利益の額又は損失の額と当該出資割損益額との差額に相当する金額を加算又は減算して調整する方法による等の合理的な計算方法による､ⅱ)減価償却資産の償却方法および棚卸資産の評価方法は､組合事業を組合員の事業所とは別個の事業所として選定することができる､ⅲ)組合員に係るものとして計算される収入金額､支出金額､資産､負債等の額は､課税上弊害がない限り､組合員における固有のこれらの金額に含めず別個に計算することができる､とされている(法基通14－1－2注２～４)｡

また､純額方式による場合についても､組合事業の支出金額のうち寄附金又は交際費の額があるときは､当該組合事業を資本又は出資を有しない法人とみなして寄附金損金不算入(法37)又は交際費等の損金不算入(措法61の４)の規定を適用することとしている(法基通14－1－2注１)｡

(３)分配割合の経済的合理性

上記説明中で使用した｢分配割合｣は､①組合契約に定める損益分配の割合又は②民法674条､投資事業有限責任組合契約に関する法律16条､有限責任事業組合契約に関する法律33条の規定による損益分配の割合をいう(法基通14－1－1の２注)｡分配割合は､出資割合に応じるのが通例であるが､私法上契約自由の原則により組合員が自由に合意できると解されている｡その場合､経済的合理性を欠いた分配割合が合意され､それが租税回避の手段となることが懸念される｡このため､通達は､分配割合が出資の価額を基礎とした割合と異なる場合には､当該分配割合が各組合員の出資の状況､組合事業への寄与の状況などからみて経済的合理性を有するものでなければならないことを明らかにしている(法基通14－1－2注１)｡

(４)現行取扱いの問題点

任意組合についての現行取扱いの問題点としては次の諸点があげられる｡

①　民法が定めた任意組合の意義や当初の立法趣旨を超えてその仕組みが経済活動の中で広く利用されるようになっており､租税回避の手段とされる事例も増えている｡こうした中で任意組合に対する租税法上の取扱いを通達

のみで定めることには問題がある。租税法の条文の中で、任意組合に係る出資、利益配分、利益分配、持分の処分、清算、情報申告の義務等の取扱いを明確に規定することが求められる。

② 通達は、「社団と組合の二分法」に立脚して、組合を団体課税の対象から除外している。しかし、二分法は通説とはいえず、民法上の組合について団体性を認める考え方も有力である。立法論としては、組合員数の規模、共同事業の種類、能動的事業活動かパッシブ活動かの区分、事業又は投資が国内か外国かの区分、組合員の居住性、等の認定基準を設けたうえ、現行の税務行政の執行可能性を超える民法上の組合については、租税公平主義の観点から、団体課税とする方向性が考えられる。

③ 任意組合についての現行通達は、税務行政として捕捉可能な少数の組合員から構成される典型的な民法上の組合を前提としてこれをパススルー型事業体として扱っていると考えるのが妥当であろう。しかし、近年、投資ファンドのように任意組合のパススルー課税の特性を利用し、複層化により構成員、参加者又は投資家のトレースを困難にする手法を用いる傾向が顕著になっている。このような事態は、通達が当初前提としていた組合とは法的形態は同じであっても、その実態が全く異なるものに変化していることに留意が必要である。

こうした中で、真実の所得の帰属主体を的確に捕捉することが困難となっており、租税法の執行可能性の面で問題が生ずるようになっている。執行可能性を無視した租税法は無意味であり、課税の公平の観点からも問題が生ずる。パススルー課税を継続するのであれば、情報申告制度の整備等を通じて、真実の所得の帰属主体をトレースできる体制を構築することが必要とされる。

④ 現行通達では、組合事業の損益はすべて組合員に直接帰属するという前提を採りながら、各組合員への損益の帰属について、総額方式のほか中間方式又は純額方式の選択を認めている。このため、組合単位の所得と各組合員の所得との一致を確認することが困難となっている。また、組合員ごとに所得計算を行うので、当該組合員が個人であるか法人であるか、また、青色申告者であるか白色申告者であるかにより、あるいは棚卸資産の評価方法や減価償却方法の選択により異なることになるので、そもそも、各組合員に帰属する所得

の総和と組合単位で計算した所得金額は合致しないという問題がある。こうした問題があるので、特に組合員数が一定規模を超える場合、各組合員に配分される損益を的確にトレースすることはさらに困難になる。したがって、組合員数が一定規模を超える組合を法人とみなして団体課税をするという方法を採らないのであれば、組合単位で統一的な経理を行いその限度で各組合員の所得計算方法を統一する等の執行可能な制度に変更することを検討する必要がある。

⑤ 分割割合について、現行通達は出資割合と異なる場合に経済的合理性を求めている。しかし、各組合員が出資した資産と現金を清算による残余財産の分割という法形式を利用して擬制売買を行うことができる。出資割合と異なる損益の配分割合については、組合の組成から清算までの期間にわたって租税回避防止に配意する必要がある。

NOTE 組合等に出資することにより生ずる損失の利用による租税回避に対処する個別的否認規定として、平成17年度税制改正で、法人が民法上の組合員、投資事業有限責任組合の組合員（外国におけるこれらの組合に類する組合の組合員を含む）、匿名組合の出資組合員のうち、組合事業について相当のリスクを負う者又は自ら組合事業と同種の事業を営んでいる者以外の者（以下、「特定組合員」という）に該当する場合、その組合事業に係る債務の弁済責任限度が出資額とされているときには、当該法人組合員に帰属すべき組合損失額のうち当該法人の出資価額を基礎として計算される調整出資金額を超える部分の金額（以下、「組合損失超過額」という）は、当該法人の損金の額に算入しないこととしている（措法67の12①）。

Q65　本文でみたとおり、組合利益の組合員への分配割合は、出資割合と異なる場合には、各組合員の出資の状況、組合事業への寄与の状況などからみて経済的合理性を有するものでなければならないこととされている。分配割合に経済的合理性を求める理由は何か。

2. 匿名組合

商法は、第２編商行為第４章(535~542)において匿名組合について規定している。匿名組合契約は、当事者の一方が相手方の営業のために出資をし、その営業から生ずる利益を分配することを約することによって、その効力を生ずる契約とされる(商法535)。匿名組合員からの出資財産は営業者に帰属し、組合事業は営業者の単独の営業とされるが、匿名組合員は営業者の営業により生じた利益の分配を受ける権利を有し、かつ、監視権を有すると解されている。これに対し、近年、匿名組合は、匿名組合契約によって成立する事業体であるとする説が有力となっている。この立場に立てば、課税上匿名組合がパススルー課税とされるのは、匿名組合が団体性・社団性を欠くからではないことになり、パススルー課税の意味づけを再吟味することが必要になる。

租税法においては、組合に係る課税関係を規律する規定がないため、通達により課税上の取扱いが定められているが、匿名組合についても任意組合の場合と同様の問題が指摘され、特に匿名組合員の損失の負担に関しては以下にみるとおり重要な問題点が認められる。

NOTE 現行解釈では、匿名組合は団体でなく、営業者と匿名組合員とを当事者とする契約関係であるとされている。すなわち、匿名組合員が商法上の商人である営業者に対し金銭その他の財産による出資をし、営業者はその資本を運用して営業を行い、営業から生ずる利益を匿名組合員に分配するという契約である。

匿名組合契約に関しては、①出資は財産出資に限られ労務出資・信用出資は認められないこと、②匿名組合員が営業者に出資する資金は、営業者の財産になること(商法536①)、③出資による財産権の譲渡は、絶対的なものであるが、運用目的が制限されているので、信託的譲渡であるが、匿名組合契約終了の時に清算して残余財産を返還すべきものであるから、営業者にとっては預り金であって所得とされないこと、④匿名組合員の出資内容、営業者の利益分配の基準と方法、などは、双方の合意によって決定されること、⑤匿名組合員は利益配当請求権を有するが、出資が損失によって減少したときはその損失を補填した後でなければ、利益配当を請求することができない(同538)こと、⑥匿名組合員は営業につき監視権を有すること(同542)、などが規定されている。

(1)匿名組合の納税義務とパススルー課税

匿名組合は商法上の契約であり、その団体性又は社団性を否定する立場をとる場合には、匿名組合それ自体に団体又は社団としての納税義務を負担させることはできないことになる。通達はこの立場を採り、匿名組合は「法人でない社団」に該当せず、したがって「人格のない社団等」に含まれないと定めている(法基通1－1－1)。実務上、匿名組合それ自体は納税義務を負わないものとされている。

そのうえで通達は、法人が営業者である場合、匿名組合の損益を出資財産の法律上の帰属に従い自己に帰属するものとして計算し、一方で匿名組合契約により匿名組合員に分配すべき利益の額又は負担させるべき損失の額を、自己の損金の額又は益金の額に算入することとしている。他方、法人である匿名組合員については、現実に利益の分配を受け又は損失の負担をしていない場合であっても、匿名組合契約によりその分配を受け又は負担すべき部分の金額を、その計算期間の末日の属する事業年度の益金の額又は損失の額に算入することとされる(法基通14－1－3)。通達の考え方は、匿名組合それ自体には納税義務を負担させないが、匿名組合契約による営業者を導管型事業体として取り扱うものといえる。

個人が営業者又は匿名組合員である場合も同様であるが、個人の匿名組合員が受ける利益の分配は原則として雑所得とされ、匿名組合員が営業者の組合事業に係る重要な業務執行の決定を行っているなど営業者と共に組合事業を経営していると認められる場合に限り、営業者の営業の内容により事業所得又はその他の各種所得とされる(所基通36･37共－21)。この所得分類に係る取扱いは、匿名組合の実態が多様化する中で、①匿名組合員が単なる出資者(投資家)として営業者に融資するものが多くみられるようになっていること、他方で、②匿名組合員が営業者と共同事業を営むものや、③匿名組合員が信託類似の機能を持つ営業者と共同事業を営むものなどがみられることを考慮に入れたものと説明されている。

(2)分配割合の経済的合理性

匿名組合員に対する分配割合が各組合員の出資の価額を基礎とした割合と

異なる場合の分配割合は、各組合員の出資の状況、組合事業への寄与の状況などから見て経済的合理性を有するものでなければならない。この点は任意組合等の場合と同様である(法基通14－1－3注)。

(3)匿名組合員の損失の負担の問題点

商法には組合利益の分配の規定はある(商法535、538)が、損失の負担については全く規定がない。学説では、利益の分配を受ける以上出資の限度で損失の負担義務があると解されているが、文理解釈として、営業者の所得計算において損失が発生した場合でその額が出資額を上回るときは、匿名組合員が利益の分配を請求することができない結果となるだけであって、営業者が損失の額を匿名組合員に負担させることを認める法的根拠はないとする解釈もでき、この解釈も有力である。

その意味では、通達において、営業者が法人の匿名組合員に組合事業から生じた損失を一般的に負担させることを認めることには問題がある。これを正当化できるのは、匿名組合員が単なる投資家でなく、営業者との共同事業者として組合事業の経営に従事していると認められる場合に限られるのではないかと考えられる。匿名組合員の損失負担については、租税回避のために利用されることが少なくないことを考えると、解釈を厳格化すべきであろう。

Q66　あなたが匿名組合の営業者であった場合又は匿名組合員であった場合のそれぞれについて、匿名組合に生じた損失についての課税関係がどのようになるかを整理しなさい(措法67の12の規定も考慮に入れること)。

3. 投資事業有限責任組合

投資事業有限責任組合は、中小企業に対する投資を促進する目的で平成10年「中小企業等投資事業有限責任組合契約に関する法律」(中小有責法)により創設された事業体であり、民法上の組合の例外として、一定の者について有限責任を認めるものである。したがって、組合員には、無限責任組合員と有限責任組合員が存在する。この中小有責法は、平成16年4月14日の改正により、「投資事業有限責任組合契約に関する法律」(有責法)に改正されている。

NOTE 投資事業有限責任組合契約法は、俗称ファンド法とよばれるように、①経営再建、事業再生を目指す企業の債権を銀行などから買い取りDESを行ったうえで経営権を取得し経営再建を主導する場合、②出資先企業に対するメザニン融資やDIP融資なども併せ行う場合、③年金などの機関投資家が小規模なファンドに投資するためのファンドを組成する場合などをファンドが行うことができるように、投資事業有限責任組合の事業範囲を中小ベンチャー企業のみならず、大企業・公開企業まで拡充し、融資や金銭債権、社債の取得などの機能を追加したものである。

(1)投資事業有限責任組合の納税義務

租税法上、投資事業有限責任組合の納税義務については規定がないが、実務上、「任意組合等」として、任意組合と同じ取扱いとされている(法基通14－1－1注)。この取扱いは、平成16年6月18日国税庁文書回答(経済産業省の事前照会に対するもの)「投資事業有限責任組合および民法上の任意組合を通じた株式等への投資に係る所得税の取扱いについて」に基づくものである。

(2)投資事業有限責任組合の組合員の課税関係

組合員が組合から分配を受ける利益の額(出資総額の範囲内の損失の額を含む)については、分配割合に応じた会計処理を行うことになる。任意組合の場合と同様である。

4. 有限責任事業組合

有限責任事業組合は、平成17年8月1日に施行された「有限責任事業組合契約に関する法律」により創設された事業体であり、民法上の組合の特例として、①出資者全員の有限責任、②内部自治の徹底、③構成員課税の適用という特徴を有する。海外ではジョイント・ベンチャー、有限責任組合(Limited Liability Partnership : LLP)および有限責任会社(Limited Liability Company : LLC)が事業体として有効に機能しているが、日本ではこれらの特徴を兼備した事業体が存在しなかったので、有限責任事業組合はこれらの特徴を有する事業体として、ベンチャー・中小企業と大企業の連携、中小企業同士の連携、大企業同士の連携、産学連携、IT等の専門技能を持つ人材による共同事業などの振興、新産業の創造に資することを目指して創設されたものである。

(1)有限責任事業組合の納税義務

租税法上、有限責任事業組合の納税義務については規定がないが、実務上、「任意組合等」として、任意組合と同じ取扱いとされている(法基通14-1-1注)。この取扱いは、民法上の組合の特例として認められた有限責任事業組合の創設と同時に明確にされている。

(2)有限責任事業組合の組合員の課税関係

組合員が組合から分配を受ける利益の額(出資総額の範囲内の損失の額を含む)については、分配割合に応じた会計処理を行うことになる。任意組合の場合と同様である。

5. 信託

(1)信託の本質と課税問題

信託とは、「特定の者が一定の目的(専らその者の利益を図る目的を除く)に従い財産の管理又は処分およびその他の当該目的の達成のために必要な行為をすべき法律関係を創設すること」と定義される(信託法2)。信託はそれ自体法人格を持たないが、信託の設定とともに委託者から受託者に財産が移転し、また財産の信託を受けた受託者は受託の範囲内で法人と同様の活動を行うため、こうした取引や活動から生ずる所得に対する課税が問題となる。

信託行為の本質については、多数の学説がある。信託行為は、①財産権の移転その他の処分(所有者からの隔離)と、②一定の目的に従う管理処分という要素から構成されるが、わが国の民法が採用する物権・債権の峻別という大陸法の視点から、信託行為を財産権(信託財産)の法的な完全移転および受益者の受託者に対する債権的請求権の結合とみる「債権説」が通説とされてきた。この立場からは、課税関係の中心は受託者に置かれ、受益者には債権的請求権が実現する時点(分配時を含む)で課税するということになる。

これに対し、大陸法と異なる英米法の考え方に即して、①信託財産の独立性

(実質的法主体性)、②受託者の管理者としての性格(受託者の所有者としての性格の否定)、③受益権の物権的効力(受益権の債権性の否定)を骨子とする「実質的法主体説」が対立している。この立場からは、受託者は単なる導管であり、受益者を課税の中心に置くという考え方が導かれる。

さらに近年になって、①信託利益の享受主体と②委託者からの支配離脱性の有無を基準として、信託を自益信託と他益信託に区分する「新債権説」が登場している。わが国の信託実務では、貸付信託など信託のほとんどが自益信託の形態で設定され二当事者間(委託者イコール受益者)の信託契約の法形式が圧倒的多数であるが、新債権説に従えばこうした自益信託については、米国のグランター・トラストの課税ルールを参考にした委託者課税を考案すべきであるということになる。

NOTE 信託の本質的な機能は、本文で述べたとおり、財産の所有者からの隔離と受託者による他者のための財産管理にある。民法は他者のための財産管理の手段として委任、代理、寄託等を定めるが、これらと異なる信託の独自性は「転換」の機能にあることが指摘される。

転換は、①権利者の属性の転換(特別障害者扶養信託、合同運用金銭信託、貸付信託等)、②権利者の数の転換(公益信託、事業信託、担保付社債信託、土地信託のような財産権の帰属主体の単一主体化又は分散化等)、③財産権享受の時間的転換(教育・結婚・養老のための信託、遺言による遺贈の代替としての信託、生命保険信託、年金信託等)、④財産権の性状の転換(財産権の債権化、証券化、流動化、包括財産化、担保化等)に分類され〔四宮和夫『信託法(新版)』(1989)〕、また、転換機能を、①財産の長期的管理機能、②財産の集団的管理機能、③私益財産から公益財産への転換機能、④倒産隔離機能に4分類することがある〔新井誠『信託法』(2005)〕。

こうした信託の「転換」機能は、課税面では、納税主体、所得帰属(形式と実質、法的帰属と経済的帰属)、課税繰延等の複雑な問題を生じることになる。

なお、課税問題以外でも、信託の濫用の問題がとりあげられることがある。この関連で日本公認会計士協会は平成11年11月9日「飛ばし類似金融商品等の取引の取扱い」指針を公表している。

(2)信託に対する課税の基本的考え方

信託には、委託者、受託者、受益者という3つの主体および信託財産が登場するが、信託に対する従来(平成19年度改正前)の課税の基本的考え方は、信託の収益が帰属する受益者(受益者が特定できない場合は次善の措置として委託者)に対し、信託収益が発生した段階で課税するとするものである。これは「受益者・発生時課税」とよばれる。

これに対する例外として、集団投資信託等に対して受益者が信託収益の分配を受けるまで課税を繰り延べる「受益者・受領時課税」が認められており、さらにこれらの受益者課税の例外として信託の受託者である法人を納税義務者とする「信託段階・法人課税」が特定信託について設けられていた。平成19年度改正前は、信託に対してこの3つの課税方法が並存していたことになる。

①受益者・発生時課税(いわゆる本文信託)

法人税法12条1項本文は、平成19年度改正前も改正後も共通して、信託の収益は、i)受益者が特定している場合はその受益者に、また、ii)受益者が特定していない場合又は存在していない場合はその信託財産に係る信託の委託者に帰属する、すなわちこうした受益者又は委託者は当該信託の信託財産に属する資産、負債を有するものとみなし、かつ当該財産に帰せられる収益、費用は当該受益者又は委託者の収益、費用とみなして課税が行われることになる。

上述した債権説によると、信託財産は管理権・処分権のみならず名義も含め法律上完全に受託者に移転しているので、法律的には信託財産からの利益等は受託者に帰属することになる。しかし、信託財産は受益者のために管理処分すべきであるとの債権的拘束力に基づき受益者が受託者に対する債権的請求権を有するという経済的帰属の考え方により、受益者が特定している場合には受益者に収益が帰属するものとした、と考えられる。その意味で、この課税方法は、パススルー課税として分類される。

ただし、受益者に課税するとしたのみでは、受益者が特定していない等の場合に課税ができないこととなるので、そうした信託は委託者が将来の受益者のため積み立てられるものであるか又は委託者の支配から完全に離脱していないものとみて、委託者に帰属するものとして課税することとしている。

以上の受益者・発生時課税は「本文信託」とよばれ、信託に対する課税の基本的考え方とされている。

NOTE　米国IRCは、信託を法的主体、特に事業体として、税法上も納税主体として信託税制を構築している（IRC641－679）が、日本の税法は信託を法的主体、事業体および納税主体として取り扱うか否かを明確に規定していなかった。なお、民法上の議論としては、信託又は信託財産の実質的法主体性を承認する意見もみられる〔四宮和夫『信託法（新版）』（1989）〕。

②受益者・受領時課税（いわゆる「ただし書き」信託）

法人税法12条１項は、ただし書きにおいて、集団投資信託等については上述した本文の規定を適用しないとしている。すなわち集団投資信託等については、信託の収入および支出を発生時に受益者又は委託者に帰属させることはできない。その一方で、当該利益は、受託者に帰属しないことが条文で明確にされている（法12③）。このため、ただし書きに該当する信託については、収益発生段階では課税が行われず、現実に受益者に分配されたときに初めて受益者の所得として課税が行われることになる。すなわち、ただし書きに該当する信託は、受益者・受領時課税であり、収益計算期間の満了後、現実に受益者に利益が分配されるまで課税の繰延べができる。これが「ただし書き信託」とよばれるものである。

ただし書き信託についてこのように受益者・受領時課税が認められているのは、これらの信託の受益者が多数であり発生段階での収益の帰属処理が難しいこと、また比較的短期間で信託の収益が受益者に分配されること等を勘案したものと考えられる。

ただし書き信託の対象となるのは、集団投資信託（合同運用信託、一定の要件に該当する投資信託、外国投資信託、一定の要件に該当する特定受益証券発行信託）（定義は法２二十九）、退職年金等信託（厚生年金基金契約、国民年金基金契約、適格退職年金契約等による契約に係る信託）（定義は法12④一、法令15）又は特定公益信託等（定義は法12④二）である。なお、同様にただし書きの対象とされている法人課税信託（定義は法２二十九の二）については、受益者・発生時課税は行われないが、次のとおり信託段階・法人課税が行われるので、この②受益者・受領時課税のグループには含まれない。

③信託段階・法人課税

以上の受益者・発生時課税および受益者・受領時課税の例外として、平成19年度改正以前において、特定信託に対する受託者段階での課税が存在した。これは、平成12年の資産流動化法および証券投資信託・証券投資法人に関する法律の改正に対応して、法人税法が改正され、資産の流動化媒体として特定目的会社のほかに特定目的信託が導入されたことに伴い創設された制度である。特定信託とは、特定投資信託と特定目的信託を合わせたものを指し、特定信託に対してはその各計算期間の所得に対して法人税を課す(旧法7の2ほか)とともに、その利益の90%超を分配に充てる等一定の要件を満たす場合は、その利益の分配額を損金に算入する制度が設けられている(措法68の3の2、68の3の3)。これは資産流動化のための導管型法人税制の枠中で、法人格を有する投資法人および特定目的会社と法人格を有さない特定信託の間の課税の中立性を維持するために、課税上の取扱いを同一にしたものと説明されている。

特定信託の納税義務者は、特定信託の受託者である内国法人(旧法7の2)および外国法人(旧法4②)であり、課税標準は、各特定信託の各計算期間の所得の金額とされている。各計算期間の所得の金額は、法人の各事業年度の所得の金額の計算に準じて計算される。税率も普通法人と同様である。特定目的信託の利益の分配の額又は特定投資信託の収益の分配の額は、上述したとおり当該利益又は当該収益の額の90%を超える等一定の要件を満たすことを条件として、特定信託の所得の計算上損金の額に算入される。

(3)信託法改正に対応した現在の信託税制

信託法が改正され、平成19年9月30日に施行された。この新信託法により、①目的信託(受益者の定めのない信託)の創設、②自己信託(委託者と受託者が同一の信託)の創設、③いわゆる事業型信託を可能にする環境整備などが行われ、多様な信託の類型により信託の利用機会が大幅に拡大することになったが、これを契機として、平成19年度税制改正では、信託に対する既存の課税上の取扱いが大きく見直されている。

NOTE 新信託法で認められたもののうち、①「目的信託」は、受益者を特定しない信託であり、従来の公益信託等がこれにあたる。契約による場合と遺言による場合がある。遺言による信託の場合、委託者は信託が発効した時には死亡しているので、民事法では相続人が委託者の地位を承継すると解されてきたが、改正信託法では、相続人は委託者の地位を承継しないとされている。
②「自己信託」について、新信託法では、自己の所有のままで財産を信託する「信託宣言」制度が認められている。これにより、当該信託財産については委託者が受託者となるが、この者は信託されない所有物(通常の所有権の対象物)と信託された所有物(受託者としての所有権の対象物)の両者を所有することになる。
③「事業型信託」について、新信託法は、受託者の権限の明確化、負債の信託、受託責任の限定、受益証券発行、多数決による受益者の意思決定など、事業型信託の利用可能性を高める環境整備を行っている。

租税法における新しい信託税制では、課税方法の相違により信託を、①受益者等課税信託(受益者・発生時課税)、②集団投資信託、退職年金等信託および特定公益信託等(受益者・受領時課税)、③法人課税信託(信託段階・法人課税)、の３種類に区分している。

①受益者等課税信託(受益者・発生時課税)

一般的な信託、すなわち以下に述べる集団投資信託、退職年金等信託、特定公益信託等又は法人課税信託のいずれにも該当しないものがこの受益者等課税信託の対象となる。これまでのいわゆる本文信託に相当する信託であり、従来同様、法人税法12条１項本文により受益者・発生時課税が適用される。信託課税の原則は受益者・発生段階課税であるという考え方は改正後も一貫して採用されているといえる。

ただ、受益者についての条文が整理されている。新しい条文は、信託の受益者について「受益者として権利を現に有する者に限る」を括弧書きで加えており(法12①)、受益者の範囲を明確にしている。また、「信託を変更する権限を現に有し、かつ、当該信託の信託財産の給付を受けることとされている者は、受益者とみなす」(法12②)と、受益者の判断基準が設けられている。判断にあたっての実質基準が導入されたものと評価できる。なお、これまで受益者が特定していない場合又は存在していない場合は委託者に課税するとしていたが、改正後は、そうした場合は「受益者(みなし受益者を含む)が存在しない信託」として(法２二十九の二ロ)法人課税信託の範囲に含まれる(信託段階・法人課税)ことになる。

さらに、受益者等課税信託から損失が生じる場合について、信託損失に係る適正化措置が導入されている。法人税に関しては、受益者等の信託損失のうち信託金額を超える部分の金額(一定の場合は信託損失の全額)を損金に算入しないとの措置が講じられており(措法67の12、68の105の２)、所得税に関しては、受益者等の当該信託に係る不動産所得の損失についてそれが生じなかったものとみなす措置が講じられている(措法41の４の２)。

②集団投資信託等、退職年金等信託および特定公益信託等(受益者・受領時課税)

集団投資信託等は、従来のいわゆる「ただし書き」信託に相当するものである。ただし書きで本文信託(受益者等課税信託)から除外され、12条３項で受託者段階での課税が否定されているので、結局、受益者・受領時課税となり、従来どおり課税繰延べが認められる。集団投資信託とは、合同運用信託、証券投資信託、国内公募等投資信託、外国投資信託又は特定受益証券発行信託と定義されている(法２二十九)。なお、集団投資信託等ではないが、退職年金等信託および特定公益信託等についても、集団投資信託等と同様、受益者・受領時課税が適用される。

従来のただし書き信託と比べると、第一に、合同運用信託の範囲の適正化が図られている。合同運用信託は、信託会社が引き受けた金銭信託で「共同しない多数の委託者」の信託財産を合同して運用するものであるが、親族など実質的に共同性が認められる委託者同士が「共同しない多数の委託者」としての法形式を整えて合同運用信託の設定による課税繰延べを図ることを防止するため、「委託者が実質的に多数でないもの」を合同運用信託の範囲から除外することとしている(法２二十六)。なお、「委託者が実質的に多数でない信託」とは、信託の効力が生じた時に当該信託の委託者(信託の委託者となると見込まれる者を含む)が１人(親族、支配法人等の特殊の関係のある者を含む)であるものをいう(法令14の２①)。

第二に、「特定受益証券発行信託」という概念を創設している。新信託法により受益証券発行が一般の信託に認められることになった（信託法185～215）が、新しい信託税制はこれを受けて受益証券を発行する信託を２つに分け、１つを「特定受益証券発行信託」として集団投資信託に含めて受益者・受領時課税を行うこととし（法２二十九ハ）、その他の受益証券発行信託を法人課税信託に含めて信託段階・法人課税を行うこととしている。なお、「特定受益証券発行信託」に該当する要件は、①受託者が、信託会社、信託業務を兼営する金融機関又は資本金の額又は出資金の額が5,000万円以上である法人のいずれかの法人に該当し、税務署長の承認を受けた法人であること、②信託の未分配利益の額が信託の元本総額の1,000分の25相当額以下であること、③計算期間が１年以下であること、とされる（法２二十九ハ、法令14の４①、②）。

第三に、集団投資信託の併合又は分割（信託法151～162）が行われた場合で、旧信託の受益者に新たな信託の受益権のみが交付された場合の課税の繰延べの規定が整備されている。すなわち、法人が集団投資信託の併合により新たな信託の受益権のみの交付を受けた場合、旧受益権の譲渡損益の計上は繰り延べられ（法61の２⑮）、また、法人が集団投資信託の分割（金銭等交付分割を除く）により承継信託の受益権の交付を受けたときにおける譲渡原価および譲渡対価は、旧受益権のその信託の分割の直前の分割純資産対応帳簿価額とする（すなわち譲渡損益の計上を繰り延べる）こととしている（法61の２⑯）。

③法人課税信託（信託段階・法人課税）

新しい信託税制では、従来の特定信託に対する信託（受託者）段階での課税が大幅に拡充され、法人課税信託という新しい概念が創設されている。新しく創設された法人課税信託は、ｉ）受益証券発行信託（上述した「特定受益証券発行信託」を除く）、ii）受益者等が存しない信託、iii）法人が委託者となる信託で一定のもの、iv）投資信託（集団投資信託に該当するものを除く）およびｖ）特定目的信託と定義される（法２二十九の二）。なお、退職年金等信託、特定公益信託等は法人課税信託の範囲から除かれている。

このうちiv）投資信託（集団投資信託に該当するものを除く）およびｖ）特定目的信託は、従来の特定信託に相当するものである。特定信託に対する信託段階・法人課税はこれまでどおり継続されている。従来と比べ最も異なるのは、

ⅰ)の受益証券を発行する信託である。受益証券を発行する信託は、前述した「特定受益証券発行信託」に該当しない限り法人課税信託として信託段階・法人課税が行われることになる。

ところで、ⅱ)とⅲ)については説明が必要である。まずⅱ)受益者等が存しない信託は、新信託法の受益者の定めのない信託(目的信託)に対応するものである。例えば、遺言により設定された目的信託等がこれに該当するが、新信託法では委託者の地位を相続人が承継しないため信託財産に属する資産の帰属する者が存在しない場合が生ずるが、それにもかかわらず信託財産から所得が生ずるので、これに課税しないことは適当でないとして法人課税信託としたものである。さらに、この受益者等が存しない信託については、信託設定時に信託財産が委託者から受託者に無償で移転すると捉えられるため、信託設定時に、委託者に対しみなし譲渡課税を行うこととしている(所法6の3七)。この場合、受託者には信託財産相当額の受贈益に対する法人税課税が行われることになる。なお、このように信託設定時に課税しているため、その後に受益者等が存することとなった場合には、受益者等への受益権の移転については非課税(受託者の清算所得および受益者等の受贈益のいずれも非課税)としているが(法64の3③)、信託終了時の残余財産の移転に係る受贈益については帰属権利者に対し課税することとなる。こうした措置は、受益者の定めのない信託にあっては、財産に係る権利の帰属が次々移転することへの対応が必要であることを示している。

次に、ⅲ)法人が委託者となる信託で一定のものとは、いわゆる事業型信託のうち3つの類型について、租税回避の観点から法人課税信託としているものである。第一は、事業の重要部分の信託で委託者の株主等を受益者とするもの(重要事業の信託)である。法人が、事業の全部又は重要な一部(その譲渡につき株主総会の特別決議を要するもの)について信託を設定し、かつ、その受益権の50%超を当該法人の株主等が取得することが見込まれるものが法人課税信託とされている(法2二十九の二ハ(1))。これは法人が本来行っている事業が信託され、その収益が受益権を通じて株主等に交付された場合に、信託前と異なり法人税が課税されなくなるという問題への対応である。ただし、不動産の信託など、その信託財産に属する金銭以外の資産の種類がおおむね従来と同一である場合等は除かれている。

第二は、長期の自己信託等である。信託の効力が生じたとき又は信託契約に定められた存続期間の定めの変更の効力が生じたとき（以下、「効力発生時等」という）に委託者である法人又はその特殊関係者が受託者である「自己信託等」であり、かつ、効力発生時等においてそれ以後の存続期間が20年を超えるものとされているものは、法人課税信託とされる（法２二十九の二ハ(2)）。これは、長期間継続する事業を自己信託等により行う場合に、その事業に係る法人税の課税機会が失われてしまうことへの対応である。

第三は、自己信託等で損益分配割合が変更可能であるものである。信託の効力が生じた時において委託者である法人又はその特殊関係者をその受託者とし、その特殊関係者を受益者とし、かつ、その時において特殊関係者である受益者に対する収益の分配の割合の変更が可能であるものは、法人課税信託とされる（法２二十九の二ハ(3)）。損益の分配を操作することで、事業の利益を子会社等に付け替えて法人税を回避することへの対応である。

以上の法人課税信託への課税は次のようになる。

法人課税信託の引受けを行う内国法人および外国法人は、法人課税信託の信託財産に帰せられる所得に対しては、受託者の固有財産に帰せられる所得と区分して法人税が課される。個人の受託者も、信託受託部分について法人として取り扱われ、法人課税信託の納税義務者となる（法４の６、４の７）。会社でない受託法人は会社とみなされる（法４の７三）。

各法人課税信託に係る信託資産等（信託財産に属する資産および負債並びに信託財産に帰せられる収益および費用）は法人の固有資産等（法人課税信託の信託資産等以外の資産および負債並びに収益および費用）と切り離され、それぞれ別の者に帰属するものとして法人税法の規定が適用されることになる（法４の６①、②）。

すなわち法人は法人課税信託を受託したときに新たにもう１つ別の法人を設立したのと同じことになる。法人課税信託の受託者としての受託法人は、当該法人課税信託の効力発生日に設立され、信託の終了の時に解散したものとされる（法４の７七、八）。信託された営業所が国内にある場合は内国法人とされ国内にない場合は外国法人とされる（法４の７二）。また、信託の併合は合併とみなされ、信託の分割は分割型分割に含まれる（法４の７四、五）。さらに、法人課税信託の受益権は株式又は出資とみなされ、法人課税信託の受益者は株主等に含まれる（法４の７六）。なお、法人課税信託の収益の分配は資本剰余金の減少に伴わない剰余金の配当（すなわち配当）とされ、一方、元本の払戻しは資本剰余金の減少に伴う剰余金の配当（すなわち資本の払戻し）とみなされる（法４の７十）。

このほか、法人課税信託に関して、受託法人の事業年度は信託行為に定められた信託の計算期間とする（法13①）、軽減税率は適用されない（法66⑥、81の12⑥）、受託法人は連結納税を選択することができる（ただし、利益又は収益の分配を損金算入することができる投資信託および特定目的信託は除く）（法令14の６③、④）等が規定されている。また、受託法人の各事業年度の所得の金額の計算は基本的には通常の法人と同様に行われるが、受託法人又は受益者に特有の計算方法について規定が設けられている（法64の３①〜④）。

NOTE　このように法人課税信託は受託法人を納税者としているが、この方法とは別に、信託財産そのものを法人とみなして納税義務者とすることも考えられる。この信託財産を法人とみなす場合には、信託財産が租税債務の帰属主体となる。しかし、租税法以外の法律では信託財産は受託者に帰属することとしている。また、滞納処分等の実体法に定める諸制度においても、信託財産が受託者に帰属することを前提にしている。こうした状況下で、信託財産を法人とみなして租税債務者とする仕組みを創設するには、広範かつ困難な調整が必要になる。

NOTE　日米租税条約３条１(e)に関し、そこに記載された「法人以外の団体」には遺産、信託財産および組合を含むことが議定書で明記されている。また、同条約が適用される「者」に信託財産が含まれること、すなわち信託財産が条約の対象になることが明らかにされている。

Q67　投資ファンドは、複数の個人又は法人が会社、組合、信託など多様な法形式の投資媒体を利用して投資を行うものである。あなたが投資ファンドに投資する投資家だったとして、当該投資ファンドが、組合型であった

場合、会社型であった場合、信託型であった場合のそれぞれについて、当該投資ファンドを通じて稼得する利益への課税関係がどのように変化するか、特に、パススルー課税の有無、分配された所得の種類、所得の帰属時期、損失についての損益通算の可否等について考察しなさい。

第4章 租税回避

第1節 租税回避の意義

広い意味で租税を回避する行為には、脱税と租税回避とがある。脱税は、税法の定める課税要件を充足する事実を秘匿することによって租税を免れ又はその還付を受けることをいい、ほ脱犯(狭義の脱税犯)を構成する(法159①ほか)。これに対して租税回避については、租税法において定義規定が置かれていない。本書では、講学上、租税回避とは、私法上の選択可能な法形式の中から租税法の予定しない常識を破る法形式を選定して、結果として意図した経済目的を達しながら、税法の予定した法形式について定める課税要件の充足を免れ、ひいては税負担の減少又は排除をもたらすこと、と定義する。

脱税と租税回避は、脱税が課税要件を充足する事実を秘匿する行為であるが、租税回避が課税要件の充足を回避する行為である点で区分される。また、租税回避は、税法が予定するところに従って税負担の減少を図る行為である節税とも区分される。

1. 脱税行為と脱税犯

脱税又は脱税行為と脱税犯は、租税法上区別される。脱税又は脱税行為は、課税要件に該当する事実を秘匿する行為であるが、脱税犯は、納税義務者又は徴収納付義務者が「偽りその他不正の行為」により租税を免れ又はその還付を受けたことを構成要件とする犯罪をいう。判例では、「偽りその他不正の行為とは、ほ脱の意図をもって、その手段として税の賦課徴収を不能もしくは著しく困難ならしめるようななんらかの偽計その他の工作を行うことをいう」とされる(最(大)判昭和42年11月8日)。

脱税犯の構成要件を充足する場合、法人の代表者、代理人、使用人その他の従業者でその違反行為をした者は、5年以下の懲役もしくは500万円以下の罰金又はこれを併科される(法159)。法人に対する両罰規定も設けられている(法164①)。

脱税犯が成立するには、租税債権の侵害がなければならず、既遂のみが処罰の対象とされる。また、脱税犯は、故意犯であると解されるので、脱税犯が成立するには構成要件に該当する事実の認識が必要である。

NOTE 米国IRCは、方法のいかんを問わず、故意に租税又はその納付のほ脱を試みる者は重罪とし、10万ドル(法人については50万ドル)以下の罰金もしくは5年以下の禁固又はその双方を併科されると規定する(IRC7201)。既遂でなくとも罰せられる点に留意が必要である。

2. 租税裁定取引と租税回避

このように脱税には厳しい罰則の適用があるが、租税回避は脱税とは区別される。企業は、営利を目的として合理的に事業活動を行う経済主体であり、税引後利益の最大化を実現するため、実務上開発された会社組織体等に関するコーポレート的法技術やファイナンス的金融技術などを用いて税負担の最小化を図る権利を有している。企業がその経営レベルの意思で戦略的に決定する税負担の最小化に関する方策をタックス・プランニングという。タックス・プランニングは、用いられる技術の面からみると、各国の企業法制や税制の差異さらには各国間で締結された租税条約の差異を利用する裁定取引であり、市場アービトラージに対し、制度アービトラージ又は租税裁定取引(タックス・アービトラージ)とよばれる。

こうした租税裁定取引は、企業にとっては当然のことであっても、①特定国における単体企業の税負担の減少、又は、②世界規模でのグループ企業全体の税負担の減少をもたらす。脱税ではないが、各国の国家歳入を減少させる行為であり、また、納税者の間に不公平感を醸成する。節税として見過ごすことはできず、防止すべき租税回避の問題として捉えられることになる。

ところで、租税回避を先にみたとおり、「私法上の選択可能な法形式の中から租税法の予定しない常識を破る法形式を選定して、結果として意図した経済目的を達しながら、税法の予定した法形式について定める課税要件の充足を免れ、ひいては税負担の減少又は排除をもたらすこと」と定義する場合、定義上の問題点として、①租税法の予定しない常識を破る法形式とは何か、逆に常識的な法形式とは何か、②企業が選択した法形式が常識を破る法形式であることをどのように証明するか、③常識を破る法形式を選択することに税負担の減少以外の合理的な理由がある場合をどう判断するか、④その場合の合理的理由とは何か、等があげられる。

租税回避は、租税公平主義の立場からは見過ごすことにできない問題であり、以上のような定義上の問題を克服しながらどのように効果的な対応策を講じていくかは、各国税務当局にとっての課題とされている。

NOTE 多国籍企業は、企業グループ全体の税負担の最小化を目的とする経営戦略を採るので、タックス・プランニングは必然的に国際租税計画(インターナショナル・タックス・プランニング)となる。その主たる内容は、①事業体の選択、②所得帰属の決定、③企業立地の選択(事業体の居住地国の決定、所得の源泉地国の決定)、④所得の種類の選択(非課税所得、税の減免の対象所得、外国税額控除の適用上有利となる国外源泉所得への変更)、⑤所得帰属年度の選択(損益計上の時期、課税繰延制度の活用)などである。

第2節　租税回避の否認

1. 判例原則の確立と個別的否認規定の立法による対応

租税回避に対する最もオーソドックスな対応は、判例原則の確立と個別的否認規定(Specific Anti-Avoidance Rule : SAAR)の立法である。このうち判例原則については、後述するとおり、わが国でも租税回避に係る裁判例の蓄積がみられ、さらに最高裁の判断も示されるようになっていることから、判例原則の確立が急速に進んでいる状況にある。また、個別的否認規定の立法についても、後述するとおり、事案の顕在化に対応して多くの立法が機を失うことなく行われるようになっている。わが国の判例原則の確立と個別的否認規定の立法の水準は、この分野で先進する米国の水準に近いものになっていると評価することができる。

しかし、こうした個別事例ごとの司法あるいは立法による対応は、どうしても後追いとならざるを得ず、法の隙間を突く新しい租税回避に対してどう対応するかという問題が残される。判例原則や個別的否認規定がない場合の租税回避にどう対応するかが次の課題となる。また、租税回避は、その実態を把握することが難しい場合が多く、対策の執行可能性という視点から、手続面での整備も租税回避対策の今１つの課題とされる。

2. 一般的又は包括的否認規定による対応

わが国には、租税回避行為の否認を一般的に認める一般的否認規定(General Anti-Avoidance Rule : GAAR)は存在しないが、特定の分野について共通的に適用される包括的否認規定(Comprehensive Anti-Avoidance Rule : CAAR)（同族会社の行為・計算の否認(法132ほか)、法人組織再編成に係る行為・計算の否認(法132の２ほか)、連結法人の行為・計算の否認(法132の３))が存在する。包括的否認規定のうち、同族会社の行為計算否認規定(法132ほか)については相当数の裁判例の蓄積がある。

なお、わが国では、昭和36年に通則法改正に際して一般的否認規定(GAAR)を導入する案が論議され、その結果、課税庁に恣意的な否認を行う権限を付与することについて懸念があるという理由で、この案が採用されなかった経緯がある。

NOTE ①　一般的否認規定(GAAR)としては、ドイツ租税通則法42条「税法は法の形成可能性の濫用によって回避することはできない。濫用が存する場合には経済事象に適合した法形成の場合に成立する租税請求権と同じ租税請求権が成立する」が代表的な規定である。
②　また、「取引の唯一の動機が租税回避である場合その取引は課税上否認される」旨の成文法は、オーストリア、スウェーデン、オランダ、イスラエル、カナダ、オーストラリア、フィンランドなどに存在する。
③　英国は1998年GAARの導入を試みたが失敗し、2004年にこれに代

わる租税回避スキーム開示(Disclosure of Tax Avoidance Schemes : D-TAS)制度を導入している。
米国には一般的否認規定はないとされているが、IRCは、税務会計原則において、企業の会計方法は所得を明瞭に反映するものでなければならず、財務長官が所得を明瞭に反映していないと認定する場合には、財務長官にその会計方法を否認する権限を付与している(IRC446(b))。これは、「隠れた一般的否認規定」といえる。所得を明瞭に反映することを要求する原則は、いわゆる移転価格税制の根拠規定ともされる。

3. 否認規定のない場合における租税回避の否認

個別的否認規定あるいは一般的・包括的否認規定がない場合、租税回避に関して、①私法上の法形式を税法上もそのまま容認してその法形式に対応した税効果を認めるべきであるという説と、②私法上の法形式は私法上有効としながら、税法上はこれを無視して税法の予定した法形式に引き直してこれに対応する課税要件が充足されたものとして課税すべきであるという説が対立している。この点について、最高裁判所の判断はまだ示されず、学説や下級審判決は分かれている。

NOTE 否認を肯定する判決としては、大阪高裁昭和39年９月24日判決、神戸地裁昭和45年７月７日判決、東京地裁昭和46年３月30日判決があり、他方、否認を否定する判決としては、東京高裁昭和47年４月25日判決、同昭和50年３月20日判決、大阪高裁昭和59年６月29日判決、東京高裁平成11年６月21日判決、東京地裁平成13年11月９日判決がある。

否認規定がない場合、学説や下級審判決の判断が分れるのは、租税法律主義と租税公平主義の相克が原因と考えられるが、税法が持つ強行法規性・侵害規範性からみだりに拡張解釈や類推解釈等が許されないことを考えると、否認規定がない中での租税回避行為の否認はそれが租税回避であるという根拠のみでは原則として許されないと解すべきであろう。そのうえで、事実認定あるいは法の解釈を通じて、租税回避を否認する考え方が以下のとおり形成されてきている。

(1)仮装行為

仮装行為は、真の事実関係や法律関係を隠蔽又は秘匿して、みせかけの事実関係や法律関係を仮装することをいい、通謀虚偽表示(民94①)がその典型例とされる。形式的に存在する取引が仮装行為であると認定される場合には、みせかけの取引は課税上無視されるため、租税回避の否認と同様の結果を生じる。課税要件事実は外観・形式でなく、実体・実質に従って認定しなければならないという事実認定における実質課税の原則に基づく私法上の法律関係に即した課税である。残された問題は、当事者が仮装行為でないと主張する場合に、どの程度の事実があれば当事者の表示意思を通謀虚偽表示であると認定できるかという証明レベルの問題である。課税庁の立証責任を過度に強調すると、仮装行為に対する否認が困難となる。

NOTE 米国内国歳入庁(IRS)は、移転価格課税にあたってIRC482を適用するほか、関連するエンティティや取引がshamであることを理由に、その取引行為や取引価格を否認することが多い。これは代替法理論とよばれている。これが可能となるのは、米国では原則として法人に立証責任が課されていることによる。

(2)税負担の減免を生ずる行為・取引を行ったことの認定

仮装行為と関連するが、納税者が税負担の減免を生ずる行為・取引を行ったと主張する場合、私法上の法律関係を見極めて税負担の減免を生ずる取引が実際に行われたかどうかの認定を行うことが必要とされる。外見上の行為・取引が真実の法律関係を反映せず要件を満たしていないと認定される場合には、その法的効果である税の負担の減免の効果は生じない。この認定は、租税回避の否認という概念と区別されるべきであるが、租税回避の否認と同様の効果を生ずる。

(3)表示意思に反する事実認定・私法上の法律構成

近年、租税回避の否認と関連して、私法上の行為につき、契約当事者の表示意思に反する事実認定・私法上の法律構成をことさら問題とする議論があるが、これは租税回避の否認と概念上明確に区別すべきものである。

租税法の適用にあたって、課税要件を構成する事実の認定が必要であることは当然であり、要件事実の認定は、事実関係および法律関係の外観と実体、形式と実質が異なる場合には、外観や形式でなく、実体や実質に従って行わなければならない。例えば、民法では意思主義・表示主義(民法93〜94)が採られているが、租税法は私法上の表示意思(外観、形式)を尊重しつつも、事実認定・私法上の法律構成において、表示と異なる真実の意思(実体、実質)を探究すべきことになる。こうした租税法本来の適用のあり方は、これを実質課税の原則とよぶかどうかはともかくとして、結果的に、形式を利用した租税回避の否認に一定の効果を有することになる。

ただし、ここでも、制度が執行可能なものになっているかという点が問題点として残されている。現行租税法では、事実認定・私法上の法律構成における事実関係および法律関係の立証責任は課税庁側にあるとされるので、外形的な表示意思を破るため、私法上の事実認定・契約解釈について当事者しか知り得ない内面的効果意思を把握し、これを立証する必要があるが、いわゆる情報の非対称性を考えると困難な作業といえる。

Q68　実質課税の原則について書かれた資料をできるだけ読み、本文の(1)〜(3)に書かれた内容とどう異なるか検証しなさい。また、実質課税の原則が実質所得者課税の原則とどこが異なるかについても論じなさい。

(4)目的論的解釈・限定解釈

租税法は侵害規範であり法的安定性を要請されるから、原則として文理解釈によるべきであり、文理解釈によって規定の意味内容を明らかにすることが困難な場合に限って、租税法各規定の立法趣旨目的に照らしてその意味内容を明らかにするという目的論的解釈を採ることになる。

ところで租税法が用いる概念には借用概念と固有概念の２種類がある。このうち借用概念については、課税要件として税法に取り込まれた借用概念は、別段の定めがない限り、私法上の意義と同義に解釈すべきと解されている。統一説とよばれる。しかし、租税法の不完全性と同様に私法の不完全性にも留意しなければならない。私法は、私的自治の原則又は契約自由の原則を前提とした補充的･任意規定としての意味をもち、当事者の利害調整という見地に基づく規定であるが、租税法はそのような当事者の利害調整という見地と異なる立場から課税要件として借用概念を用いるので、常に私法における意義と同一の意味内容を持つと考えるべきでなく、租税法の目的に照らして合目的的に解釈すべきであるとする説がある。

この両説は、対立するようにみえるが、税法の解釈において借用概念の意味内容を私法上の概念と同義に解すべきであるというとき、私法上の概念の意味内容について学説や司法の判断が分かれ対立して、私法上の意味内容が一律に確定しない状態が発生した場合に、公法としての租税法の目的論的解釈(論理解釈)を放棄すべきでないという点では共通している。

この目的論的解釈の最近の例として、外国税額控除余裕枠の利用についての最高裁判決があげられる(最判平成17年12月19日)。この判決の射程距離については、外国税額控除を課税減免規定と捉えたうえ、課税減免規定は一定の政策目的を実現するために税負担を軽減･免除することを規定するものであり、規定の政策目的と無関係に形式的に仕組まれた租税回避スキームには適用できないとした判決であるとする説がある。租税法の規定が予定する取引に該当しないものに課税減免規定の適用を否定したと解する立場からは、この判決は、目的論的解釈に立ち、縮小解釈･限定解釈を行ったものと評価することができる。このような目的論的解釈による課税減免規定の適用制限は、租税回避の否認という概念には該当しないが、同様の結果を生ずる。なお、この判決については、さらに、外国法人に外国税額控除の適用を認めていない法人税法69条の「法の濫用」を拒否したものと評価する見解もある。

第3節　租税回避対策の実効性確保

諸外国が講じている租税回避対策と比較すると、実効性のある租税回避対策を講じるためには、わが国でも個別的否認規定の立法や事実認定、解釈論の形成と並んで、手続上の規定の整備を図る必要があるように思われる。特に、以下にみるとおり、タックス・シェルターの登録制および立証責任の転換については早急に導入の可否が検討されるべきと認められる。

1. タックス・シェルターの登録制

日本の租税法にはタックス・シェルターの定義はないが、租税回避スキームを商品化して販売するものが一般にタックス・シェルターとよばれている。こうしたタックス・シェルターは、これまで主として米国で開発、普及したものであるが、現在ではわが国でも広く利用されるようになっている。米国では、金融機関等が法律、税務、会計等の専門家をチームとして組成し、資産所得や企業所得につき組織的かつ大規模な租税回避スキームを開発し、結果としてこうしたスキームを利用する富裕層や大企業が税を支払わないことが問題とされた。このため、米国税法においては、租税回避の防止および摘発のため、租税実体法における個別的否認規定のほか、租税手続法において、タックス・シェルターの定義を法定したうえで(旧IRC6111(c))、①タックス・シェルターの内国歳入庁への登録、②タックス・シェルター番号の付与、③プロモーターの投資家リスト保存義務、④濫用的タックス・シェルターの指定(報告すべき取引および指定取引)、⑤濫用的タックス・シェルターのプロモーターに関する第三者通報制度、⑥これらの義務違反に対する重い制裁などを制度化している。さらに、2004年には、従来のタックス・シェルターの定義より広い範囲の「報告すべき取引」(Reportable Transactions)概念を定め、報告すべき取引の「重要な助言者」(Material Advisor)に対し、①特定取引について記述すべきとされている情報、②取引の結果として期待される潜在的なタックス・ベネフィットの情報、の提出を義務づけ、重要な助言者の顧客リスト保存義務を課している。

わが国においてもタックス・シェルターの普及が米国並みになったと認められる現在、その弊害も米国並みに拡大している可能性がある。わが国でもタックス・シェルターについて報告すべき取引を定義し、何らかの形の登録制の採用を検討すべきと考えられる。それを通じて、行き過ぎたタックス・シェルターを効果的に規制することができることになり、一方で節税として許容されるタックス・シェルターの範囲も明確化することが期待される。

NOTE 旧IRC6111条(c)は、タックス・シェルターを定義し、「投資における持分の売却の申出に関してされた説明から当該投資の売却の申出日後に終了する５年のいずれの年の末日においても投資家のタックス・シェルター割合が２対１より大きくなるであろうと何人も合理的に推測できる投資であって、連邦もしくは州の証券法に基づき登録を要し、連邦もしくは州の証券規制当局に通知することを要する登録の免除により売却され又は相当の投資に該当するもの」をいうとしていた。現在はこれより広範な「報告すべき取引」の重要な助言者は、財務長官に「報告すべき取引」の登録をしなければならない(IRC6111)。重要な助言者とは、報告すべき取引を組成し、管理し、促進し、販売し、実施し、保証することにつき、実質的な支援、幇助又は助言を行い、かつ、一定限度額を超える総所得を直接又は間接に取得する者をいう。重要な助言者は、その顧客リストを７年間保存する義務を負う(IRC6112)。「報告すべき取引」とは、財務長官が租税回避又は脱税のポテンシャルを有すると判断する取引(財務省規則1.6011−4)で、申告書・計算書にその情報の記載を要求する取引であり(IRC6707A(c))、「指定取引」とは、財務長官が租税回避取引として特定した取引又はこれと実質的に類似の「報告すべき取引」をいう(IRC6707A(c)(2))。

2. 立証責任の転換を図る規定導入の必要性

先に述べた仮装行為の否認あるいは事実認定・私法上の法律構成による租税回避の否認にあたっては、原則として課税庁に立証責任があるとされている。しかし、当事者の内面意思についてまで立証することは、質問検査権の行使による任意調査の限界を超える可能性が高い。事実に基づく課税を実現するためには、納税者が取引に関する正確な資料を提出するよう促す仕組みが不可欠と思われる。課税庁が一定の証拠を提出した場合あるいは納税者が必要と思われる資料を提出しなかった場合等に、取引当事者の真の法律意思を推定する、あるいは納税者に立証責任を転換するといった仕組みが必要と思われる。

NOTE 立証責任に関しては、最高裁が「課税庁が確定処分を行うためには課税要件事実の認定が必要であるので、課税要件事実の存否および課税標準については、原則として課税庁が立証責任を負うと解すべきである」と判示し、これが判例となっている（最判昭和38年３月３日）。
ただし、その後、課税要件事実との距離などが考慮され、例えば特別経費については納税者側に立証責任があるといった多くの裁判例が蓄積されている。

NOTE 米国では訴訟手続きにおける事実認定に係る立証責任は、納税者の権利保護を重視する立場で制定されたIRS再生改革法（IRS Restructuring and Reform Act of 1998 : RRA98）により、納税者が事実に係る争点について「信頼できる証拠」を提出し、かつ、次の４条件を満たすことを要件として、納税者から内国歳入庁（IRS）に転換することにしている（すなわち、本来、立証責任は納税者にある）。

① 納税者がすべての項目を証明するための現行のすべての要件を満たしていること。
② 納税者が現行の要件に従ってすべての記録を保存していること。
③ 納税者が証人、情報、文書、会合および面接についてIRSの合理的な要求に対して協力的であること。
④ 納税者が個人でない場合、その純資産が700万ドル以下であること。

また、「信頼できる証拠」とは、反証がない限り、裁判所が厳格な分析を行った後に争点について判断を下す根拠として十分であると認めるであろう証拠をいい、受け入れがたい事実の主張、フリボラスな主張、反税論議および裁判所が信じるに値しない証拠は、除外される。

3. 違法所得に対する経済的帰属説の適用

所得の帰属に関しては、法律的帰属説によるのが通説である。しかし、違法所得については、私法上の法的権原（legal entitlement）を有しない者が事実上享受している所得に課税するものであるため、経済的権原（economic entitlement）を有する者に課税するという考え方を採らざるを得ない。すなわち違法所得に対しては経済的帰属説によることになるが、この点をより明確にすることが必要と思われる。拡大する地下経済などの現状から考えると、違法所得に対する課税はもはや課税上の例外ではなく、取扱いの原則を明確にしておくことが必要とされる。

第4節　日本における租税回避事案の裁判例

個別的否認規定がない場合の租税回避の否認が訴訟で争われ、司法判断が下されたものの例として、①デット・エクイティ・スワップ(DES)事件、②映画フィルム投資事件、③第三者割当増資による所得移転事件、③外国税額控除余裕枠利用事件、④租税条約を利用した匿名組合事件、④航空機リース事件、⑤船舶リース事件、などがあげられる。このうち、②〜④については最高裁判所の判断が示されており、こうした問題に対する判例としての意義を有している。

1.　デット・エクイティ・スワップ(DES)事件

本件デット・エクイティ・スワップ事件の本質は、法人税法では債権貸倒損の計上が困難であるため債権を株式にかえ債権貸倒損を株式譲渡損に転換することによって損金計上を容易に行うというスキームの妥当性の問題である。法人に対する不良貸付金債権を消滅させ、その代わりに債権と同額の株式の新株発行を受けて、この株式を譲渡することにより、譲渡損失を計上するという法形式をとる。ほぼ同時期の２つの判決(東京地判平成12年11月30日、福井地判平成13年１月17日)は、このスキームに対する個別的否認規定がないため、法人税法132条(同族会社の行為計算の否認)および37条(寄附金)を適用して譲渡損の計上を否認している。租税負担を軽減する行為に対して132条等を適用する例は、下級審判決で他にも多くみられ、そうした裁判例の蓄積の中から判例原則とよべるものが形成されてきている段階にある。

2.　映画フィルム投資事件

本件は外国投資会社がアレンジしたスキームであるが、映画フィルムの配給等の資金を募集するため日本の投資家を集めて任意組合を組成し、当該任意組合が組合員の出資金と銀行借入金で映画フィルムを購入し、これを賃貸しレンタル料を収益とする事業を行ったとするものである。映画フィルム(耐用年数2年)の減価償却費と借入金利子の計上で損失を計上し組合員の所得を圧縮する仕組みが問題とされた。この場合の組合の借入金はノンリコースローンによるもので、かつ予定したルートを循環して貸主に戻る仕組みが採用されている。また、購入した映画フィルムも契約日に配給契約により他社に移転しており、リース先やリース期間の収入を契約段階で確定し、収支のリスクが回避されている。結局、組合員には借入れやリース事業の責任が及ばず、借入金利子とフィルムの減価償却費により組合に生じた損失の配分を受けて組合員自身の所得を減少させ租税回避を行う点にスキームのねらいがある。第1審(大阪地判平成10年10月16日)は、組合員となった投資家にはこの組合を通じて映画フィルムを所有し、使用収益等を行う意思がなかったと真実の法律意思を推認し、映画フィルムの減価償却費計上を否定した(控訴審である大阪高判平成12年1月18日も同旨)。これに対し、上告審である最高裁平成18年1月24日判決は、原審の結論を支持したうえ、論旨は採用できないとしている。最高裁判決は、私法形式を尊重して組合が映画フィルムの所有権を取得したことを認めたうえ、契約により組合は当該フィルムの使用収益権限および処分権限を失っており、その他の事情を考慮すれば、本件フィルムが組合の事業において収益を生む源泉であるとみることはできず、組合の事業の用に供しているものということはできないので、その減価償却費を損金に算入できないとするものである。私法上の取引形式を直ちに否定するのではなく、その形式の中で実際に行われた取引の実質を見極めて判断した点に最高裁判例としての意義が認められる。

3. 第三者割当増資による所得移転事件

このスキームの本質は、日本法人X社が含み益(約280億円)のある株式を課税されることなく日本法人Y社に移転しようとするものである。X社は、当時認められていた特定現物出資の制度を利用して、その保有する放送会社株式を簿価で現物出資してオランダに100%子会社A社を設立した。A社は含み益のある資産を保有するペーパーカンパニーということになる。そのうえで、A社の株主総会を開催して、増資新株発行・第三者割当増資を決議し、同じくオランダに設立した関係会社B社に新株の全額を割り当てた（この割当後のB社のA社に対する持株割合は93.75％となる）。この結果、X社のA社に対する持株割合は100％から6.25％に低下し、当該A社株式の持つ資産価値を持株割合の減少分だけ失うこととなった（その後、当該含み益のある株式は289億円で日本法人Y社に売却され、譲渡益はオランダに留保されている）。

課税庁は、XがA社の株主総会決議を通じて、その保有するA社株式の資産価値を、対価を得ずにB社に移転したことは、XのB社に対する無償の資産の移転にあたるとして法人税法22条2項を適用し、移転部分を寄附金とした。第1審は、株主総会決議はA社の内部行為であってXの行為ではなく、XとB社の間には取引が存在しないとして法人税法22条2項の適用を否定した。100％株式保有という支配力の存在を無視して、法形式とその形式から示される表示意思にこだわった判決といえる（東京地判平成13年11月9日）。これに対して控訴審（東京高判平成16年1月28日）は第1審判決を取り消し、最高裁（最判平成18年1月24日）も控訴審判決を支持している。最高裁判決では、XがAの唯一の株主の立場において同社に発行済株式総数の15倍の新株を著しく有利な価額で発行させBに引き受けさせたのは、A社株式に表象されていた同社の資産価値の相当部分を対価を得ることなく、Bに移転させることを意図したものということができるとしたうえ、この新株発行は、関係する会社の各役員が意思を通じて行ったというのであるから、Bにおいても事情を十分に了解したうえで資産価値の移転を受けたものということができると認定し、この資産価値の移転は、Xにおいて意図し、かつ、Bにおいて了解したところが実現したものということができるから、法人税法22条2項にいう取引にあたる、と判示している。株主総会決議という形式で判断を停止することなく、株主の持つ支配力に着目し、決議の真の意味を見極めて判断している点に、この判決の判例としての意義が認められる。

4. 外国税額控除余裕枠の利用事件

本件は、ニュージーランド法人Aがクック諸島に設立した2つの子会社、資産運用会社Bと資金調達会社Cとの間で、直接資金の貸付けをするとBからCに支払われる利息に対する15%の源泉税が負担となるので、日本法人である銀行XをCとBとの間に仲介させることとしたものである。XはCから融通された資金をBに貸し付け、Bから利子を受け取ると同時に15%の源泉税を負担する。そのうえで、Xは当該受取利子に源泉税額を加算した金額から手数料を控除した金額を預金利息としてCに支払う。

この取引で、BとCはBからCに支払われる利子について、Xに手数料を支払うことになるが、それを上回るクック諸島の源泉税の負担を免れることができる。一方、Xは手数料を得る一方で、この手数料を上回るクック諸島の源泉税を負担することになりこの取引自体では損失を生じる。しかし、負担した源泉税について日本で外国税額控除を受けることによって最終的に利益を得ることができる。

課税庁は、この源泉税は日本法人である銀行の外国税額控除余裕枠を利用するために創出された外国税額であるとして、外国税額控除の適用を否認した。第1審(大阪地判平成13年12月14日)および控訴審(大阪高判平成15年5月14日)は、①Xにとって外国税額控除余裕枠を提供して利益を得ることを含め、取引には経済的目的があるので取引を「仮装行為」ということはできない、②Xは、金融機関の業務の一環として、Bへの投資の総合的コストを低下させたいというCの意図を認識したうえで、外国税額控除余裕枠を利用してコストの低い金融を提供し、その対価を得る取引を行ったものと解することができるので、これを「事業目的のない不自然な取引」であると断ずることはできない、として、外国税額控除制度の濫用と主張する課税庁の処分を違法であると判断した。これに対し、最高裁は、原審判決を破棄し次のように自判した(最判平成17年12月19日)。

①この取引は、全体としてみれば、本来は外国法人が負担すべき外国法人税についてわが国の銀行であるXが対価を得て引き受け、その負担を自己の外国税額控除余裕枠を利用して国内で納付すべき法人税額を減らすことによって免れ、最終的に利益を得ようとするものであるということができる。これは、わが国の外国税額控除制度をその本来の趣旨目的から著しく逸脱する態様で利用して納税を免れ、わが国において納付されるべき法人税額を減少さ

せたうえ、この免れた税額を原資とする利益を取引関係者が享受するために、取引自体によっては外国法人税を負担すれば損失が生ずるだけであるという取引をあえて行うというものであって、わが国ひいてはわが国の納税者の負担の下に取引関係者の利益を図るものというほかない。

②この取引に基づいて生じた所得に対する外国法人税を法人税法69条の定める外国税額控除の対象とすることは、外国税額控除制度を濫用するものであり、さらには、税負担の公平を著しく害するものとして許されないというべきである。

この最高裁判決は、取引を個々にではなく全体として捉えるという考え方に立っていること(ステップ取引原則とよばれることがある)に加え、外国税額控除制度という特例制度の適用にあたっては、その本来の趣旨目的に従って適用されるべきこと、すなわち目的論的解釈を明確にした点に判例としての意義が認められる。

5. 租税条約を利用した匿名組合事件

本件は、オランダ法人Xが兄弟会社である日本法人N(医療機器事業を営む)と匿名組合契約を締結し、Nから利益分配金を受領したことにつき、当該所得が日蘭租税条約上どの所得区分に該当するかが争点となったものである。課税庁は、この組合契約の内容について調査した結果、組合財産の共有関係等があるため、当該契約は納税者が主張する匿名組合契約ではなく、XとNを構成員としNを業務執行組合員とする任意組合契約にあたると判断した。匿名組合の場合は日蘭租税条約のその他所得に該当して日本に課税権がないが、任意組合の場合はXが日本国内にある恒久的施設を通じて日本国内で行った事業からの所得として日本が課税することができる。

東京地裁平成17年9月30日判決は、このスキームの目的が税負担の回避にあるとしても、この契約は契約書の内容等からNを営業者とし、Xを匿名組合員とする匿名組合契約と認めざるを得ないこと、その匿名組合の利益の分配は、日蘭租税条約7条から22条に規定する所得のいずれにも該当しないので、同条約23条に規定するいわゆる「その他所得」に該当すると判決した。

この事件は、組合契約から受ける分配金の所得分類および租税条約の適用に係る法の抜け穴(ループ・ホール)を利用したスキームを扱ったものである。租税回避の意図が明らかであってもそれのみを根拠に私法上認められた形式を否認できないことを確認したことおよびその裏返しであるが、租税回避に対応するためには法の解釈だけでは限界があり立法措置が必要であることを示した点に本件判決の意義が認められる。こうした事件を受けて、立法面では匿名組合の利益の分配が源泉徴収の対象となる国内源泉所得であることが明確化され(法令184)、さらに租税条約の締結に当たっても匿名組合の利益の分配に対する源泉地国の課税権の明確化が条約締結方針とされるようになっている。

NOTE 新しい日米租税条約では、匿名組合に対する源泉地国の課税権が明確にされている。同条約議定書13条は、「条約の適用上、合衆国は、匿名組合契約又はこれに類する契約によって設立された仕組みを日本国の居住者でないものと取り扱い、かつ、当該仕組みに従って取得される所得を当該仕組みの参加者によって取得されないものと取り扱うことができる。この場合には、当該仕組み又は当該仕組みの参加者のいずれも、当該仕組みに従って取得される所得について条約の特典を受ける権利を有しない」および「条約のいかなる規定も、日本国が、匿名組合契約又はこれに類する契約に基づいてある者が支払う利益の分配でその者の日本国における課税所得の計算上控除されるものに対して、日本国の法令に従って、源泉課税することを妨げるものではない」と明記している。

6. 航空機リース事件

本件は、投資会社が航空機リースを行う任意組合を組成して投資家から資金を集め、当該組合は出資金とノンリコースローンによる銀行借入金を資金として航空機を購入しリース(不動産事業)を行うものである。上述した映画フィルム事件と同じスキームといえる。すなわち、組合の支払利子と減価償却費から生じたリース期間初期の損失を組合員に分配し(不動産所得の損失となる)、損失の分配を受けた投資家は損益通算により所得税負担を軽減できるというメリットが得られる。さらに、一定期間後に組合は当該航空機を売却することで所得分類を不動産所得から譲渡所得に転換して課税メリットを得ることもスキームの内容とされている。

課税庁は、当該組合の事業運営が投資会社に一任されていること等から出資者の主目的は事業参加でなく租税回避にあり、当該組合契約は利益配当契約に過ぎないと認定した。この場合、投資家の所得・損失は雑所得であって損益通算は認められない。

これに対し、名古屋地裁平成16年10月28日判決およびこれを支持する名古屋高裁平成17年10月27日判決は、任意組合契約の成立要件として、①２人以上の当事者が存在すること、②各当事者が出資することに合意したこと、③各当事者が共同の事業を営むことに合意したこと、をあげ、問題となった組合はこうした必要条件を満たしていると事実認定した。そのうえで、契約の実体ないし実質に従って課税されるべきであるのは当然としつつも、「形式が私法上有効である取引を法律の根拠なしに税務上否認することはできない」、「選択した契約類型が真意に反すると認定すること(契約形式と異なる効果意思を推認すること)は事実認定の名の下に法的根拠のない法律行為の否認と異ならない」と判示している。

この事件も、組合契約から受ける分配金の所得分類についての法の抜け穴(ループ・ホール)を利用したスキームに関するものである。租税回避の意図が明らかであってもそれのみを根拠に私法上認められた形式を否認できないことを確認したことおよびその裏返しであるが、こうした租税回避に対応するためには法の解釈だけでは限界があることを示した点に本件判決の意義が認められる。この事件を受けて、任意組合が行う不動産事業から生じた損失を個人組合員が損益通算の対象とすることを制限する立法が行われている。

7. 船舶リース事件

本件は、対象を航空機から船舶に代えただけで、上記の航空機リース事件と同一内容の事件である。ただ、リース会社自身が組成したスキームであること、任意組合が外国のパートナーシップのリミテッド・パートナーになり事業を進め、当該外国パートナーシップからの分配金の所得分類が問題になった点に特色がある。

リース事業を行う内国法人が国内で大型船舶の持分権を出資して任意組合を組成し、この組合は英領ケイマン諸島において現地子会社とともにケイマン法の特例リミテッド・パートナーシップ(LPS)のリミテッド・パートナーとなった。LPSは事業者と裸傭船契約を締結して船舶賃貸事業(以下、「船舶リース」という)を行い、約定に従ったリース料を受領し利益又は損失を出資口数に応じて組合員である任意組合に分配する。初期の段階で損失が生じ損失の分配になること、一定期間経過後にこの船舶を売却し、売却代金を譲渡所得として分配する点はいずれも上記航空機リースの場合と同様である。当該任意組合は初期の段階でLPSから分配を受けた損失をさらに組合員である投資家に分配するが、投資家はこの分配された損失が不動産所得の損失にあたることを前提に、自己の所得計算において損益通算の対象とする。

課税庁は、控訴審において「ケイマンの特例LPSは日本における民法上の組合と合致しない」と主張し、投資家に分配された損失は不動産所得の損失ではなく雑所得の損失にあたるので損益通算はできないとした。これに対し、名古屋高裁平成19年3月8日判決は、「ケイマンの特例LPSは、法人格を有せず、構成員間の契約関係という性質を有するものと認められる。すなわち、『共同で事業を行う人々の間に存在する関係』とは、2人以上の当事者の間の各当事者が共同事業を営むことの合意を意味するものと解されるところ、我が国の民法の解釈としても、内部的に出資額以上の損失を負担しない当事者がいたとしても、組合契約の成立を妨げるものでないから、ケイマン法に基づいて成立された特例LPSである本件各パートナーシップは、我が国の民法における組合の要件を満たし得るものというべきである」とし、「特例LPSの諸規定は、いずれもリミテッド・パートナーの所有権を否定する根拠となるものでなく、ケイマン法を根拠に被控訴人らが本件各船舶の共有持分権を有していないとする課税庁の主張は採用できない。本件各船舶は、本件各パートナーシップのパートナーの財産と認められ、そのリミテッド・パートナーである本件各組合の組合員である被控訴人らは、本件各船舶の共有持分権を有するものと認められる」と判示し、課税庁の主張を斥けている。

本件判決の意義は、外国のパートナーシップが日本の任意組合に該当する要件についての司法判断が示されていることにある。その他、法の解釈のみで租税回避に対応するには限界があること、立法措置が必要であること、判決後に組合からの不動産所得の損失の分配について立法により制限が設けられた事情等は上記航空機リース事件の場合と同様である。

第5節　立法化が進む個別的否認規定

先に述べたとおり、租税法律主義の下では、租税公平主義の観点から看過できない租税回避行為については個別的否認規定により対応することが基本とされる。納税者の権利保護、税務行政および司法の経済性、効率性、効果性さらに透明性の観点からも個別的否認規定の臨機の立法が望まれる。経済取引をめぐる規制緩和や取引方法の多様化・国際化、租税回避を図るための法技術や金融技術の開発・普及、租税回避についての訴訟の多発と法の解釈だけでは対応できない事態の発生などが見られる中で、わが国においても個別的否認規定の立法が進んでいる。個別的否認規定の数は多いが、以下では最近改正された主として国際取引に係る個別的否認規定を紹介する。

1.　匿名組合出資に対する海外への利益の分配に対する源泉徴収

匿名組合契約については、従来、営業者が組合員10人以上と契約している契約に限って、その利益の分配を国内源泉所得としていたが、平成14年度改正で、営業者が契約している組合員の数にかかわらず匿名組合の利益の分配を国内源泉所得とし(法令184)、非居住者・外国法人に対する支払いを源泉徴収の対象とした(所法212)。前節5の事例を受けた対応である。

2.　債権譲渡を利用した租税回避取引

前節4の事例にみられるような外国税額控除余裕額を利用した租税回避を防止するため「通常行われない取引」が行われ、それに起因して外国法人税が支払われる場合には、そうした外国法人税を外国税額控除の対象から除外する措置(法69①括弧書き)として、平成14年度改正で、通常行われない取引の範囲に、債権譲渡を利用した金融仕組取引を指定している(法令141④)。

3. 日米租税条約改正(平成16年条約2号)における租税回避防止

改正された日米租税条約には、①両国で課税上の取扱いが異なる事業体への条約の適用、②トリーティ・ショッピング防止規定、③濫用的取引に対する特典制限といった条約の特典利用に係る租税回避を防止するための規定が盛り込まれている。

4. タックス・ヘイブン対策税制の改正

タックス・ヘイブン対策税制は、適用対象の判定等、適用にあたって多くの形式基準を用いることからループ・ホールが生じやすく、多くの個別的否認規定が設けられている。特に、外国関係会社および合算税制の適用を受ける内国法人等の判定については、平成17年度、平成19年度、平成20年度と相次いで改正が行われている(措法66の6②一、措令39の14③六)。

5. 不動産化体株式等

国内にある不動産の譲渡が有価証券の譲渡に転換されることを防止するため、平成17年度改正で、非居住者又は外国法人が、国内にある不動産が総資産の50%以上である法人が発行する一定の株式等を譲渡した場合において、当該譲渡による所得を申告納税の対象となる国内源泉所得の範囲に加えることとしている(法令177②五、187①四、⑧〜⑫)。

6. 事業譲渡類似株式等

非居住者又は外国法人に係る事業譲渡類似株式等の譲渡益課税にループ・ホールが生じないよう、平成17年度改正で、適用判定の基準となる特殊関係株主等の範囲に「非居住者又は外国法人が民法に規定する組合契約その他これに類する契約による組合」(外国におけるこれらに類するものを含む)(「民法組合等」という)を通じて内国法人の株式等を所有する場合における当該民法組合等の「他の組合員」を加える等の措置を講じている(所法187④三)。

7. 任意組合の外国組合員が受ける利益の分配に対する源泉徴収等の整備

平成17年度改正で、民法組合等の組合員である非居住者又は外国法人(「外国組合員」という)が受ける申告納税の対象とされている利益(民法組合等が国内において行う事業から生ずるものに限る)の分配について、次の措置を講じている(所法161一の二、213①、225①八、所令281の2②)。

①外国組合員が受けるべき利益の分配については、民法組合等からの利益の分配が行われた日に20%の税率により源泉徴収を行う(ただし、国内に組合事業以外の事業に係る恒久的施設を有する者は除く)。

②外国組合員が民法組合等の各計算期間に受けるべき利益の分配に係る支払調書制度を整備する(措令39の12①四、五)。

8. 国外関連者との取引に係る課税の特例

平成17年度改正で、移転価格税制の適用対象となる国外関連者の範囲に、次の者を加えている(措令39の12①四、五)。

①内国法人等と外国法人との間に、実質支配関係(事業方針を実質的に決定できる関係)と持株関係(発行済株式総数の50%以上を保有する関係)との連鎖又は実質支配関係のみによる間接の支配関係がある場合の外国法人

②内国法人等と外国法人とが同一の者によって、実質支配関係と持株関係又は実質支配関係のみにより直接又は間接に支配される関係がある場合の外国法人

9. 不動産所得を生ずべき事業を行う民法組合等(外国におけるこれに類似するものを含む)の個人組合員(組合の重要な業務の執行の決定に関与し、契約を締結するための交渉等自らその執行を行う個人組合員を除く)の当該民法組合等に係る不動産所得の金額の計算上生じた損失

前節6および7の事例を受け、平成17年度改正で、任意組合から個人投資家に分配された不動産所得の損失はなかったものとみなされることとなった(措法41の4の2)。結果として損益通算が許されず損失は切り捨てられるので、問題とされた租税回避行為が有利性を失うことになる。

10. 民法組合、匿名組合等の法人組合員(組合に係る重要な業務の執行の決定に関与し、契約を締結するための交渉等自らその執行を行う法人組合員を除く)の組合損失

平成17年度改正で、組合からの損失の分配について、標記の組合員について次のように措置が講じられている。これは、米国のアット・リスク・ルールをわが国に導入したものといえる(措法67の12)。なお、この規定は個人組合員にも適用されるが、法人組合員の場合は、個人の場合と異なり、損失は翌事業年度に繰り越して控除することが認められている(措法67の12②)。

①組合損失の責任が実質的に組合資産の価値を限度としている場合等には、その法人組合員に帰属すべき組合損失のうち当該法人組合員の出資の価額として計算される金額を超える部分の金額は、損金の額に算入しないこととされる。

②組合事業に係る収益を保証する契約が締結されていること等により実質的に組合事業が欠損にならないことが明らかな場合には、その法人組合員に帰属すべき組合損失の全額を損金の額に算入しない。

11. 有限責任事業組合の損失分配に係る組合員の所得への損金算入制限

有限責任事業組合法の成立を受け、平成17年度改正で次の措置が講じられている。

①個人組合員に係る損金算入制限の特例(措法27の2)

有限責任事業組合契約を締結している組合員である個人について、組合事業から生ずる不動産所得、事業所得又は山林所得について損失金額があるときは、この損失金額のうち個人の出資の価額から計算した調整出資金額を超える部分の金額については、その年分の不動産所得、事業所得又は山林所得の金額の計算上、必要経費に算入しない。

②法人組合員に係る損金算入制限の特例(措法67の13)

有限責任事業組合契約を締結している組合員である法人について、組合事業から生ずる損失金額のうち、法人の出資の価額から計算した調整出資金額を超える部分の金額については、法人所得の計算上、損金の額に算入しない。損金に算入されなかった損失は、翌期以降においてその損失の帰属する組合からの分配利益の範囲内において損金の額に算入することができる。これもアット・リスク・ルールの適用である。

12. 国外支配株主等に係る負債の利子の課税の特例

平成18年度改正で、過少資本税制について、次の措置を講じている。租税回避だけでなく経済の実態に制度を適合させる内容を含んでいる（措法66の5②、④二～四）。

①国外支配株主等に対する負債の範囲から借入れと貸付けの対応関係が明らかな債券現先取引に係る負債を控除することができることとする。この場合、適用要件となる国外支配株主等に対する負債の国外支配株主等の資本持分に対する倍率は、2倍超とする。

②対象となる負債の利子に、国外支配株主等に支払う債務の保証料、国外支配株主等から借り入れた債券に係る使用料等を加える（ただし、法人税の課税対象所得に含まれる負債の利子を除く）。

13. 三角合併解禁に伴う租税回避措置

会社法における三角合併の解禁に併せて、法人税法においても平成19年度改正で、合併等の対価として合併親法人等の株式が交付された場合でも適格合併等に該当する等の措置が講じられたところである。

平成19年度改正では、この三角合併に伴い予想される租税回避の問題への対策が講じられている。対策の詳細については、本編第1章第1節7「組織再編に係る租税回避防止規定」を参照されたい。

14. 新しい類型の信託等に対する対応

信託は租税回避スキームの媒体とされるものでもあるので、課税ルールを明確にすることが必要とされる。こうした観点から、信託法改正に伴い平成19年度改正で信託に対する課税制度が整備されており、従来からの受益者課税を原則的方法としつつも、法人課税信託という受託者課税の考え方を導入し、新しい類型の信託に対しても対応できるようになっている。その詳細は、本編第3章第2節「『その他の非法人』に対する課税の仕組みと問題点」5「信託」の部分を参照されたい。

第5章

国際課税

国際取引に対する租税法の適用は、他の租税法の分野と区分されて国際租税法とよばれることがある。国際取引への課税にあたっては、租税条約、国際課税慣行を含む国際法あるいは取引相手国の租税法等への考慮が必要となり、国内租税法のみでは解釈・適用に限界が生ずる場合があるためである。

国際租税法のうち、国際的に発生する所得に対するアプローチには、①取引主体に着目したエンティティ・アプローチ、②稼得される所得に着目したインカム・アプローチ、③所得の帰属に着目したインカム・アトリビューション・アプローチの３つがあるといわれる。日本の企業を中心にみると、①エンティティ・アプローチによれば、国際取引は日本企業が行う国際取引と外国企業が行う国際取引に区分される。また②インカム・アプローチによれば、国際取引は日本で所得が発生する国際取引と外国で所得が発生する国際取引に区分される。さらに③インカム・アトリビューション・アプローチによれば、国際取引は日本に所得が帰属する国際取引と外国に所得が帰属する国際取引に区分される。

本章では、法人を中心に、こうした国際取引に対する課税の主要問題を取り上げる。

第１節　国際課税の仕組み

わが国は、内国法人を無制限納税義務者とし、所得源泉地を問わずそのすべての所得に対して日本で課税するという全世界所得課税方式を採用している。上述のエンティティ・アプローチの考え方である。一方、外国法人に対しては、制限納税義務者としてその国内源泉所得に対してのみ日本で課税するというインカム・アプローチを採用している。こうした課税方式の下では、次のような問題が発生する。

第一に、わが国の内国法人に対する全世界所得課税と取引相手国の国内源泉所得課税との間で同じ所得に対する国際的二重課税が発生することになる。居住地国課税と源泉地国課税の衝突である。こうした国際的二重課税は国際取引を阻害するため、その防止および排除が伝統的な国際租税法上の主要問題とされてきており、対処のため、後述する国外所得免除方式と外国税額控除方式とのいずれかを採用することが国際慣行とされている。わが国は後者の外国税額控除方式を採用している。

第二に、わが国は外国法人に対して、国内源泉所得に対してのみ課税するとしているが、国内源泉所得の範囲と課税方法が問題となる。一般に、所得がどこで生じたかについてその源泉地を判定する基準をソース・ルールとよぶが、国内源泉所得の定義を定めた法人税法138条(所法161も同じ)は、わが国のソース・ルールである。ソース・ルールは租税法律主義の下、まず明確であることが必要であるが、同時に国際的な基準と整合的なものであることが求められる。そうでないと、所得の源泉地を巡って国際的な課税の衝突又は課税の空白が生じるからである。

第三に、国際的な二重課税や税の空白といった事態を回避するためには、課税ルールが国際的に確立されることが望ましい。現在は、各国がそれぞれ二国間租税条約ネットワークを拡充する形でこれに対応しているが、各国が締結する二国間租税条約がバラバラなものとならないよう、OECDモデル租税条約(以下、OECDモデル条約又はモデル条約とよぶ)や国連モデル租税条約が公表されている。現状をみると、各国が特にOECDモデル条約に準拠して二国間租税条約を締結あるいは改定する動きを強めており、OECDモデル条約およびそのコメンタリーが国際的な課税ルールとして規範的役割を果たしている状況にある。

第四に、国際的租税回避の問題があげられる。各国の課税権はその主権の及ばない領土外で行使することは国際法上許されず、各国税務当局にとって特に国外資料の入手に限界がある。こうした国外資料入手の困難性のため、エンティティの特定や所得帰属のトレースが困難となりそれを利用した脱税が行われ、あるいは各国の税制や税務行政の差異を意図的に利用する国際的租税回避が行われることがある。

租税回避の例としては、まず関連企業間の移転価格や過少資本取引等を通じて所得の国外移転が行われることや、タックス・ヘイブンへの所得の移転と留保の問題があげられる。こうした移転価格、過少資本、タックス・ヘイブンの問題については国際的に問題が共有されており、先進国を中心にほぼ類似した対応が行われている。現在は、その適正な執行のあり方が個別事例を通じて問題とされている段階にある。こうした伝統的な租税回避の問題に加え、最近では、国際取引において多様な事業体・代理人等の中間介在者を利用して行為の主体を曖昧にする行為(エンティティ・アプローチ)、所得の種類や発生地を変更する行為(インカム・アプローチ)、日本の国内源泉所得として捕捉されないよう所得帰属を操作する行為(インカム・アトリビューション・アプローチ)などがしばしば問題とされている。このような新しい問題については、各国がそれぞれ国内立法あるいは租税条約の改定等により対応を行っているが、同時に租税条約を単に国際的二重課税の排除にのみ活用するのではなく、国際的脱税・国際的租税回避の防止に活用することが重要であるという考え方が強まっている。こうした背景の下、①租税条約の関連企業間取引に関する規定、②情報交換規定、③徴収共助規定などの充実が図られている。また、ベース・カンパニー等の導管を通じて租税条約の恩典を不当に享受するトリーティ・ショッピングへの対策が強化される方向にある。

第2節　内国法人への課税と国際的二重課税の排除

1.　国外所得免除方式と外国税額控除方式

国際的二重課税の排除方法について、OECDモデル租税条約は、国外所得免除方式と外国税額控除方式の２つの選択枝を認めている。国外所得免除方式は、自国の居住者であれ非居住者であれ国内に源泉のある所得について等しく課税し、国外に源泉のある所得には課税しないとするものである。①完全国外所得免除方式と②累進付国外所得免除方式とがある。この国外所得免除方式は、非居住者が源泉地国でその国や他国の企業と同様の条件で競争することを可能にするという意味で、資本輸入の中立性(Capital-Import Neutrality)の観点から望ましく、また、国外所得免除方式の採用は、対外投資に対し課税しないことで海外投資にドライブをかける効果を持つと評価されることがある。

一方、外国税額控除方式は、居住地国で国内源泉所得と国外源泉所得をともに課税したうえ、国外源泉所得に対する相手国での課税(外国税額)を居住地国で税額控除により救済するものである。①完全税額控除方式と②通常税額控除方式とがある。外国税額控除方式は、投資を行う企業にとって、対外投資と対内投資に対する税制の中立性を維持するという意味で、資本輸出の中立性(Capital-Export Neutrality)の観点から望ましいとされる。

この両方式のいずれを採用すべきかという命題は、国際競争力を重視する経済政策で常に議論されるテーマであるが、各国はそれぞれの立場でこのいずれか又はその折衷方法を採用している。日本は、先に述べたとおり全世界所得課税の原則を採用するとともに外国税額控除方式を採用している。以下に、わが国の外国税額控除の仕組みを説明する。

Q69　後述する間接外国税額控除は、外国子会社からわが国の親会社に配当があった場合の二重課税を調整する制度である。ところで、わが国の法人税率が国際的にみて高いことから、外国子会社がわが国親会社に配当を行わず現地に利益を留保しあるいは現地で投資を行う事例が増えている。外国子会社の利益を配当の形でわが国に還流させ国内での投資に向かわせることがわが国経済の活性化につながるという考え方から、その一案として、わが国も外国税額控除方式に代えて国外所得免除方式を採用して外国子会社からの配当を非課税とすべきではないか、との提案があるが、どう考えるか。

NOTE　米国の2005年11月1日大統領税制改革諮問パネル報告書で提案された簡易所得税(Simplified Income Tax : SIT)では、多国籍法人による対外投資の取扱いの簡素化と公平を期して、米国法人の被支配外国法人および外国支店の能動的収益から支払われる配当に対する米国税を免除することが提案されている。この提案は上記のQ69で述べたわが国での議論とも共通点を有する。

2. 内国法人に係る国際的二重課税の排除――外国税額控除（単体法人の場合）

法人（内国法人に限る）は、各事業年度において外国法人税を納付することとなる場合、確定申告書への明細の記載など一定の要件を満たすことを条件に（法69⑯～⑱）、政令で定める金額を限度（控除限度額）として、その外国法人税の額を当該事業年度の所得に対する法人税の額から控除できる（法69①）。また、外国法人税の額のうち、控除限度額を超える部分の金額は、地方税控除限度額の範囲内で住民税の法人税割額から控除される（地法37の２、53⑨、314の７、321の８⑨）。なお、法人が、外国税額控除を適用するかどうかの選択は任意であり、外国税額控除を選択しなかった場合、外国法人税額は損金に算入される。ただし、選択にあたって、控除対象外国法人税額の全部について同一の方法を選択しなければならない。一部を税額控除とし他を損金算入とすることは許されない（法基通16－3－1）。

この外国税額控除の制度で問題となるのは、①控除対象となる外国法人税の範囲、②租税回避の観点から適用除外とされる取引、③控除限度額の計算、④控除限度額の計算上問題となる国外所得金額、⑤控除限度超過額と控除余裕額、⑥間接外国税額控除、⑦みなし外国税額控除、⑧外国法人税が減額された場合の処理、である。以下、この順序で説明する。

（1）控除対象となる外国法人税の範囲

控除対象となる外国法人税とは、外国の法令に基づき外国又はその地方公共団体から法人の所得を課税標準として課される税をいう（法令141①）。わが国の法人税に相当する税がこれに該当するが、これに加えて、厳密にいうと法人の所得を課税標準として課される税といえるかどうか疑問があるが、①超過利潤税その他法人の所得の特定の部分を課税標準とする税、②法人の所得又はその特定の部分を課税標準とする税の附加税（わが国の法人住民税の法人税割りなど）、③法人の所得を課税標準とする税と同一の税目に属する税で、徴税上の便宜のため所得に代えて収入金額その他これに準ずるものを課税標準として課されるもの（源泉徴収税など）、④法人の特定の所得につき、所得に代え、法人の収入金額その他これに準ずるものを課税標準として課されるもの、はいずれも控除対象となる外国法人税とされる（法令141②）。

一方、およそ税といえないものとして、①税を納付する者がその納付後任意にその全額又は一部の還付を請求できる税、②税の納付が猶予される期間を納付する者が任意に定めることができる税、が対象から除かれており、また、二重課税が生じないものとして③法人税法24条１項各号(みなし配当)に掲げる事由により交付される金銭等に対して課される税(その交付の基因となった株式の取得価額を超える部分の金額に対して課される部分を除く)が、さらに移転価格税制の対応的調整に係る二次的調整のわが国と相手国の考え方の差に基因するものであるが④法人の所得の金額が租税条約実施特例法７条１項(移転価格税制の対応的調整)により減額される場合に相手国居住者等に支払われない金額に対しこれを配当とみなして課される税(二次的調整に係るもの)、はいずれも控除対象となる外国法人税には該当しないこととされている。このほか、当然のことながら二重課税排除という外国税額控除制度の趣旨から、ペナルティの性格を有する附帯税に相当する税(延滞税、加算税など)も控除対象から除外される(法令141③)。

加えて、外国法人税に該当するものであっても、負担が高率な部分は控除の対象(控除対象外国法人税額)から除外する措置が講じられている(法69①括弧書き)。これは、同じ所得に２国から課税されても、わが国の税負担水準を超える部分については二重課税が存在しないという考え方に基づくものである。負担が高率な部分とは、所得に対して課される外国法人税についてはその課税標準額の50%を超える部分であり(法令142の３①)、利子等に対する外国の源泉徴収税については利子等の収入金額の10%を超えて課される部分(法人の所得率が10%を超え20%以下であるときは15%を超えて課される部分、また所得率が20%を超えるときは負担が高率な部分はないとされる)とされている(法令142の３②)。なお、負担が高率な部分として控除対象外国法人税とされず外国税額控除を受けられなかった金額については、損金算入が認められる(法41、法基通16－3－1括弧書き)。

(２)適用除外とされる取引

外国税額控除の控除限度額に余裕のある法人が、他の法人に課されるべき外国法人税を自らの外国法人税として課税されることで外国税額控除制度を利用するという租税回避が行われることがあるが、これを防止する観点から、通常行われる取引と認められない取引として政令で定める取引が行われ、それに基因して外国法人税が課される場合には、そうしたものを外国税額控除の対象から除外することとしている(法69①括弧書き)。ここで政令で定める取引とは、①内国法人が、当該内国法人が借入れをしている又は預入れを受けている者と特殊の関係のある者に対し、その借り入れた等の金銭の額に相当する額の金銭の貸付けをする取引、②貸付債権その他これに類する債権を譲り受けた内国法人が、当該債権に係る債務者(当該債権を譲渡した者と特殊の関係にある者に限る)から当該債権に係る利子の支払いを受ける取引(内国法人が、その利子の額のうち譲渡者が当該債権を所有していた期間に対応する部分の金額を支払う場合において、その支払う金額が一定の条件に合致する額であるときに限る)とされている(法令141④)。指定されている取引はいわゆる金融仕組取引とされるものである。

(3)控除限度額の計算

法人税額から控除される外国法人税額は、「当期の法人の所得に対する法人税額」のうち「国外所得金額に対応する金額」、すなわち法人の「当期の法人税額」に「当期の(全体)所得金額」のうち「国外所得金額の合計額」の占める割合を乗じた金額を限度とする(法69①、法令142)。

このうち、「当期の法人税額」は、当期の法人の所得に基本税率を乗じて算出した税額から各種の法人税額の特別控除額を控除した金額とされている(法令142①)。

また、「当期の(全体)所得金額」は、外国法人税を含んだものであり(外国税額控除を受ける場合は外国法人税は損金に算入されない)、また、繰越欠損金控除の適用を受けている場合は、その繰越欠損金控除前の金額によることとされる(法令142②)。

さらに、「国外所得金額」は、当期において生じた国内源泉所得以外の所得、すなわち国外に源泉のある所得についてのみわが国の法人税を課するものとした場合に課税標準となるべき当期の所得金額に該当する金額とされている。なお、一般論として、法人が複数の外国から所得を得ている場合の控除限度額の計算方法としては、①国別限度額方式、②一括限度額方式、③バスケット方式があげられる。国別限度額方式は各国別に限度額を計算する方式であり、一括限度額方式は所得を得た複数国を一括して限度額を計算する方式、バスケット方式は所得の種類ごとに限度額を計算する方式である。わが国は一括限度額方式を採用しているが、この方式では国外所得金額に非課税所得や低税率課税所得が含まれるので、高税率で課税される外国税額も控除されることになり、いわゆる控除枠の彼我流用の問題が指摘される。このため国外所得金額にシーリングを設けるなどの対応が行われているところである。

NOTE 米国の外国税額控除方式は、個別範疇方式・バスケット方式が採用され、特定の範疇の所得に対する外国税は同じ範疇の所得に対する米国税とのみ相殺できるとされていたので、外国源泉所得、米国源泉所得、費用配分および外国税の計算を、個別の外国税額控除バスケットのそれぞれについて別々に行わなければならなかった。ブッシュ政権は2004年雇用創出法(AJCA)において外国税額控除制度を改正し、それまで9つに区分していたバスケットを、一般所得とパッシブ所得の2つのバスケットに簡素化した(IRC904)。

(4)控除限度額の計算上問題となる国外所得金額

上述したとおり、国外所得金額は当該事業年度に生じた国内源泉所得以外の所得とされている。国内源泉所得は、法人税法138条で定義されており、法人の全体の所得のうちこの国内源泉所得に該当しないものがすべて国外源泉所得となる。その国外源泉所得とされるものにわが国の法人税法(措置法等を含む)を適用した場合(ただし欠損金の繰越控除は適用しない)に課税標準となるべき金額が国外所得金額ということになる(法令142③)。なお、わが国が締結した租税条約に法人税法138条と異なる定めがあれば条約の規定が優先して適用される(法139)。国内源泉所得あるいは国外源泉所得金額については、外国法人への課税の部分で詳しく説明する。

ただし、外国税額控除の限度額計算のための「国外所得金額」の算定にあたって、それが単純に国内源泉所得以外の所得とはいい切れない、いくつかの特例が設けられている。このため外国法人課税に適用される国内源泉所得の定義と、外国税額控除の場合の「国内所得金額」との考え方に差が見られる。これらを紹介すると、まず、①棚卸資産(動産に限る)の譲渡による所得については、国内源泉所得の定義では、引渡直前の棚卸資産の所在場所、販売契約をした場所、重要な商談をした場所のいずれかが国内にあれば国内で販売されたものとして国内源泉所得とされるが、外国税額控除の場合は、国外にある事業所等(恒久的施設)を通じて当該棚卸資産の譲渡が行われ場合にのみ国外源泉所得と判定することとしている(例えば、輸出が国外事業所等を通じて行われた場合は国外所得とし、それ以外は国内所得とする)。②ただ、国外事業所等を通じて行われたものでないときも、当該資産の譲渡により生ずる所得に対して相手国が外国法人税を課すときは、国内、国外の選択を内国法人に委ねる弾力的な取扱いを認めている(法令142④一)。また、③国外にある者に対する金銭の貸付け、投資等の行為による所得についても、国内源泉所得の定義上は、その所得が国内にある恒久的施設に帰属するときは国内源泉所得としているが、国外所得金額の判定にあたっては、国外の者に対する貸付等はすべて国外所得金額としている(法令142④二)。

ところで、この国内源泉所得に関しては、当該国内源泉所得がわが国で課税されているかどうか、当該国外所得金額とされるものについて外国で課税されているかどうか等は、関係がない。このためタックス・ヘイブン国のように非課税の国で生じた所得も国外所得金額とされるが、そうした非課税の国外源泉所得についてはその3分の2を国外所得金額から除外する措置が講じられている(法令142③括弧書き)。また、国外所得金額については、それが当期の所得金額の100%あるいはそれを超える場合もあり得るが、①当期の所得金額の90%を限度とし、ただし②当該所得金額に国外使用人割合(期末の国外事業所等の使用人の数を使用人の総数で除したもの)を乗じて計算した金額の方が大きい場合はそれを限度とすることとしている(法令142③ただし書き)。国外所得金額のシーリングを一応90%と定めたうえ、国外従業員が多いことは国外での事業活動が実質的に高いと考えてそれを勘案したものといえる。なお、このシーリングについて、当期の控除対象外国法人税額が全体所得金額の50%を超える内国法人にあっては、シーリングが過酷なものとならないための特則が設けられている(法令142の２)。

(５)控除限度超過額と控除余裕額

控除対象外国法人税の額が、その事業年度の控除限度額と地方税控除限度額との合計額を超える金額(控除限度超過額)は、前３年内事業年度(当該事業年度開始の日前３年以内に開始した各事業年度)の控除限度額に控除余裕額があるときは、その余裕の限度額の範囲でその超える部分の金額を当該事業年度の法人税額から控除することができる(法69②、法令143、144)。

逆に、控除対象外国法人税の額が、その事業年度の控除限度額に満たないため控除限度余裕額を生じる場合で、前３年内事業年度に納付することとなった控除対象外国法人税額のうち控除限度額を超えて控除し切れなかった繰越控除対象外国法人税額があるときは、控除限度余裕額を限度としてその繰越控除対象法人税額を当該事業年度の所得に対する法人税から控除できる(法69③、法令145)。

このように外国税額が控除限度額を超える場合の控除し切れない金額と、控除限度額が外国税額を超える場合の余裕額との間での彼我流用が、それぞれ３年の期限付きで認められていることは、国外源泉所得の発生と外国での課税さらにわが国での外国税額控除(納付の確定年度で控除)の時点のズレが調整される仕組みが設けられていることを意味している。

なお、適格組織再編成があった場合、被合併法人等の適格組織再編成前３年内事業年度の控除限度超過額又は控除限度余裕額は、その適格組織再編成により事業の全部又は一部の移転を受けた内国法人において、政令の定めるところにより、当該内国法人の前３年内事業年度の控除限度額又は控除対象外国法人税額とみなされる。以下に述べる連結法人の場合も同様である(法69⑤、81の15⑤、⑥、法令145の２、155の34)。

Q70　外国税額控除の余裕枠を利用した租税回避事件(最判平成17年12月19日)に関する判決文を読み、どのような仕組みで租税負担を軽減することが企図されているか調べなさい。

（6）間接外国税額控除

内国法人が海外で事業を行う場合、直接支店等を設けて行う場合もあるが、外国に子会社を設けて子会社を通じて事業活動を行う場合もある。支店等を通じて事業を行う場合はその利益がそのまま親会社である内国法人の事業所得となるのに対し、外国子会社の場合は当該子会社からの配当を通じて間接的に内国法人の所得が実現することになる。上述した外国税額控除の仕組みでは、外国子会社から配当があった場合、それが益金に算入される一方で外国子会社が支払った外国法人税額は内国法人に直接課されたものでないため制度の対象とならず、経済的二重課税が残されることになる。こうした海外進出にあたっての事業形態の選択に対する課税の中立を確保するため、一定の外国子会社から内国法人に配当等があった場合、当該外国子会社の所得に対して課された外国法人税のうち当該配当等の額に対応する金額を内国法人の納付する控除対象外国法人税の額とみなして外国税額控除を適用することとしている。これを間接外国税額控除という（法69⑧）。ただし、控除対象となる間接外国法人税の額には、配当に係る外国源泉税（親法人に課される）を含めた実効税率が50％を超えないよう一定の算式によりシーリングが設定されている（法令147①）。

間接外国税額控除における配当等の額は法人税法23条の配当等の額と同じであり、みなし配当も含まれると解されている。なお、優先株式に対する優先配当（優先部分）は、その性格が勘案され対象から除外されている（法令147②三）。また、内国法人である公益法人等又は人格のない社団等が収益事業以外に係る資産として保有している株式・出資につき受ける配当も、当該配当が非課税であることを反映して適用除外とされる（法令69⑮）。

ここで制度が適用される一定の外国子会社とは、内国法人が、その配当の支払義務確定の日以前に６ヶ月以上継続して、当該外国子会社の発行済株式・出資の総数又は総額あるいは当該外国子会社の議決権のある株式・出資の数又は金額のうち、いずれか25％以上を保有（自己株式等を除く）している場合の、当該外国子会社をいう（法令146）。

この間接外国税額控除は、内国法人の海外進出の実態に適合させる趣旨から、外国孫会社にまで適用範囲を拡大している。すなわち外国孫会社から親会社である外国子会社に配当があった場合に外国孫会社に課された当該配当に対応する外国法人税額を、外国子会社が直接納付したものとみなすこととしている(法69⑪)。外国孫会社とは、外国子会社と外国孫会社との間で25%以上の株式保有関係(上述の外国子会社の判定と同様)があり、かつ、内国法人と外国孫会社との間で25%以上の株式間接保有関係(親子間の持株割合と子孫間の持株割合を乗じた割合が25%以上)がある場合の、当該外国孫会社をいう(法令150の3①)。

間接外国税額控除の仕組みは、上述したとおり「外国子会社の配当に対応する外国法人税額」を親会社である内国法人が直接納付した控除対象外国法人税額とみなして、以後の計算は直接外国税額控除制度の仕組みの中に取り込んで行うというものである。そこで「外国子会社の配当に対応する外国法人税額」であるが、これは外国子会社の配当に係る事業年度についての「外国子会社が納付する外国法人税の額」に「外国子会社の税引後所得に占める受取配当の割合」を乗じて計算される(法令147①)。なお、外国孫会社から外国子会社に配当されたもののうち、外国子会社が直接納付したものとみなす金額も、同様に、外国孫会社の配当に係る事業年度についての「外国孫会社が納付する外国法人税額」に「外国孫会社の税引後所得に占める受取配当の割合」を乗じて計算される(法令150の3③)。

こうした配当がどの事業年度の配当かについては、通常当該外国子会社等の決算等から明らかと思われるが、その配当が過去の利益積立金を取り崩して配当を行い、配当の額が配当事業年度の所得金額を超えるような場合は問題が生じる。そうした場合は、まず、当該事業年度の所得が配当されたものとし、これを超える部分は直前の事業年度から順次配当されたものとして、それぞれの事業年度ごとに区分し、上記の計算を行うこととしている(法令147②一、五)。

NOTE 間接外国税額控除は、みなし直接外国税額控除という形を採っている。このため法的二重課税排除を目的としているようにみえるが、実質は異なる法人格を有する外国子会社等の外国税について生ずる経済的二重課税を排除することを目的とする制度である。

Q71　わが国は間接外国税額控除を孫会社まで認めている(子、孫と２層)が、米国は子、孫、ひ孫以下と最大６層まで認めている。こうした中で、わが国も、間接税額控除の適用対象をひ孫会社まで拡大し、適用条件を株式保有割合を25%から10%に緩和すべきとの要望がある。間接外国税額控除の適用階層を拡大するあるいは適用条件を緩和する必要についてどう考えるか。

(７)みなし外国税額控除

開発途上国との租税条約では、外資導入により発展を図る開発途上国の租税特別措置への配慮から、その特別措置により当該国で減額された外国法人税について、納付したものとみなして外国税額控除の対象とすることがある。これをみなし外国税額控除(タックス・スペアリング・クレジット)という。これはわが国が全世界所得課税と外国税額控除を組み合わせた制度を採用していることから、開発途上国がわが国の内国法人又はその子会社等に租税特別措置として税を軽減又は免除した場合、その税の軽減又は免除の効果はわが国への納付税額の増加により帳消しになることへの対応である。すなわちみなし外国税額控除は開発途上国に対する経済協力であり、また、当該国への投資促進政策としての意義を有している。

Q72　過去にみなし外国税額控除が果たしてきた役割を評価し、今後この制度をどのようにすればよいかを論じなさい。

NOTE　タックス・スペアリング・クレジットについてOECDは1997年に報告書を公表し、必ずしも廃止を要求しないが、対象の限定やサンセット条項により期間制限を付すなど消極的な姿勢を示している。その理由としては、第一に、①外国援助の方法としては、ひもつき援助と租税支出の問題があること、②発展途上国への投資促進措置としては発展途上国における利益の再投資でなく本国償還を奨励するという問題があること、③高率の本国で不課税となる外国子会社を通じる投資が外国税額控除を過大にする問題があること、④適格性の有無の判定が複雑になると予見可能性の問題が増えること、⑤類似の取扱いを要求する陳情が増え、事業の税収の侵食が起こるという問題があること、第二に、①移転価格の濫用、②トリーティ・ショッピングのための導管会社、③金融機関を利用した源泉徴収税のタックス・スペアリング・クレジットの濫用などの問題があること、などに結び付くおそれが指摘されている。

わが国は、こうしたOECDの基本姿勢に対応して、①対象となる租税優遇措置の明瞭な限定、②濫用防止規定に抵触しないこと、③適用期間の制限、などに留意することとしている。

(８)外国法人税が減額された場合の処理

外国税額控除適用後、その適用対象となった外国法人税額が減額される場合があるが、その場合の減額による還付等の額は、当初の外国税額控除を受けた年度に遡及させず当期の控除対象外国法人税額と相殺する簡便法が採用されている（法令150）。なお、当期の外国法人税額と相殺し切れない金額があるときは、前３年以内の繰越控除対象外国法人税額と相殺し、なお相殺し切れない場合は、その後２年以内の年度で発生する控除対象外国法人税額と相殺と順次相殺する。それでもなお相殺し切れない金額があるときは、直接税額控除の場合は、還付金が還付年度に益金に算入されていないことから（法26②）２年経過後に益金に算入される（法69⑩、法令25の２①二）。

間接外国税額控除の場合も、外国子会社が還付等を受けた法人税の金額のうちその受取配当の額に対応する部分の金額（減額控除対象外国法人税額）は、親会社である内国法人が納付した間接納付外国法人税額が減額されたものとみなして、上記と同様の処理を行う。ただし、間接外国税額控除の場合は、控除対象とした外国法人税額は外国税額控除を適用した当初の年度で益金に算入されているので（法28）、前３年以内あるいはその後２年以内の年度で相殺された金額はその相殺年度の損金の額に算入されるとともに（国外所得金額も減額される）（法令150の２②）、最終的に相殺し切れなかった金額についても、そもそも内国法人が直接還付を受けるものでないこともあり益金算入を考慮する必要はない。

3. 内国法人に係る国際的二重課税の排除――外国税額控除(連結法人の場合)

連結法人についての外国税額控除も基本的な仕組みは単体法人の場合と同様であり、原則として連結の対象となる個々の法人ごとに行うのであるが、最終的に連結親法人の申告段階で控除が行われるため、控除額の計算あるいはその個別帰属額の配布のための特別な規定が設けられている。

まず、控除限度額の計算はグループ全体で行う。全体の連結法人税額に連結国外所得割合を乗じて連結グループとしての連結控除限度額を計算する。これに個々の連結法人の個別国外所得金額が全体の連結国外所得金額に占める割合を乗じて個々の法人の連結控除限度額個別帰属額を算出する(法令155の28①、③、同155の30)。

この連結控除限度額個別帰属額の範囲内で、個々の連結法人が当該事業年度に納付した個別控除対象外国法人税額(単体の場合と同様、負担が高率な部分は除く)が、当該事業年度の連結所得に対する法人税額から控除される(法81の15①)。

控除余裕額、控除超過額の取扱いも単体法人の場合と同様である(法81の15②、③、法令155の31~155の33)。

間接外国税額控除の場合も同様であるが、子法人・孫法人の判定は連結グループ全体で行われる(法81の15⑧、⑪、法令155の35、155の36、155の41)。

第3節　国内源泉所得と外国法人への課税

1. 国内源泉所得

外国法人は、制限納税義務者として日本の国内源泉所得についてのみ法人税を課税される(法4②、9)。そこで国内源泉所得の範囲が問題となるが、国内源泉所得の定義は法人税法138条に一号から十一号までにわたって次のとおり規定されている。

(1)　まず、一号所得は、国内において行う事業から生ずる所得(事業所得)と国内にある資産の運用・保有・譲渡により生ずる所得(国内にある資産の所得)およびその他政令で定める所得(政令178で定める所得)が該当する(法138一)。

このうち、「事業所得」であるが、法人が行う取引から生ずる所得は他に規定がない限り原則として事業所得となる(ただし、二号以下に具体的に規定された事業所得はそれぞれの号の所得として取り扱われる)。ここでは「国内において行う事業」に該当するかどうかの判定が問題となる。このため、①国内・国外の双方にわたって事業を行う法人について、ⅰ)国外で譲渡を受けた棚卸資産(動産に限る)をそのまま(製造等をしないで)輸入して国内で譲渡(製造販売を含む)した場合はすべて国内源泉所得、ⅱ)棚卸資産の製造を国内・国外双方で行う場合の所得は、国内業務と国外業務がそれぞれ独立の立場で通常の取引の条件に従って取引を行ったものとして国内・国外を振り分ける、ⅲ)建設作業等の場合、国内で当該作業を施行する場合の所得は国内源泉所得、ⅳ)国際運輸業の場合、船舶については収入金額、航空機については収入金額、経費、固定資産等その所得の発生に寄与した程度を推測するに足りる要因を基準として国内・国外を振り分ける、ⅴ)保険事業の場合、国内にある営業所又は国内の代理人を通じて締結した契約に基因する所得は国内源泉所得、ⅵ)出版・放送事業の広告収入の場合、国内で行われた広告に係るものは国内源泉所得、ⅶ)その他の事業の場合、国内・国外の業務をそれぞれ独立した事業者が行い通常の取引の条件により取引が行われたものとして国内・国外を振り分ける、又は、その国内業務に係る収入金額、経費、固定資産等その所得の発生に寄与した程度を推測するに足りる要因を基準として国内・国外を振り分ける(法令176①一~七)、といった規定が設けられている。

この①に加え、事業所得に関しては、②国内で譲渡を受けた棚卸資産をそのまま(製造等をしないで)輸出した場合は国内源泉所得ではない(法令176②)、③法人が行う広告、宣伝、情報の提供、市場調査、基礎的研究その他事業遂行にとって補助的な機能を有する行為(補助的行為)又は法人の金銭、鉱業所有権その他の資産を国内・国外にわたって事業の用に供する行為(内部取引)からは所得が生じない(法令176③)、④棚卸資産の譲渡が国内で行われたかどうかを判定する基準として、ⅰ)譲受人に対する引渡しの直前に当該棚卸資産が国内にある場合又は譲渡人の国内にある事業を通じて管理されている場合、ⅱ)譲渡に関する契約が国内において締結されている場合、ⅲ)契約を締結するための注文の取得、協議その他の行為のうちの重要な部分が国内においてされている場合、のいずれかに該当すれば当該譲渡は国内で行われたものとする(法令176④)、⑤

国内にある恒久的施設を通じて国外にある者に金銭の貸付け、投資その他これらに準ずる行為を行う場合の所得については、当該恒久的施設において行われる事業に帰せられるものについて国内源泉所得とする（当該行為の行われる相手国で課税される場合を除く）（法令176⑤）、等の規定が適用される。

次に一号所得のうちの「国内にある資産の所得」であるが、ここでいう資産は特に制限が設けられていないので、不動産、動産、権利、有価証券等を広く含む概念であると解される。そうすると資産の運用、保有、譲渡により生ずる所得の範囲は相当広いことになる（ただし、二号以下に具体的に規定された資産の所得はそれぞれの号の所得として取り扱われる）。ここではその所得を生ずる資産が「国内にある資産」に該当するかどうかの判定が問題となる。

このため、「資産の運用又は保有」に関しては、①わが国の国債・地方債、内国法人の発行する債券・約束手形、②居住者に対する貸付金に係る債権（当該居住者の行う業務に係るものを除く）、③国内にある営業所又は国内の代理人を通じて締約した生命保険契約等に基づき保険金等を受ける権利、の運用又は保有により生ずる所得は「国内にある資産の運用又は保有により生ずる所得」として（法令177①）、国内源泉所得であることが確認されている。

また、「資産の譲渡」に関しては、①わが国の法令に基づく免許等の処分により設定された権利の譲渡、②金融商品取引法に規定する有価証券・権利の譲渡のうち、同法に規定する取引所金融商品市場で譲渡されるもの、国内にある営業所を通じて譲渡されるもの又は契約等に基づく引渡義務が生じた時の直前に証券・証書等が国内にあるもの、③国債、公社債（証券等の振替えに関する法律により振替口座簿に記載・記録がされているもの）、地方債・社債（社債等登録法により登録されているもの）の譲渡、④内国法人の発行する株式等（新株予約権、出資者持分等を含む）の譲渡のうち、株式等の買集め（買集めの定義は法令187②）又は内国法人の特殊関係株主等（特殊関係株主等の定義は法令187④）である外国法人が行う当該内国法人の株式等の譲渡（事業譲渡類似株式の譲渡とよばれる）、⑤不動産関連法人（不動産関連法人の定義は法令187⑧）の株式の譲渡、⑥国内にあるゴルフ場の会員権（株式又は出資形態）の譲渡、⑦国内にある営業所が受け入れた預貯金、定期積金、掛金に関する権利又は国内にある営業所に信託された合同運用信託に関する権利の譲渡、⑧居住者に対する貸付金に係る債権の譲渡、⑨公的年金等の支払いを受ける権利又は国内にある営業所又は国内の代理人を通じて締約した生命保険契約等に基づき保険金等を受ける権利の譲渡、⑩抵当証券契約に係る債権の譲渡、⑪匿名組合契約に係る利益の分配を受ける権利の譲渡、⑫国内において行われる事業に係る営業権の譲渡、⑬国内にあるゴルフ場その他の施設の利用に関する権利の譲渡、⑭以上のほか、その譲渡の契約その他に基づく引渡しの義務が生じた時の直前に国内にある資産(棚卸資産を除く)の譲渡、はいずれも国内にある資産の譲渡であるとして(法令177②)、国内源泉所得であることが確認されている。

さらに一号のうちの「その他政令で定める所得」については、①国内で行う事業又は国内にある資産に関し受ける保険金・損害賠償金に係る所得、②国内にある資産の贈与を受けたことによる所得、③国内において発見された埋蔵物又は国内において拾得した遺失物に係る所得、④国内で行う懸賞募集に基づき受ける懸賞金等の経済的な利益に係る所得、⑤その他国内において行う業務又は国内にある資産に関し供与を受ける経済的な利益に係る所得、が国内源泉所得に該当することが法人税法施行令178条に定められている。

（2） 次に、二号所得であるが、国内において人的役務の提供を主たる内容とする事業を行う法人が受ける当該人的役務の提供の対価が国内源泉所得とされている(法令138二)。一号所得である事業所得の特例を定めた規定といえる。一号のうちの事業所得については、後述するとおり国内に恒久的施設がなければわが国で課税されないが、この二号所得はその例外として恒久的施設がなくても要件に該当すればわが国で課税されることになる。また、こうした人的役務提供事業を行う外国法人に対価の支払いをする者は、支払いの際、源泉徴収を行わなければならない(その対価が不特定多数の者から支払われる場合を除く)。当該外国法人が、人的役務を提供した非居住者に給与・報酬等を支払う場合も同様である(所212①、②、所令328一)。２段階にわたって源泉徴収の義務が規定されていることになる。ただ、この規定が適用され所得税を源泉徴収された外国法人が、さらに人的役務を提供した非居住者個人に給与・報酬を支払う場合は源泉徴収が免除される(所法215)。

「人的役務の提供を主たる内容とする事業」としては、①映画・演劇の俳優、音楽家その他の芸能人又は職業運動家の役務の提供を主たる内容とする事業、②弁護士、公認会計士、建築士その他の自由職業者の役務の提供を主たる内容とする事業、③科学技術、経営管理その他の分野に関する専門的知識・特別の技能を有する者の当該知識・技能を活用して行う役務の提供を主たる内容とする事業（機械の販売等に付随して行われる場合および恒久的施設としての建築作業場における作業の指揮監督の役務の提供の場合を除く）、があげられている（法令179）。

（3） 三号所得は、国内にある不動産・不動産の上に存する権利・砕石権の貸付け（権利の設定等を含む）、租鉱権の設定、居住者・内国法人に対する船舶・航空機の貸付けの対価である（法138三）。いずれも不動産所得となるもので、一号所得の「資産の運用又は保有による所得」の特例となる規定である。特例を定めた理由は、これらの対価について源泉徴収を適用するためである（所法212①）。なお、外国法人が所有する土地や家屋を自己又は親族の居住の用に供するため借り受けた個人からの支払いについては、源泉徴収は免除されている（所令328二）。

（4） 四号所得は、所得税法が定める利子等のうち、①わが国の国債・地方債、内国法人の発行する債券の利子、②国内にある営業所に預け入れられた預貯金の利子、③国内にある営業所に信託された合同運用信託、公社債投資信託又は公募公社債等運用投資信託の収益の分配、④外国法人の発行する債券の利子のうち国内事業に帰せられるものに係る所得である（法138四）。いわゆる利子所得であり、一号の「資産の運用又は保有による所得」の特例となる規定である。四号所得は原則として源泉徴収の対象とされる（所法212①）。ただし、振替国債の利子の課税の特例（措法５の２）、民間国外債等の利子の課税の特例（措法６）、等の特例が適用される。

（5） 五号所得は、所得税法に規定する配当等のうち、①内国法人から受ける剰余金の配当、利益の配当、剰余金の分配又は基金利息、②国内にある営業所に信託された投資信託（公社債投資信託等を除く）又は特定受益証券発行信託の収益の分配、に係る所得である（法138五）。いわゆる配当所得であり、一号の「資産の運用又は保有による所得」の特例である。原則として源泉徴収が適用される（所法212①）。

（6） 六号所得は、国内において業務を行う者に対する貸付金で当該業務に係るものの利子である(法138六)。その性質は利子であるが、所得税法の利子所得に規定する利子に該当しないことから、四号と区分して規定されている。一号の「資産の運用又は保有による所得」の特例という点は同じである。源泉徴収の対象とされる(所法212①)。

なお、国内において業務を行う者に対する資産の譲渡又は役務の提供の対価に係る債権で、履行期間が６ヶ月以下の場合に受け取る利子(その決済のため金融機関が国内において業務を行う者に債権を有する場合の利子を含む)は、事業から生ずる所得に含まれるものとされる(法令180①、②)。また、船舶又は航空機の購入のための貸付けについて受け取る利子は、当該船舶等が内国法人又は居住者の業務の用に供される場合は国内源泉所得、外国法人又は非居住者の業務の用に供された場合は国外源泉所得とされる(法令180③)。

(７)　七号所得は、使用料(権利譲渡の対価を含む)である。一号の「資産の運用、保有又は譲渡による所得」の特例といえる。国内において業務を行う者から受ける、①工業所有権その他の技術に関する権利、特別の技術による生産方式もしくはこれらに準ずるものの使用料又はその譲渡の対価、②著作権等の使用料又はその譲渡の対価、③機械、装置、車両、運搬具、工具、器具および備品の使用料、で当該業務に係るものが該当する(法138七、法令181)。この使用料も源泉徴収の対象とされる(所法212①)。

(８)　八号所得は、国内において行う事業の広告宣伝のための賞金である(法138八)。賞金とは、国内において行われる事業の広告宣伝のために賞として支払う金品その他の経済的利益であると定義されている(法令182)。源泉徴収の対象とされる(所法212①)。

(９)　九号所得は、契約に基づいて受ける年金である。国内にある営業所又は国内の契約代理人を通じて締結した生命保険契約、損害保険契約又はこれらに類する共済に係る契約であって年金を給する定めのあるものに基づいて受ける年金(年金の支払いの開始後に受ける剰余金の分配、割戻金、年金に代えて支給される一時金を含む)がこれに該当する(法138九、法令183)。源泉徴収の対象とされる(所法212①)。

(10)　十号所得は、金融収益のうち、上記の利子、配当等に含まれないものが列挙されている。①国内の営業所が受け入れた定期積金に係る給付補塡金、

②国内の営業所が受け入れた所得税法74条三号に規定する掛金に係る給付補填金、③国内にある営業所を通じて締結された抵当証券の利息、④国内にある営業所を通じて締結された金貯蓄口座等の利益、⑤外貨投資口座の差益のうち国内にある営業所が受け入れた預貯金に係るもの、⑥一時払養老保険契約の差益のうち、国内の営業所又は国内の契約代理人を通じて締結された契約に係るもの、が該当する(法138十)。

いずれも源泉徴収の対象とされる(所法212①)。

(11) 十一号所得は、国内で事業を行う者との間の匿名組合契約又はこれに準ずる契約に基づいて受ける利益の分配である(法138十一)。匿名組合に準ずる契約については、政令で、当事者の一方が相手方の事業のために出資をし、相手方がその事業から生ずる利益を分配することを約する契約であることを規定している(法令184)。

NOTE 利子所得については本来の事業活動に附随する金融取引から生ずるものをどう分類するかがしばしば問題となる。国際運輸業の事業に関連する債権の利子が、本文の一号の事業所得か四号の利子所得かが争われた裁判例(東京地判昭和57年6月11日)がある。

2. 外国法人への課税

外国法人は、その事業活動に応じて各事業年度の所得に対する法人税、法人課税信託に係る法人税、退職年金等積立金に対する法人税を納める義務を有する(法4②)。このうち各事業年度の所得に対する法人税は、外国法人が国内源泉所得を有するときにのみ課税されることになるが、その場合の課税標準は、恒久的施設を有するかどうかに応じ、また恒久的施設の種類に応じ、さらに源泉徴収の対象とされるかどうかに応じて、次のとおり異なっている(法141、142)。

(1)恒久的施設を有する外国法人

①支店等を有する外国法人

まず、「国内に支店、工場その他事業を行う一定の場所を有する」ため恒久的施設があると判定された外国法人は、上述したすべての国内源泉所得に対して課税される（法141一）。内国法人に準じて申告、納付を行い（法145）、源泉徴収された所得税は納付すべき税額から控除（控除しきれない場合は還付）される（法144、145）。

恒久的施設の判断基準である「事業を行う一定の場所」には、支店、出張所その他の事業所・事務所、工場、倉庫業者の倉庫、鉱山、採石場等が含まれる（法令185①）。ただし、資産を購入する業務のためにのみ又は資産を保管するためにのみ使用する場所、あるいは広告、宣伝、情報の提供、市場調査、基礎的研究その他事業の補助的な機能を有する事実上の活動を行うためにのみ使用する場所は、恒久的施設に該当しないものとして取り扱われる（法令185②）。

なお、支店・工場等の恒久的施設があれば、当該恒久的施設に帰属する所得かどうかを問わず、すべての国内源泉所得を課税対象に含めることとされている。この方式は総合主義とよばれる。総合主義の場合、国内源泉所得をすべて取り込むことになるが、一方で国外源泉所得のうち国内の恒久的施設に帰属する所得を課税対象にできないという問題がある。総合主義は帰属主義に対置する言葉として用いられており、国際的には帰属主義が主流である。

NOTE　総合主義（entire income principle）とは、国内に恒久的施設を有する場合、その恒久的施設に吸引力（force of attraction）を認めて、この恒久的施設に帰属するか否かを問わず、すべての国内源泉所得に係る所得に対して課税するという原則である。これは、恒久的施設に帰属する所得に対して課税するという帰属主義（attributable income principle）に対比される。日本の税法は、総合主義を採用している。なお、他の教科書で総合主義を英語の直訳により「全所得主義」とよぶものがあるが、正しくは「すべての国内源泉所得」に課税することを意味するのであるから、「全世界所得」課税と区分するため、紛らわしい「全所得主義」という訳語は避ける方が賢明である。

②１年を超えて建設作業等を行う外国法人

次に、「国内で１年を超えて建設作業等（建設、据付け、組立てその他の作業又はその作業の指揮監督の役務の提供)を行う」ため恒久的施設があると判定された外国法人は、国内源泉所得のうち、①一号所得である事業所得、資産運用・保有・譲渡所得、その他政令で定める所得、②二号所得である人的役務提供事業所得、③三号所得である不動産所得、④四号所得から十一号所得までの国内源泉所得のうち、その外国法人が国内において行う建設作業等に係る事業に帰せられるものが課税標準とされる(法141二)。一号所得から三号所得については総合主義が採用されているが、四号所得以下については帰属主義が採用されており、両者が混在している。

この建設作業等を行う外国法人も、上記の課税標準について申告、納付を行う義務を有する。源泉徴収された所得税が税額控除される点も支店等を有する外国法人の場合と同様である。

③代理人等を置く外国法人

さらに、「国内に代理人等(自己のために契約を締結する権限のある者その他これに準ずる者として政令で定める者)を置く」ために恒久的施設があると判定された外国法人は、国内源泉所得のうち、①一号所得から三号所得まで、および②四号所得から十一号所得までの国内源泉所得のうち、その外国法人が国内においてその代理人等を通じて行う事業に帰せられるもの、が課税標準とされる(法141三)。総合主義と帰属主義が混在している点は、上記②の１年を超えて建設作業等を行う外国法人の場合と同様である。

なお、代理人等については、①外国法人のために、その事業に関し契約(資産を購入するための契約を除く)を締結する権限を有し、かつこれを常習的に行使する者(外国法人と同一、類似の事業を営み、その事業の必要から契約締結を行う者を除く)、②外国法人のために、顧客の通常の要求に応ずる程度の在庫を保管し、引き渡す者、③もっぱら又は主として一の外国法人のために、常習的に、その事業に関し契約を締結するための注文の取得、協議その他の行為のうちの重要な部分をする者、が該当するとされている(法令186)。この恒久的施設とされる代理人等の範囲については、平成20年度改正において「独立の地位を有する代理人」が除外されている。

代理人等を置く外国法人の場合も、上記課税標準について申告、納付の義務がある。源泉徴収された所得税が税額控除される点も支店等を有する外国法人の場合と同様である。

NOTE 平成20年度の改正で、代理人等PEにつき、独立の地位を有する代理人等がPEの範囲から除かれている(法令186)。これにより、例えば国外ファンドと投資一任契約を締結して特定の投資活動を行う国内の運用業者のうち「独立の地位」を有するものはPEに該当しないこととなる。政策的には外国の政府系ファンド等によるわが国への投資を促進することに寄与すると考えられている。

(2)恒久的施設を有しない外国法人

恒久的施設を有しない外国法人については、①法人税法138条一号に掲げる国内源泉所得のうち、国内にある資産の運用・保有又は不動産の譲渡による所得その他政令で定めるもの、②二号に掲げる人的役務提供事業所得および③三号に掲げる不動産所得に該当する所得に対してのみ課税される(法141四)。ここで①の「政令で定めるもの」には、上述した一号の国内源泉所得の「その他政令で定める所得」に加え、①国内にある不動産の上に存する権利等の譲渡による所得、②国内にある山林の伐採、譲渡による所得、③内国法人の発行する株式等の譲渡による所得で、買集めに該当するもの(法令187②で定義)又は当該内国法人の特殊関係株主等(法令187④で定義)である外国法人が行うもの、④不動産関連法人の株式の譲渡による所得、⑤国内にあるゴルフ場の所有等に係る株式又は会員権の譲渡による所得、が該当する(法令187①)。

上記の恒久的施設を有する場合と比べると、特に事業所得に課税されない点が注目される。すなわち「恒久的施設なければ事業所得には課税しない」という原則が適用されていることになる。なお、四号〜十一号の国内源泉所得は、恒久的施設を有しない法人の法人税の課税標準とされていないが、その結果、こうした所得に対して源泉徴収で課された所得税は、所得税額控除の対象とはならず、源泉徴収で課税関係が終了することになる。

(3)外国法人に対する所得税の源泉徴収

外国法人に対する所得税の納税義務は所得税法5条4項に規定され、その課税所得の範囲(所法7①五)、課税標準(所法178)、税率(所法179)等が所得税法に規定されている。また、外国法人に対して支払いをする者に対する源泉徴収義務が、所得税法212条1項に規定されている外国法人に対する所得税法161条に掲げる国内源泉所得の支払いに対しては原則として源泉徴収が適用される。なお、恒久的施設を有する外国法人は、申告、納付により源泉徴収された所得税が税額控除されるが、この手続きとは別に、税務署長の証明書の交付を受けることによって源泉徴収を受けることなく所得税が免除される手続きが定められている(所法180)。外国信託会社が引き受けた証券投資信託、外国法人が引き受けた集団投資信託についても特例が設けられている(所法180の2)。

第4節　租税条約

租税条約は、二国間で主として相手国の居住者(相手国の内国法人を含む)を対象として相互に課税の軽減を行う(条約の特典を与える)ものである。両国間で生ずる国際的な二重課税を排除し、同時に両国間の取引を通じた国際的租税回避・脱税を防止することを目的としている。租税条約については、先に述べたとおり、各国が締結する二国間条約がバラバラなものとならないよう、OECDモデル租税条約や国連モデル租税条約が公表されており、現状は、各国が特にOECDモデル条約に準拠して、二国間租税条約を締結あるいは改正する動きを強めている。

わが国も、現在、45の租税条約を締結しており、その適用国・地域は56となっている。この数字の違いは、例えば旧ソ連条約がCIS諸国(ウクライナ、ベラルーシ等)に適用されている等の事情による。

わが国が締結した租税条約は、二国間の特殊な事情や締結した年代により、個々の条約ごとに相違がみられるが、最近はOECDモデル条約の内容に忠実なものが多くなっている。特に、2003年改正された日米条約にみるように、モデル条約の考え方に沿って、利子、配当、使用料についての源泉地国の課税権を制限している。これはわが国が成熟した資本輸出国となり、利子、配当、使用料等について源泉地国課税に固執しなくてよい状況になっていることを背景としている。結果として、わが国の租税条約の特典がより魅力的なものとなり、それに併せて租税条約をその目的を超えて濫用する者への規制が強化されている状況にある。

NOTE 国別に租税条約の本数をみると、仏121、英108、独88、米57（ほか情報交換協定20）、中国88、インド67、韓国70となっており、日本の45（国・地域では56）は少ない方に属する。条約網の拡大はわが国の課題の１つといえる。

1. 租税条約の構造（OECDモデル租税条約）

各国が準拠しているOECDモデル条約の構造をみると、１条で、条約を一方又は双方の締約国の居住者（内国法人は居住者に含まれる）に適用するとして、条約の人的範囲を定めている。この人的範囲に関しては、パートナーシップの取扱いが国によって異なっていることから、モデル条約コメンタリーに詳細な解説がある。わが国は法人格を有していないパートナーシップは居住者とせずその構成員について居住者かどうか判定することとしている。

続いて２条では、対象税目を規定している。モデル条約は対象税目を、国税又は地方税として課される所得および資本に対する租税としている。わが国は、このモデル条約の枠内で、所得税および法人税を対象とし、相手国に応じて住民税を対象税目とするのが一般的である。なお、資本（capital）に対する租税は対象としていない。

３条から５条では、条約で用いられる用語の定義をしている。一般的定義として、「者」、「法人」、「企業」、「一方の締約国の企業および他方の締約国の企業」、「国際運輸」、「権限のある当局」、「国民」、「事業」等が定義されているが、特に重要なのは、４条の「居住者」の定義と５条の「恒久的施設」の定義である。

このうち「居住者」については、住所、居所、事業の管理の場所その他これらに類する基準により、当該一方の国において課税を受けるべきものとされる者をいう、とされている。ここで「課税を受けるべきもの」の解釈にあたって、パートナーシップ等を透明な組織体と考える国は、この「課税を受けるべきもの」に該当しないとして扱うことになる。なお、二国以上の国の居住者になった場合の振分け基準が設けられている。

また、「恒久的施設」については、事業を行う一定の場所であって企業がその事業の一部を行っている場所をいう、とされている。そのうえで、恒久的施設となる場合およびならない場合が例示されている。子会社は恒久的施設とはならない。解釈上問題となるのは「事業の場所」と「一定の(場所)」である。このうち「事業の場所」に関しては「企業の自由になる場所」(at the disposal of that enterprise)が判断の1つのポイントとされ、また「一定の(場所)」については「地理的なリンク」(a geographical link)と「一定の期間」(a certain duration)が判断の材料とされる。

6条から21条までは、租税条約の中心になる部分であって、各所得について、居住地国と源泉地国のどちらに課税権があるかを規定している。ソース・ルールを背景とした国家間の課税ルールが定められているといえる。各所得は、①源泉地国において制限なしに課税される所得、②源泉地国において制限的課税に服する所得、③源泉地国において課税が認められない所得、に3区分される。

さらにモデル条約は、22条で、資本に対する課税を規定し、23条Aでは、国外免除方式を採用する国の二重課税の排除を、また、23条Bでは、外国税額控除方式を採用する国の二重課税の排除をそれぞれ規定し、各国はいずれかを採用しなければならないとしている。また、24条では、すべての租税について、国籍に関する無差別、無国籍者に関する無差別、恒久的施設に関する無差別、経費控除に関する無差別および資本に関する無差別の原則を規定している。さらに、25条では相互協議を、26条では情報交換を、27条では徴収共助を、28条では外交官を、それぞれ規定している。

2. モデル条約における課税権の配分ルール

上記のモデル条約の6条から21条までの課税権の配分ルールを具体的にみると、①不動産所得については、不動産の所在地国で制限なしに課税できるとしている(6条)。②事業所得については、恒久的施設がなければその国で課税しないという原則を定め、さらに課税できるのは当該恒久的施設に帰せられる部分のみに限定すること(帰属主義)、恒久的施設に帰せられる利得の計算には独立企業原則および継続性の原則が適用されること、単純購入は非課税であること等を規定している（７条）。さらに、③国際運輸業所得、内陸水路運輸業所得については、その特殊性に鑑み、企業の実質的管理の場所の存在地国でのみ課税するとしている（８条）。また、④特殊関連企業間取引については、独立企業原則で課税すると規定しているが、これは移転価格税制の適用ということになる。その場合、一方の国による移転価格課税について必要があれば相互協議を行い、対応的調整を行うことを規定している（９条）。⑤利子および配当については、源泉地国と居住地国の双方に課税権を認めるが、源泉地国については制限税率（親子間配当５％、一般配当15％、利子10％）を適用することとしており、ただしこの制限税率の特典を享受できるのは受益者（beneficial owner）に限られるとしている（10条、11条）。配当、利子の定義および受益者の定義については、コメンタリーに記述がある。⑥使用料については、居住地国のみに課税権を認めており、ただしこの源泉地国免税の特典を享受できるのは受益者に限られるとしている（12条）。使用料の定義等については、コメンタリーに記述がある。

以上が、事業所得あるいは資産の運用・保有から生じる所得についての課税ルールであるが、以下、資産の譲渡から生ずる所得、人的役務の提供に関連する所得およびその他の所得についての課税ルールが次のとおり規定されている。

⑦資産の譲渡による譲渡所得については、ⅰ）不動産の譲渡による収益はその不動産の所在する国で課税する、ⅱ）恒久的施設の事業用資産の一部をなす動産の譲渡（単独にもしくは企業全体として行われる当該恒久的施設の譲渡を含む）による収益はその恒久的施設の所在する国で課税する、ⅲ）船舶、航空機の譲渡による収益は企業の実質的管理の場所が存在する国において課税する、ⅳ）その価値の50％超が不動産から成る株式の譲渡による収益については不動産の存在する国において課税する、ⅴ）その他の譲渡は居住地国で課税する、と規定している（13条）。

⑧人的役務の提供による所得については、その役務の提供があった国で課税するのが原則である。しかし多くの例外規定がある。まず、給与所得については、勤務が実際に行われた国で課税するとしたうえで短期滞在者免税などの例外を定めている（15条）。なお、給与となるストック・オプションについてコ

メンタリーに詳細な記述がある。次に役員報酬については、企業の居住地国で課税することとしている(16条)。ストック・オプションの性格等については給与所得の場合と同様である。17条の芸能人又は運動家の規定、18条の退職年金の規定、19条の政府職員の規定、20条の学生の規定は、それぞれ相手国で役務の提供を行い又は教育・訓練を受ける個人に対する課税のルールという意味で、給与所得の課税ルールの特例的規定といえる。

⑨その他の所得については、居住地国で課税する(21条)。ただし、相手国にある恒久的施設を通じて事業を行う場合、当該所得(不動産所得を除く)の支払いの基因となった権利又は財産が当該恒久的施設と実質的な関連を有するものであるときは、当該所得については恒久的施設の所在地国に課税権が与えられる。このただし書きの規定は、新金融商品を意識したものであることがコメンタリーに記述されている。

3. 租税条約のソース・ルールが国内法と異なる場合

わが国は、原則としてモデル条約に準じて各国と租税条約を結んでいるが、租税条約の定めとわが国の国内法の規定が異なる場合がある。この場合は憲法の定める条約の誠実遵守の義務(憲法98②)により、条約が国内法に優先して適用される。法人税法は、特にソース・ルール(国内源泉所得)について、租税条約が法人税法の規定と異なる定めをするときは、条約に定めるところによる旨、規定している(法136)。所得税法にも同趣旨の規定がある(所法162)。この問題は、貸付金の利子や使用料についてわが国法人税法は使用地主義を規定しているが、租税条約では債務者主義を採用するのが一般的であり、この場合は条約相手国の居住者に対しては債務者主義が適用されることになる。また、国内法では恒久的施設があれば当該法人が獲得するすべての国内源泉所得に課税する総合主義を採用しているが、租税条約ではモデル条約に準拠して恒久的施設に帰属する国内源泉所得についてのみ課税するという帰属主義を採用するのが一般的であり、この場合も租税条約の適用上は帰属主義が採用される。

4. 租税条約の税務紛争回避の機能および国際的税務執行の機能

国際租税法は、租税の中立性という理念から、各国の国際競争力の阻害要因である国際的二重課税の排除を中心に発展してきたが、近年は国境を利用する国際的租税回避を防止するため、国内法のみでは対処できないという自覚から、情報交換あるいは徴収共助といったことを重視するとともに、国際取引に関する国際租税紛争について、一国内の裁判所では解決できない事案の増加に対処するため、相互協議手続き、調停・仲裁手続きなどに係る国際ルールを確立する努力が行われるようになってきた。この観点からは、モデル条約25条（相互協議）、26条（情報交換）、27条（徴収共助）の規定が問題となる。

モデル条約25条の相互協議の規定は、国際的な税務紛争を各国税務当局者間の協議で解決・回避する機能を有している。納税者は条約の締約国から租税条約の規定に適合しない課税を受け又は受けることになると認める場合は、自己が居住者である締約国の権限のある当局（各締約国が定めた条約執行上の責任者）に対して、相手国と協議を行うよう申入れを行うことができる。権限のある当局は、こうした申入れを受け、条約の規定に適合しない課税が行われることのないよう相手国当局との合意によって当該事案を解決するよう努めなければならない。また、権限のある当局は、自己の判断で条約の解釈、適用に関して生ずる困難又は疑義を合意によって解決することも義務づけられている。こうした合意に達するため、両締約国の権限のある当局は外交チャンネルを経ずに直接相互に通信することができるが、これは相互協議とよばれている。

現在、わが国は多くの課税事案を相互協議により解決している。移転価格税制の執行に伴う対応的調整あるいは移転価格税制に係る二国間事前確認のための相互協議などが、その主な事例としてあげられる。

次に、モデル条約26条の情報交換の規定は、各国税務当局相互の行政上の支援を定めるものである。税務当局は主権の制約から自国の領域外の情報を入手することに限界があるが、この情報交換規定に基づき、両締約国の権限ある当局は、この条約の実施又は各国の国内法に規定するすべての種類の租税についてその執行に関連すると予見できる（foreseeable relevance）情報を交換することができる。ここで交換される情報は、租税条約が定める人的範囲や対象税目に限定されない。交換される情報には守秘義務が課され、一方、要請を受けた国は自国の租税目的上必要のない情報であっても情報入手のために必要な措置を講ずる義務がある。この情報交換規定の重要性とその実務的性格を反映して、コメンタリーには、要請に基づく情報交換、自動的情報交換、自発的情報交換、同時調査、調査官派遣、産業別情報交換といった情報交換の形態が例示されている。

わが国が締結した租税条約には例外的にこの情報交換規定がないものもあるが、ほとんどの条約にはこの規定が盛り込まれており、わが国は、国際的脱税又は国際的租税回避行為の防止・抑止のため情報交換規定を積極的に活用している。又、この情報交換規定に適切に対応するため、平成15年度改正で、この租税条約に基づく情報提供の要請を受けた場合の質問検査のための規定が設けられている(条約実施特例法9)。

なお、モデル条約27条の徴収共助も税務当局間の国際協力にとって有用なものと認められている。この国際的徴収共助の体制をどう構築していくかはわが国の今後の課題とされる。

NOTE 二国間の条約とは別に、国際間の税務執行協力のための多国間条約を締結する動きがある。多国間条約の例としては、既に北欧諸国(デンマーク、フィンランド、アイスランド、ノルウェーおよびスウェーデン)の多国間租税条約が1983年に締結され、また、欧州理事会の税務行政共助条約が1995年に発効している。わが国が関わるものとしては、OECDが情報交換、徴収共助および文書送達を内容とする多国間税務共助条約の批准を加盟国に求めていることがあげられる。こうした多国間条約に加盟するかどうかの判断もわが国が当面する課題である。

5. 租税条約の濫用と特典の制限

先に述べたとおり、租税条約の特典が魅力的になるにつれ、本来その特典を受ける資格のない者がいずれかの締約国に基地会社(base company)や導管会社(conduit company)を置く等により、条約の特典を受ける事例が多くなってきた。こうした行為を放置することは、両締約国間の経済交流を活発化させる目的で相互に相手国居住者に対する課税権を制限するという租税条約の趣旨を超えて一方の締約国の歳入減少を招くことになり、ひいては二国間租税条約のネットワークの拡大により国際的租税秩序の確立を図るという国際連盟以来の国際的努力を台なしにしてしまうことになる。また、各国の国内租税法の規定の相違と租税条約の特典を組み合わせた大掛かりな租税回避スキームが蔓延することが各国のコンプライアンス意識を低下させることが懸念される。

こうした考慮から、租税条約には条約の不正利用を制限するため租税回避の防止に焦点をあてた規定が盛り込まれるようになっている。モデル条約コメンタリーは、条文のモデルとして、①法人がその締約相手国の居住者でない者に所有又は支配されている(直接、間接を問わず)場合には、条約の特典を与えない(ルック・スルー look-through アプローチ)、②非居住者により一定の支配を受けている者については、その条約相手国で税法の通常の規定により課税に服する場合にのみ特典を与える(課税の有無 subject to tax アプローチ)、③非居住者により一定の支配を受けている者について、その所得の50%超が、その支配する者からの請求(利子、使用料、開発費、広告費、交通費ならびに無形資産・製法を含むあらゆる事業用資産の償却費を含む)に充てるために用いられているときは、条約の特典を与えない(チャネル channel アプローチ)、が示されている。

ただし、以上の規定を挿入することで条約の特典を制限する場合には、その規定の対象法人が、自己の事業が健全な事業上の理由により動機づけられており、したがって条約の特典を主たる目的としているものでないことを証明した場合には、適用しない、すなわち条約の特典を与えるとの条項を設けるべきとしている。この規定は「真正条項」とよばれており、真正であることを判断する基準としては、法人が居住地国において実質的な事業活動に従事していること(活動基準)、条約の特典による税の減免額が居住地国で実際に課される租税の額を超えないこと(税額基準)、居住地国で株式取引所に上場されていること又は一方の締約国の居住者である法人に100%所有されていること(上場基準)が示されており、さらに締約国の権限のある当局が他方の国の居住者に対し条約の特典を与えた場合(裁量基準)も特典の付与が可能としている。

以上に加え、モデル条約コメンタリーは、各国が実際に適用している特典制限の現状を背景として、いくつかの特典制限条項についてコメントしている。これらのうち、普遍的アプローチとして「適格者」(qualified person)アプローチがあげられる。これは条約条文の中で、特典を享受できるのは当該居住者が

「適格者」であり一定の条件を満たす場合のみである、という規定を設けるものである。「適格者」としては、個人、適格政府機関のほか、証券取引所に上場されている法人(適格法人)か、議決権又は株式の価値の50%以上が5以下の適格法人に所有されている法人、受益者等の50%超が締約国の個人の居住者である年金信託等などが示されている。また、こうした「適格者」に該当しない場合であっても、権限のある当局が、居住者の設立、取得又は維持およびその事業の運営が、条約の特典を主たる目的の1つとしていないと決定した場合や居住者がその国で能動的事業を行う場合には、条約の特典を享受することができるとの宥恕規定がある。

さらに、導管の利用により国内租税法で与えられる優遇措置と租税条約の特典を組み合わせて税の軽減を図る租税回避に対抗するため、適用除外アプローチが示されている。これには、①非居住者に所有・支配されている法人(導管)が居住者により所有・支配されている法人より課税上著しく優遇されている場合は条約の特典を与えない、②税が優遇されている場合で、その国に実質的に存在することが必要でない活動(銀行、海運等の業種、グループのサポート活動、関連する情報が秘密とされるものが例示されている)から生ずる所得には条約の特典を与えない、③租税条約の利子、配当、使用料およびその他所得の特典を得ることを主たる目的又は主たる目的の1つとして、それぞれの所得を生ずる権利を発生させ又は譲渡させた場合は、そうした所得についての条約の特典を与えない、等があげられる。

わが国は、こうした規定を部分的に租税条約の中に挿入してきているが、2003年の日米租税条約の改正を契機として、新しい租税条約の締結や既に締結している租税条約の改正にあたってはこうした条約の濫用防止のための規定を挿入するという方針を明確にしている。

第5節　国際的租税回避防止のための個別的否認規定

上記の租税条約の濫用への対応のほかに、各国は国際的租税回避に対する多くの個別的否認規定を設けている。自国の居住者を対象とした国際的租税回避防止規定のうち、わが国を含めた先進国共通の主な個別的否認規定としては、移転価格税制、過少資本税制およびタックス・ヘイブン対策税制があげられる。

以下、租税特別措置法に国際的租税回避防止規定として導入されている、①移転価格税制、②過少資本税制および③タックス・ヘイブン対策税制について説明する。

1. 移転価格税制

国際取引では、例えば日本の親会社と国外の子会社といった関連企業間で取引が行われることが多いが、こうした関連企業間の取引は、独立当事者間取引で設定される正常な価格(市場価格)と異なる価格で行われることがある。正常な価格と異なる価格で国際的取引が行われると、その取引から生じる当事者の所得は適正所得から乖離したものとなり、国家の適正な課税権を妨げることになる。このような関連企業間取引における価格設定の問題は移転価格問題とよばれ、各国は、私的自治の原則(契約の自由)に基づいて設定された取引価格について、税法上、取引が独立企業間で行われたものとみなしてそこで設定されるであろう適正な取引価格に引き直して自国の企業の所得を計算する法制を導入するようになっている。この法制が移転価格税制である。

この制度を先がけて導入した米国では、個人、法人を問わず、国際取引か国内取引かを問わず、「同一の利害関係者によって直接、間接に所有され又は支配される２以上の組織、営業、事業について、財務長官又はその代理人は、脱税を防止し又は組織、営業、事業の所得を正確に計算するために必要があると認める場合には、総所得、所得控除、税額控除その他の控除を配分し、割当て又は分配することができる。無形資産の譲渡又は使用権の許諾について、当該譲渡又は許諾に係る所得は、当該無形資産に帰すべき所得に相応したものでなければならない」(IRC482)という内容の移転価格税制を規定している。

わが国は、昭和61年度税制改正で、法人間の国際取引に限定した移転価格税制を、国外関連者との取引に係る課税の特例として導入した(措法66の４)。また連結納税の導入に伴い、連結法人の国外関連者との取引についても同様に適用されるようになっている(措法68の88)。この移転価格税制の執行については、実務上の運営指針として、「移転価格事務運営要領」(平成19年6月25日改正)等が公表されている。

以下、わが国の移転価格税制の仕組みについて説明する。

(1)国外関連者との国外関連取引

法人が、「国外関連者」との間で、資産の販売、資産の購入、役務の提供その他の取引(「国外関連取引」という)を行った場合に、その法人がその国外関連者から支払いを受ける対価の額が「独立企業間価格」に満たない場合、あるいはその法人がその国外関連者に支払う対価の額が「独立企業間価格」を超える場合、その法人の所得計算において、その取引は「独立企業間価格」で行われたものとみなされる(措法66の4①)。

ここで「国外関連者」とは、外国法人で当該法人との間にいずれか一方の法人が他方の法人の発行済株式又は出資の総数又は総額の50%以上の数又は金額の株式又は出資を直接・間接に保有する関係その他特殊の関係のあるものをいう(措法66の4①)。

こうした「国外関連者」と内国法人の間で行う資産の販売、資産の購入、役務の提供その他の取引を「国外関連取引」という。ただし、当該国外関連者の国内源泉所得に係る取引は対象から除かれる(措法66の4①、措令39の12⑤)。すなわち、国外関連者との取引であっても、国外関連者が国内に恒久的施設を有する等の場合には、当該取引からの所得が国内源泉所得として法人税の課税対象とされるので、所得の海外移転が生じないとの理由から移転価格税制は適用されない。

(2)「独立企業間価格」(Arm's Length Price : ALP とよぶ)

「独立企業間価格」は移転価格税制の適用にあたって基準とされるもので、制度の中心的な存在である。租税特別措置法は、棚卸資産の販売又は購入の場合とそれ以外の取引の場合に区分して独立企業間価格を定義し、その算定方法を示している(措法66の4②)。このうち棚卸資産の販売又は購入以外の取引(役務提供取引が例としてあげられる)については、棚卸資産の場合に準じて同等の方法により独立企業間価格を算定することとされている(措法66の4②二)ので、以下では棚卸資産の販売又は購入の場合を中心に説明する。

棚卸資産の販売又は購入については、次の方法のいずれかによって算定した金額が独立企業間価格とされる。

①独立価格比準法(Comparable Uncontrolled Price Method：CUP法とよばれる)

独立価格比準法は、特殊の関係にない売手と買手が国外関連取引に係る棚卸資産と同種の棚卸資産を当該国外関連取引と取引段階、取引数量その他が同様の状況の下で売買した取引の対価の額に相当する金額をもって当該国外関連取引の対価の額とする方法である。独立企業間価格本来の意味から考えて最も基本的な方法といえる。このため、法人税法上の位置づけは以下に述べるRP法又はコスト・プラス法と同順位であるが、仮にこのCUP法が適用できるのであれば、この方法が優先適用されるべきと考えられている。この点を明確にした裁判例がある(東京地判平成19年12月7日)。

この独立価格比準法を用いる場合は、「同種の棚卸資産」、「同様の状況」がポイントとなる。実例の積み重ねの中から独立企業間価格を見出すルールが明確化されることが望まれるが、船舶建造業について独立価格比準法を用いた訴訟で、この「同種の棚卸資産」および「同様の状況」の適用基準さらには差異がある場合の調整のあり方、独立企業間価格に幅があるかどうか等についての最高裁の判断が示されたものがある(最判平成19年4月10日)。

②再販売価格基準法(Resale Price Method：RP法とよばれる)

再販売価格基準法は、国外関連取引に係る棚卸資産と同種又は類似の棚卸資産を、特殊の関係にない者から購入した買手が、特殊の関係にない者に対して販売した対価の額(再販売価格)から通常の利潤の額(再販売価格に通常の利益率を乗じて計算した金額)を控除して計算した金額をもって当該国外関連取引の対価の額とする方法をいう。比較対象となる取引の範囲は「同種又は類似」であり、上述したCUP法の場合の「同種」より比較対象範囲が拡大すると考えられている。この方法を用いる場合は、グロス・マージンとしての「通常の利潤の額」を算定するために、再販売を行う者が果たしている機能を比較対象となる独立事業者が果たしている機能と比較する必要があり、機能分析がポイントとなる。

③原価基準法(Cost Plus Method：コスト・プラス法とよばれる)

原価基準法は、国外関連取引に係る棚卸資産と同種又は類似の棚卸資産の売手の購入、製造その他の行為による取得の原価の額に通常の利潤の額(原価の額に総利益の額の原価の額に対する割合を乗じて計算した金額)を加算して計算した金額をもって当該国外関連取引の対価の額とする方法をいう。再販売価格基準法の場合と同様、「同種又は類似」とされる比較対象取引の範囲をどう考えるか、グロス・マージンとしての「通常の利潤の額」を算定するうえでの機能分析をどう行うかがポイントとなる。

④その他の方法

その他の方法は、上記①から③までの方法(基本三法とよばれる)が用いられない場合に限り用いることができる方法である。

その他の方法としては、i)「基本三法に準ずる方法」、ii)「利益分割法(Profit Split Method：PS法とよばれる)」およびiii)「取引単位営業利益法(Transactional Net Margin Method：TNMM法とよばれる)」が限定列挙されている。

このうち「基本三法に準ずる方法」とは、基本三法の考え方に即した合理的な方法ということであり、限定的なものではない。2つの方法を併用するような場合に加え、基本三法適用の要件である「同種」「類似」等の基準をある程度緩和する、あるいは異なる基準を採用するといったことが、基本三法の考え方から全く乖離しない範囲で認められるものと思われる。この準ずる方法が金融取引について問題となった訴訟で、直接的な実在の比較対象取引を見出すことができない場合に市場価格等の客観的かつ現実的な指標により比較可能な取引を想定して独立企業間価格を算定することが許容された裁判例がある(東京地判平成18年10月26日)。

第二に、「利益分割法」とは、当該棚卸資産の購入、製造、販売等による所得が、内国法人と国外関連者との間で、これらの者が支出した費用の額、使用した固定資産の価額その他これらの者が当該所得の発生に寄与した程度を推測するに足りる要因に応じてこれらの者に帰属するものとして計算した金額をもって、独立企業間価格とするものである(法令39の12⑧一)。内国法人と国外関連者の国外関連取引に係る営業利益を合算し、当該合算営業利益を利益発生の要因によって両者の間に配分することで、結果的に独立企業間価格を見出そうとする方法ということになる。

利益分割法には、貢献度(寄与度)利益分割法、比較利益分割法、残余利益分割法の3つの手法がある。わが国の前述した定義は、貢献度(寄与度)利益分割法を意識した記述となっているが、特定の手法を限定的に許容したものではなく、所得発生に対するそれぞれの者の貢献(寄与)を最も的確に反映できる手法であれば、いずれの手法も容認されると解されている。

貢献度(寄与度)利益分割法を適用するにあたっては、利益への貢献度(寄与度)をはかる客観的な指標を見出すことが問題となる。実務上は、支出した経費あるいは使用した固定資産等が指標とされるが、決定的なものとはなっていない。特に価値のある無形資産が利益に貢献している場合にそれをどう貢献度指標に反映させるかが問題となりやすい。これに対し、比較利益分割法は類似する比較対象取引を見出すことができる場合に、その比較対象の分割割合を基準にするものであり、理論的には優れているが比較対象取引が見出し難いという問題を抱えている。こうしたことから、現在は、残余利益分割法が、価値のある無形資産が使用される国外関連取引への移転価格課税にあたって最も基本的な方法の1つとされている。残余利益分割法は、国外関連取引に係る合算営業利益から、まず両当事者が当該取引を通じて得るであろう通常の利益をそれぞれに分配したうえで、残った利益(残余利益)は価値のある無形資産からもたらされた超過収益として無形資産に係る何らかの指標で分割するというものである。

第三に、「取引単位営業利益法」とは、国外関連取引に係る営業利益につき、当該棚卸資産と同種又は類似の棚卸資産取引(比較対象取引)の営業利益率(比較対象取引と機能その他に差異がある場合は差異調整後の営業利益率)を基準にして、「独立企業の取引であれば通常得られるであろう営業利益」を計算し、これを基に独立企業間価格を算定する方法である。すなわち、国外関連取引の買手の場合であれば、当該資産を第三者に販売した対価の額を基にして上記により計算された「独立企業の取引であれば通常得られるであろう営業利益」に当該取引に係る販売費および一般管理費を加え、その合計額を当該第三者に販売した対価の額から控除した金額をもって独立企業間価格とすることになる。また、国外関連取引の売手の場合であれば、当該棚卸資産の取得原価を基にして上記により計算された「独立企業であれば通常得られるであろう営業利益」に当該取引に係る販売費および一般管理費を加算した金額をもって独立企業間価格とすることになる(法令39の12⑧二～三)。この取引単位営業利益法は、米国で普及した利益比準法(Comparable Profit Method : CPM法とよばれる)を取引単位で適用しようとするものである。RP法やコスト・プラス法と類似するが売上総利益ではなく営業利益を比較する点が異なり、公表資料を利用できるメリットがあるとされる。ただ、CPM法は安易に適用すると外形標準課税となるおそれがあり、適用にあたっては取引単位で十分な検証を行うことが前提とされる。

なお、以上の利益分割法又は取引単位営業利益法に準ずる方法も認められる(同四)。

(3)関連する規定の整備

①非関連者介在取引

移転価格税制の適用が回避されるのを防止するため、非関連者を中間に介在させる取引についても、法人又は受託法人の国外関連取引とみなして移転価格税制を適用することとしている(措法66の4⑥)。具体的には、i)法人と非関連者との間の取引の対象となる資産が国外関連者に販売、譲渡、貸付け又は提供されることが当該取引を行ったときにおいて契約その他により予め定まっている場合で、かつ、その対価の額が法人と国外関連者との間で実質的に決定されていると認められる場合およびii)国外関連者と非関連者との間の取引の対象となる資産が法人に販売、譲渡、貸付け又は提供されることが取引を行ったときにおいて契約その他により予め定まっている場合で、かつ、その対価の額が法人と国外関連者との間で実質的に決定されていると認められる場合が、対象となる(措令39の12⑨、⑩)。

②国外関連者に対する寄附金

法人が各事業年度に支出した寄附金の額のうち国外関連者に対するものは、当該法人の損金の額に算入しない(措法66の4③)。この規定は、法人が、移転価格課税を避けて、関連会社に寄附金として利益を移転することを防ぐ趣旨のものである。

③移転価格課税の期間制限

通常の税務調査に比較して移転価格課税の調査は時間がかかるので、更正・決定等の除斥期間は６年とされ(措法66の４⑯)、加算税の賦課決定の除斥期間も６年とされている(措法66の４⑯)。また、徴収権の消滅時効も法定納期限から１年間は進行しない取扱いとされている(措法66の４⑰)。

④国外関連者が保存する帳簿等の提出および比較対象企業に対する質問検査

法人と国外関連者との間の取引に関する調査にあたって、課税庁は当該法人に対し国外関連者が保存する帳簿書類又はその写しの提示又は提出を求めることができるとする規定が設けられている。調査にあたっての国外資料の重要性が考慮されたものである。この場合、法人は当該書類もしくは帳簿又はこれらの写しの入手に努めなければならない(措法66の４⑧)。

なお課税庁は、法人が独立企業間価格を算定するために必要と認められる書類等を遅滞なく提出しなかった場合で、独立企業間価格を算定するために必要があるときは、その必要と認められる範囲で、法人の国外関連取引に係る事業と同種の事業を営む者に質問し検査することができる(措法66の４⑨)。同種の事業を営む者への反面調査を認めたものである。

⑤独立企業間価格の推定

移転価格の調査にあたって、法人が、独立企業間価格を算定するために必要と認められる帳簿書類又はその写しを遅滞なく提示・提出しなかったとき、課税庁は、ｉ)その法人の国外取引に係る事業と同種の事業を営む法人で事業規模その他の事業の内容が類似するもののその事業に係る売上総利益率等を基礎として算定する方法、ii)類似の事業を営む法人の営業利益率を基礎として算定する方法、iii)国外関連取引に係る事業の連結利益を法人と国外関連者との間で分割して算定する方法により独立企業間価格を推定して更正・決定をすることができる(措法66条の４⑦)。この規定は推定規定とよばれている。法人は、反証によりこの推定を覆すことができる。

この推定規定に関してシークレット・コンパラブル(納税者が知り得ない比較対象を用いた否認)の問題が指摘された訴訟で、この推定規定は一定の質問検査権を創設する規定であってその手続要件は課税処分の要件ではないとして、仮に手続きが違法であるとしても直ちに課税処分が違法とはならないとした司法判断がある（東京地判平成19年12月７日）。

（４）経済的二重課税が生じないための仕組み

①相互協議と対応的調整

ある国で移転価格課税が行われると、同一の取引における実際の取引価格と独立企業間価格との差額について国際的な経済的二重課税が発生することになる。このような国際的二重課税に対する救済手段として相互協議に基づく対応的調整の制度が設けられている。納税者は移転価格課税を受けた場合、異議申立等の国内法に基づく救済手続きとは別に権限のある当局に対して二重課税を回避するよう相互協議の申立てを行うことができる。相互協議は租税条約に基づき権限のある当局が相手国の権限のある当局と行うもので、その仕組みは本章第４節４「租税条約の税務紛争回避の機能および国際的税務執行の機能」で説明したところである。相互協議の結果、権限のある当局間の合意が成立したときは、その合意内容に従って対応的調整が行われることになる（租税条約実施特例法７条①、通法23条②三）。

移転価格課税が国際的二重課税を生じることは避けるべきと考えられており、このため移転価格課税と相互協議および対応的調整は一体として取り扱うべきものと考えられている。移転価格課税を受けた納税者が相互協議の申立てを行った場合には、相互協議の合意に基づく更正があった日又は相互協議が終了した日まで納税を猶予され延滞税も免除される制度が設けられているが（措法66の４の２）、このこともこれらの制度が一体であることを示している。

具体的な対応的調整の手続きは、わが国が相互協議において相手国が行った移転価格課税について同意した場合、所轄税務署長は、納税者の更正の請求に基づいて当初更正処分の全部又は一部を取り消す減額更正処分を行う。これに伴い、地方公共団体も、住民税法人税割および事業税について減額更正を行い、減少税額を納税者に還付をしなければならない（地法53㊱、72の24の11、321の８㉜）。この場合、地方財政にとって、即時還付は財政上の支障を生じるため、更正の日が属する事業年度の開始の日から１年以内に開始する各事業年度法人税割から順次控除し、控除し切れなかった金額を還付し、または未納の税金に充当することとされている（地法53㊱、72の24の11、321の８㉜）。

②二次的調整

移転価格課税を行った場合に税務上の所得が増加することになるが、その所得に見合う資産は相手国に存在する。わが国ではこの場合の処理は実務上「利益の社外流出」とするのが原則とされる(措基通66の4(8)−1)。要は資産を国外関連者から取り戻す必要はなく、そのことで寄附金課税を行うこともしないということになる。そのうえで、移転価格課税を受けた法人が合理的な期間内に返還を受ける意思を示し一定の要件を満たした場合は返還を受けた金額を益金に算入しない、すなわち未収金を取り戻したと同様の取扱いが認められる(措基通66の4(8)−2)。他方、相手国が移転価格課税を行いわが国が対応的調整を行った場合は、わが国の所得が減額することになるが、当該減額した資産を国外関連者に支払わない場合は、その金額は「利益積立金」に含まれることになりそれ以上の課税処理はしない(条約実施特例法7②)。こうした処理はいわば簡便法であり、相手国の取扱いと整合的でない場合は新たな二重課税の問題を惹起するおそれがあり、二重課税排除のための対応が必要となる。これは二次的調整の問題とよばれる。

③事前確認制度

移転価格課税は、国際的に執行のルールが確立されてきてはいるが、具体的な事例ごとに独立企業間価格を見出すことには相当の困難が伴い、さらに納税者と税務当局の間で又は権限のある当局間で見解の差が生じやすいという問題がある。このため、移転価格税制の適正な執行と事後の紛争を予防し、執行の法的安定性と納税者の予測可能性を確保する趣旨から、事前確認の制度が設けられている。すなわち、法人は所轄税務署長又は所轄国税局長に対し、国外関連取引について合理的な独立企業間価格の算定方法および必要資料について事前に確認することを申し出ることができることとされている。事前確認制度は、いわゆるアドバンス・ルーリングの一種であり、納税者と税務当局の間だけでなく関係する相手国の税務当局とも相互協議を通じて確認を求めるバイラテラル型が原則と考えられている。

NOTE OECDでは、本支店間取引についても、移転価格税制における独立企業原則との整合性をとり、法的には同一企業の内部取引であるが、機能的分離企業として恒久的施設をとらえ、PEへの帰属利益を算定する方向で検討を進めている。関連企業間取引と異なり、同一企業内の各部門への資本の帰属、リスクの帰属、資産の帰属、経済的所有者概念による恒久的施設への利得の帰属ルールといった多くの問題が指摘されている。

2. 過少資本税制

法人は資金調達にあたって、自己資本を増加させるか外部から資金を借り入れるかの選択を迫られる。自己資本を選ぶ場合は当該資本に対して配当を支払うことになるが、この支払配当は損金とはならない。一方、借入金を選ぶ場合には利子を支払うことになり、この支払利子は損金となる。このため、税引後の利益で比較した場合、自己資本より借入金の方が有利になる。この支払配当と支払利子に対する租税法上の取扱いの差は、企業の自己資本充実を妨げるとして問題にされることがあり、両者の差を解消するため、支払配当を損金に算入して支払利子と同じ取扱いにすべきである、あるいは逆に支払利子の損金算入を否定して支払配当と同じにすべきである、といった議論がある。

国際課税の分野では、外国親法人がわが国に設立した子法人の必要資金の調達にあたって、最低限必要とされる自己資本を子法人に保有させず(すなわち出資せず)、親法人からの貸付金で手当てするという形で問題となる。この場合、子法人の自己資本比率は極端に低くなり借入金比率が高くなる。結局、子法人が親法人への支払利子を損金として控除することにより合法的にわが国の税負担を減少させることになる。この問題は、過少資本(thin capitalization)による国際的租税回避として問題とされ、先進各国は、一定の要件の下で、外資系の内国法人が外国親法人に支払う利子の損金控除を否定する税制(過少資本税制)を導入している。

わが国は平成4年度税制改正で、国際取引に限定した過少資本税制を、国外支配株主等に係る負債の利子等の課税の特例として導入している(措法66の5、措令39の13)。

わが国の法人が「国外支配株主等(および資金供与者等)」に「負債の利子等」を支払う場合、各事業年度における国外支配株主等(および資金供与者等)に対する負債の「平均負債残高」が、「国外支配株主等の資本持分」の３倍を超える場合には、国外支配株主等(および資金供与者等)に支払う負債の利子等の額のうち、その超える部分に対応する金額は、損金算入が認められない。

ただ、このように形式的な基準により支払利子の損金算入を否認する仕組みであるため、総合的な視点から緩和の規定が設けられている。緩和規定のその１は、当該法人の総利付負債の平均負債残高が「自己資本」の額の３倍に相当する金額以下である場合には、過少資本税制を適用しないとするものであり、国外支配株主等以外の株主から受け入れた資本も考慮しようとするものである(措法66の５①後段)。その２は、３倍という比率に代えて同種の事業で事業規模等の状況が類似する他の内国法人の実際の比率を用いることができるとするものであり、各業種の実情に配慮するものといえる(措法66の５③、措令39の13⑩)。その３は、特定債権現先取引等に係る負債があるときは、この特定債権現先取引等に係る負債の平均負債残高を制度の適用対象となる「平均負債残高」から控除した上、倍率を３倍でなく２倍にするとするものであり、借入れと貸付けの対応関係が明確で租税回避の問題が生じないものに対する対応である(措法66の５②、⑨、措令39の13⑤～⑨)。

過少資本税制は、連結法人についても、連結法人の国外支配株主等に係る負債の利子等の課税の特例として、同様に適用される(措法68条の89、措令39条の113)。

また、この過少資本に関する規定は、国内において事業を行う外国法人が支払う負債の利子等(国内において行う事業に係るものに限る)についても準用される(措法66の５⑩)。外国法人に対する規定の準用については、読替規定が設けられている(措令39の13㉙)。

以下、この制度のキーワードについて説明する。

(１)「国外支配株主等(および資金供与者等)」

制度の適用を受ける「国外支配株主等」とは、資金を提供する外国の親法人のことである。非居住者又は外国法人で、内国法人との間に、内国法人の発行済株式・出資の総数又は総額の50％以上を直接・間接に保有する関係その他の特殊の関係のあるものをいう(措法66の５④一)。ここで特殊の関係とは、①内国法人と当該外国法人が同一の者によって50％以上の株式等を直接・間接に保有される関係、②内国法人と非居住者又は外国法人との間に、取引の依存、資金の依存(借入保証を含む)、役員・使用人の依存等を通じて、当該非居住者又は当該外国法人が当該内国法人の事業の方針の全部又は一部につき実質的に決定できる関係をいう(措令39の13⑪)。

なお、国外支配株主等が第三者を通じて資金の貸付等を行うことが見込まれることから、そうした場合の第三者を「資金供与者等」として、国外支配株主等と同様に扱うこととしている(措法66の5④二、措令39の13⑬)。具体的には、①内国法人に係る国外支配株主等が第三者を通じて当該内国法人に対して資金を供与したと認められる場合における当該第三者、②内国法人に係る国外支配株主等が第三者に対して当該内国法人の債務の保証をすることにより、当該第三者が当該内国法人に対して資金を供与したと認められる場合における当該第三者、③内国法人に係る国外支配株主等から当該内国法人に貸し付けられた債券(当該国外支配株主等が当該内国法人の債務の保証をすることにより第三者から当該内国法人に貸し付けられた債券を含む)が、他の第三者に、担保として提供され、債券現先取引で譲渡され、または現金担保付債券貸借取引で貸し付けられることにより、当該他の第三者が当該内国法人に対して資金を供与したと認められる場合における当該第三者および他の第三者が、「資金提供者等」とされている。

(2)「負債の利子等」

対象となる「負債の利子等」は通常の支払利子のほか、手形の割引料、社債発行差金等その経済的な性質が利子に準ずるものが含まれる。また、これに加え、その他の費用として、①内国法人がその国外支配株主等に支払う債務の保証料、②内国法人がその国外支配株主等に支払う債券の使用料もしくは債務の保証料又は第三者に支払う債券の使用料がここでいう負債の利子等に含まれる(ただし、国外支配株主等が国内に恒久的施設を有している等により当該支払利子が国外支配株主等の課税対象所得に含まれる場合および公共法人又は公益法人等に支払われる場合は除く)(措法66の5④三、措令39の13⑭~⑯)。

(3)「平均負債残高」

「平均負債残高」は、国外支配株主等(および資金供与者等)に対する負債のうち、上記負債の利子等の支払いの基因となる負債(措法66の5④四、措令39の13⑰)の額の、当該事業年度の負債の帳簿価額(内国法人が会計帳簿に記載した金額)の平均的な残高として合理的な方法により計算した金額である(措令39の13⑱、㉓)。

(4)「国外支配株主等の資本持分」

各事業年度の国外支配株主等の内国法人の純資産に対する持分のことであり、「内国法人の当該事業年度に係る自己資本の額」に、当該事業年度終了の日に国外支配株主等の有する内国法人に係る「直接および間接保有の株式等」が当該内国法人の発行済株式等のうちに占める割合を乗じて計算した金額とされている(措法66の5④六、措令39の13⑲、⑳)。ここで「内国法人の当該事業年度に係る自己資本の額」とは、①内国法人の当該事業年度の総資産の帳簿価額の平均的な残高として合理的な方法により計算した金額から②内国法人の当該事業年度の総負債の帳簿価額の平均的な残高として合理的な方法により計算した金額を控除した金額とされる(措法66の5④七、措令39の13㉒、㉓、㉖)。

また「直接又は間接保有の株式等」の「間接保有」とは、①当該国外支配株主等が当該内国法人の株式を保有する他の内国法人の株式を保有する場合、②当該内国法人と当該国外支配株主等が株主である他の内国法人との間にその他の出資関連内国法人が介在し、それぞれが株式の保有を通じて連鎖関係にある場合をいい(措令39の13⑳)、第三者である資金供与者の資本持分もここでいう「国外支配株主等の資本持分」に含めることとされている(措令39の13㉑)。この間接保有等の取扱いはループ・ホール防止の規定といえる。

NOTE 米国では過少資本税制に相当するIRC385を制定し、具体的な財務省規則制定権を財務長官に付与したが、多くの反対意見があり、財務省規則の制定に至っていない。米国議会は、1989年にアーニング・ストリッピング・ルール(Earning Stripping Rule)を規定し、利子の支払いを受け取る者が米国所得税を課されない場合、支払利子の損金算入を制限する制度であり、適用条件の１つとして負債対資本比率が1.5対１を超える場合に支払利子の損金算入を制限することを定めた(IRC163(j))。その後1993年にIRC163(j)は、親会社等関連会社の債務保証にも適用が拡大されている。

3. タックス・ヘイブン対策税制(特定外国子会社等に係る課税の特例)

タックス・ヘイブンとは、一般には法人の所得に全く課税しないか又は極めて低い税率で課税する国又は地域を意味するが、通常の課税を行う国であっても租税特別措置等により特定の所得に対する課税を軽減する場合があり、タックス・ヘイブンとして利用されることがある。こうしたタックス・ヘイブンの存在はさまざまな国際的租税回避の問題を惹起するが、OECDは、有害な税の競争という視点からタックス・ヘイブンの問題を採り上げ、先進国に対しては、有害な税の競争に該当する措置(すなわちタックス・ヘイブンとして利用される措置)の是正を勧告する一方で、従来型のタックス・ヘイブンに対しては情報交換等を通じた情報開示を求める等、タックス・ヘイブンを利用する国際的租税回避へのさまざまな対応策を示している。

こうした中で、先進各国は、自国法人のタックス・ヘイブンに所在する子会社が留保する所得を自国株主の所得として合算課税する制度を導入するようになっている。このタックス・ヘイブン子会社の留保所得に課税する制度はタックス・ヘイブン対策税制又はCFCルール(Controlled Foreign Corporations ルール)とよばれている。

わが国は、昭和53年にこのタックス・ヘイブン対策税制を内国法人の特定外国子会社等に係る所得の課税の特例として導入している(措法66の６～66の９)。連結法人にも適用される(措法68の90～93)。

タックス・ヘイブン対策税制は、外国子会社の法人格を否認するものでなく、また、外国子会社の所得や留保利益の法的帰属を否定して株主に直接帰属させるものでもない。タックス・ヘイブン子会社が配当せず留保している金額を、配当されたものと擬制して、あるいは株主が当該外国子会社を通じて稼得した収益と擬制して、課税するものと解されている。

タックス・ヘイブン対策税制の仕組みは、居住者および内国法人が発行済株式の50%を超える株式を直接・間接に所有する「外国関係会社」で、その本店又は主たる事務所の所在地国・地域の所得に対する税負担が著しく低い「特定外国子会社」に該当するものの留保所得(未処分所得の金額から留保したものとして計算される「適用対象留保金額」)のうち、株主である居住者および内国法人の持株に対応する部分に相当する金額(「課税対象留保金額」)をそれらの株主の総収入金額又は益金の額に算入して、所得税又は法人税の課税対象とするものである。こうした仕組みであるため、この制度は、外国子会社合算課税制度とよばれる。

なお、特定外国子会社等の所得に対して課された外国法人税は、控除対象外国法人税の額として外国税額控除の対象となる(措法66の7)。また、特定外国子会社等が利益積立金を取り崩して配当を支払った場合は、当該配当に係る二重課税を調整する仕組みが採用されている(同66の8)。

この制度は、租税回避防止を目的とするものであることから、特定外国子会社が真正な事業活動を行っている場合には適用されない。このため、一定の「適用除外要件」が定められている。この適用除外は、タックス・ヘイブン対策税制が行き過ぎたものにならないための極めて重要な意義を有している。

(1)制度の適用を受ける株主

この制度を適用される株主は、特定外国子会社等の発行済株式・出資(自己株式を除く)の総数又は総額の5%以上を直接・間接に所有する居住者又は内国法人、あるいは全体として発行済株式の5%以上を直接・間接に所有する同族株主グループ(同族株主グループには、内国法人の役員等が支配する法人が含まれる)に属する居住者又は内国法人である(措法40の4①、66の6①、措令39の16⑧)。なお、株式保有割合を判定するにあたって、①剰余金の配当等に関する議決権の数が1個でない株式等を発行している法人の場合は、議決権の割合、②請求権の内容が異なる株式等を発行している法人の場合は請求権に基づき受けることができる剰余金の配当等の割合、③以上の双方を発行している法人の場合は、それぞれに示した割合のいずれか高い割合を勘案して、いずれか高い割合をとることになる(措法66の6①イ～ハ)。この複雑な規定は、株式保有割合をめぐって存在したループ・ホールに対してこうした個別的否認規定が必要であったことを示している。

なお、平成19年度の改正で三角合併等を利用した国際的租税回避への対抗措置として、三角合併による組織再編(特定関係)の直前に株主等の5人以下で(特殊関係者を含む)80%以上の株式を保有していた内国法人の株主(以下、「特殊関係株主等」という)が、三角合併等の結果としてタックス・ヘイブン会社(以下、「特定外国法人」という)の子会社となった当該内国法人(以下、「特殊関係内国法人」という)の株式をタックス・ヘイブン会社を介在して80%の株式を間接保有するときは、タックス・ヘイブンにある当該「特定外国会社」の利益留保額を、「特殊支配株主等」の請求権に応じて計算し、当該「特殊関係株主等」である内国法人の収益の額とみなすこととしている(措法66の9の6)。なお、タックス・ヘイブン対策税制と重複する場合はタックス・ヘイブン対策税制の適用が優先される(措法66の9の6⑦)。これは、既に第3編第1章第1節「組織再編税制」の部分で述べたところであり、この措置はコーポレート・インバージョン対策税制とよばれている。タックス・ヘイブンの留保利益を合算課税するという点ではタックス・ヘイブン対策税制と共通した制度となっている。なお、適用を受ける株主に5%以上の株式保有という制限はない。

(2)「外国関係会社」と「特定外国子会社等」

タックス・ヘイブン対策税制の適用対象となる「外国関係会社」とは、外国法人で、その発行済株式・出資(自己株式を除く)の総数又は総額の50%超を居住者および内国法人並びに特殊関係非居住者に直接・間接に保有されるものをいう(措法66の6②一)。この場合も50%超かどうかの判定にあたって、議決権の数が1個でない株式等を発行している法人の場合、議決権の内容が異なる株式等を発行している法人の場合、以上の双方を発行している法人の場合について、先に述べた株主の5%以上を判定する場合と同じ取扱いが規定されている(措法66の6②一イ～ハ)。

また「間接に保有される株式」は、他の外国法人を通じて居住者又は内国法人に間接に保有される株式のことを意味し(措法66の6②三)、外国法人の株式を保有する他の外国法人の持株割合に居住者又は内国法人の当該他の法人に対する持株割合を乗じて間接持株割合を算出する方法が採用されている。出資を通じた連鎖関係がある場合もそれぞれについて同じ計算により間接持株割合を算出する（措令39の16⑤）。この計算方法は掛け算方式とよばれることがある。

「特定外国子会社等」は、「外国関係会社」のうち、①法人の所得に対して課される税が存在しない国又は地域に本店又は主たる事務所を有するものおよび②各事業年度の「所得の金額」に対して課される「租税の額」が当該所得金額の25％以下であるものが該当する（措令39の14①）。このうち①はタックス・ヘイブンそのものといえるが、②は外国関係会社の事業年度が終了した時点で判断されるものであり、いずれの国であっても対象になり得るものである。具体的には、「所得の金額」は、外国関係会社の決算に基づく所得の金額につき当該本店所在地国の税法を適用して計算した所得の金額に、本店所在地国で非課税とされる所得（当該本店所在地国の法人から受け取る受取配当等の額および本店所在地国以外から受け取る配当で保有割合等に係る当該国の基準で非課税とされるものは除く）、損金に算入した支払配当等、損金に算入した外国法人税の額、保険準備金につきわが国の法令に照らして損金に算入できない部分あるいは益金に算入すべき部分を、それぞれ加算し、逆に益金に算入した還付加算金を控除した金額とされる（措令39の14②一）。

また「租税の額」については、①外国関係会社の決算に基づく所得の金額につき、本店所在地国又はその他の国・地域において課される外国法人税の額（当該本店所在地国の法令により軽減された税を含む）に、②みなし外国税額控除により納付したとみなされるものを加算し、さらに③当該本店所在地国が累進税率を適用している場合は最も高い税率を適用して税額を計算することができること、④欠損の場合は、主たる事業に係る収入金額から所得が生じたとした場合にその所得に適用される本店所在地国の税率により判定すること、が規定されている（措令39の14②二）。

（3）「課税対象留保金額」

「課税対象留保金額」は、特定外国子会社等が「未処分所得の金額」から留保したものとして計算される「適用対象留保金額」のうち、株主である居住者および内国法人の持株に対応する部分に相当する金額である（措令39の16②）。

このうち、特定外国子会社等の「未処分所得の金額」は、特定外国子会社等の決算の金額に政令で定める基準・方法により調整を加えて算出する。なお各事業年度開始の日前７年以内に開始した事業年度の欠損金を控除する（措法66の６②二）。政令で定める基準・方法は、特定外国子会社の決算の額にわが国の法令を適用して計算した金額に各事業年度において納付する法人税等を加え、還付法人税等の額を控除するものである（措令39の15①）。これに対し、本店所在地国の法令に基づいて所得を計算し一定の調整を加える方法も認められている（措令39の15②）。

この「未処分所得の金額」から、当該事業年度に納付することとなる法人所得税の額および剰余金の配当等の額を控除したものが「課税対象留保金額」の計算の基礎とされる「適用対象留保金額」である（措令39の16①）。

なお、この「適用対象留保金額」について、特定外国子会社等が、以下の適用除外要件のうち、④の「所在地国基準又は非関連者基準」は満たしていないが、①の事業基準、②の実体基準および③の管理・支配基準を満たしている場合には、当該特定外国子会社等の事業に従事する者の人件費の10％相当額を控除した金額とされている（措法66の６③、措令39の16⑩）。

（４）「適用除外要件」

先に述べたとおり、適用除外は、タックス・ヘイブン対策税制が租税回避防止規定であって、企業の国際的活動の阻害を意図しないものであることを示す極めて重要な意義を有している。適用除外の基準としては、まず「事業基準」があり、ここで定められた事業に該当するかどうかで適用除外となるかどうかが判定される。この事業基準をクリアしたうえで、残る「実体基準」、「管理・支配基準」、「所在地国基準又は非関連者基準」のすべてを満たす場合に限って適用除外とされることになる。

①事業基準

タックス・ヘイブンに特定外国子会社等を設立して事業を営む十分な経済的合理性を見出し難く、むしろ租税回避が想定される事業が、事業基準として指定されている。ここであげられた事業を「主たる事業」とする特定外国子会社等はそれだけで適用除外の対象にならない。すなわち「主たる事業」が、ここであげた事業に該当しない場合に、はじめて以下の②～④のテストが行われることになる。

指定されている事業は、i）株式（出資を含む）又は債券の保有、ii）工業所有権その他の技術に関する権利、特別の技術による生産方式もしくはこれらに準ずるもの（これらの権利に関する使用権を含む）又は著作権（出版権および著作隣接権その他これに準ずるものを含む）の提供、iii）船舶もしくは航空機の貸付け（裸用船契約によるもの）である（措法66の6③括弧書き）。主たる事業かどうかの判定は事業年度ごとに行われる。

②実体基準

実体基準は、特定外国子会社等がその本店又は主たる事務所の所在地国・地域においてその主たる事業を行うに必要と認められる事務所、店舗、工場その他の固定施設を有するかどうかを判定基準とするものである（措法66の6③）。事務所等は賃貸でもよいが、少なくても事業を行う形が整っているかどうかで、事業の実体の有無を判断しようとする基準といえる。

③管理支配基準

管理支配基準は、特定外国子会社等がその事業の管理、支配および運営を自ら行っていることを求める基準である（措法66の6③）。独立企業として存在しているかどうかが問われているといえる。実務上、事業の管理、支配および運営を自ら行っているかどうかは、特定外国子会社等の株主総会および取締役会等の開催、役員としての職務執行、会計帳簿の作成および保管等が行われている場所等を勘案して判断するとされている。総合的に判断するもので、例えば株主総会が本店所在地国以外で開催されていること、事業計画の策定にあたり内国法人と協議しその意見を求めていること等の事実があったとしても、それだけで当該特定外国子会社等がその事業の管理、支配および運営を自ら行っていないことにはならないとされている（措基通66の6～16）。

④所在地国基準又は非関連者基準

所在地国基準は、特定外国子会社等がその事業を主として本店所在地国で行っていることを求める基準である（措法66の6④二）。その地で事業を行っているということは、その地に進出する正当な理由があり租税回避目的でないことを裏づけるものといえる。具体的に、不動産業にあっては主として本店所在地国にある不動産の売買、貸付け、その代理又は仲介および当該不動産の管理を行っている場合に、また、物品賃貸業にあっては主として本店所在地国において使用に供される物品の貸付けを行っている場合に、さらにその他の事業にあっては主として本店所在地国において当該事業を行っている場合に、それぞれ所在地国基準が満たされたものとされている（法令39の17⑤）。

この所在地国基準は、しかしすべての業種に適合する基準とはいえない。業種によっては、その性質上、必然的にその活動範囲が本店所在地国にとどまらず国際的なものにならざるを得ないものが存在する。このため、こうした業種として、卸売業、銀行業、信託業、証券業、保険業、水運業および航空運送業を指定し、これらについては所在地国基準に代えて非関連者基準を採用している。非関連者基準は取引を主として関連者以外の者との間で行っていることを求める基準である（措法66の６④一）。具体的には、卸売業にあっては販売取扱金額又は仕入取扱金額に占める非関連者の割合が50％を超えていること、銀行業にあっては受取利息又は支払利息に占める非関連者の割合が50％を超えていること、同様に信託業の場合は信託報酬、証券業の場合は受取手数料、保険業の場合は収入保険料、水運業又は航空運送業の場合は船舶の運航および貸付け又は航空機の運行および貸付けによる収入金額のそれぞれに占める非関連者の割合が50％を超えていること、が判定の基準とされる（措令39の17②）。

なお、業種によって適用除外の基準が異なることから、業種区分が問題となる。この点は、実務上、原則として日本標準産業分類を基準として判定することとしている（措基通66の６～17）。２以上の事業を営んでいるときはそれぞれの事業の収入金額又は所得金額の状況、使用人の数、固定資産の状況等を総合的に勘案して判定する（措基通66の6－8）。

Q73　**タックス・ヘイブン対策税制についての裁判例（東京高判平成３年５月27日）を読み、管理支配基準の適用のあり方について考察しなさい。**

NOTE　タックス・ヘイブン対策税制について次のような司法判断が示されている。

① タックス・ヘイブン対策税制は、正常な海外投資活動を阻害しないため、特定外国子会社等が所在地国において独立企業としての実体を備え、かつ、所在地で事業活動を行うことに十分な経済的合理性があると認められる等一定の要件(適用除外要件)に該当する場合には、適用されない(最判平成4年7月17日)。

② 香港に設立した金融業を目的とする子会社は、当初株式保有が多いため適用除外にあたらない(最判平成9年9月12日)。

③ 租税回避行為に対応するタックス・ヘイブン税制として、海外子会社の所得の一部又は全部を内国法人の利益とみなして課税することは、その内容が合理的なものである限り、日シンガポール租税条約に違反するものではない(東京地判平成19年3月29日)。

④ 内国法人の所得を計算するにあたりタックス・ヘイブンに所在する特定外国子会社等に生じた欠損の金額を損金の額に算入することはできない(最判平成19年9月28日)。

第 4 編

法人税の手続き

第1章 税額の計算

法人の各事業年度の所得に対する法人税の税額は、各事業年度の所得の金額(課税標準)に税率を乗じることによって計算される。その計算された法人税額から一定の税額控除が認められ、それを控除した残額が納付すべき法人税額となる。

なお、連結納税の場合の連結法人税の税額についても同様であり、各連結事業年度の連結所得の金額に税率を乗じて計算した金額から一定の税額控除を行い、その残額が連結親法人の納付すべき連結法人税の額となる。

第1節 法人税率

法人の各事業年度の所得に対する法人税の税率は、①普通法人又は人格のない社団等に対しては30%が適用されこれが基本的な税率である(法66①)。そのうえで、②普通法人のうち資本金額・出資金額が1億円以下のもの又は資本・出資を有しないもの(保険業法に規定する相互会社を除く)さらに人格のない社団等について、それぞれ各事業年度の所得金額のうち年800万円以下の金額に対しては22%とされる(法66②)。中小企業等の少額な所得に対する軽減税率の適用である。

これに対して、③公益法人等(「一般社団法人等および公益社団法人等」を除く)又は協同組合等に対しては、その公益性等への配慮から22%の税率(ただし、協同組合等のうち構成員が50万人以上である等の要件を満たす場合の10億円を超える所得部分については26%)が適用される(法66③)。④持分の定めのない特定の医療法人(社会医療法人を除く)に対する税率も、公益法人等と同様、22%である(措法67の2)。公益的活動に対して軽減税率を適用する考え方が採用されれているといえる。ただ、公益法人等改革の一環として平成20年度改正で新しく登場した「一般社団法人等(一般社団・財団法人、公益社団・財団法人)」に対して一般社団・財団法の施行日(平成20年12月1日予定)以後に終了する事業年度から適用される税率は、普通法人と同じ30％(800万円以下については22％)とされている。公益的な活動に対する税制面での優遇措置を税率以外の方法で行っていくという方向性が示されているように思われる。

以上の原則的な税率と異なり、普通法人の清算所得に対する法人税の税率は27.1％(協同組合等の清算所得に対しては20.5％)、退職年金等積立金に対する法人税の税率は１％である。また、こうした法人税とは別枠で、資本金の額等が１億円超の特定同族会社の留保金に対しては特別税率が適用される(留保金課税)。第１編第３章第５節２で説明した特定同族会社の留保金課税の適用がある場合の留保金に対する特別税率は、年3,000万円以下の金額については10％、3,000万円超１億円以下の金額については15％、１億円超の金額については20％である(法67)。留保金課税の場合の課税標準は、法人の留保金額から留保控除額を控除して算出する(法67③、⑤、⑥)。

また、法人が土地の譲渡等をした場合に特別税率を適用する制度がある。土地の譲渡等がある場合の特別税率とは、法人が土地の譲渡等をした場合に、通常の法人税とは別に、当該土地の譲渡等に係る譲渡利益金額の合計額に５％を乗じて計算した金額が加算されるものである(措法62の３)。この５％の特別税率は、当該譲渡が法人の短期所有(所有期間が５年以下)に係る土地の譲渡等である場合は10％とされる(措法63)。通常の法人税とは別に課税されるものであるので欠損法人にも適用される。この措置は法人の過度の土地投機を防ぐ趣旨によるものであり、望ましい土地供給の場合などについて多くの適用除外規定が設けられている。ただし、これらの規定は、その前提となる土地取引の過熱等の状況がないことから現在執行が停止中である。

なお、特別税率という言葉は用いていないが、法人が使途秘匿金の支出をした場合には、その支出額の40％の金額が法人税の額に加算される(措法62)。

法人が連結納税を選択した場合の税率も基本的に単体法人の場合と同様である。連結親法人が普通法人の場合は、①各連結事業年度の連結所得の金額に対して30％(法81の12①)、②連結親法人のうち資本金額・出資金額が１億円以下であるもの又は資本金・出資を有しないものの各事業年度の連結所得金額のうち年800万円以下の金額に対しては22％(法81の12②)と単体納税の場合と同じであるが、連結親法人が協同組合等である場合は、③各事業年度の連結所得金額に対して23%(一定の要件に該当する場合は26%)とされ、④持分の定めのない医療法人である連結親法人の場合も23%とされている(措法68の100①)。

なお、連結親法人が特定同族会社に該当する場合は、連結グループを一体として連結留保金課税の適用がある(法81の13)。さらに、連結親法人又は連結子法人が土地の譲渡等をした場合に、土地の譲渡等がある場合の特別税率(措法68の68)又は短期所有土地の譲渡等がある場合の特別税率(措法68の69)の適用があること(現在は執行停止中)、連結親法人又は連結子法人が使途秘匿金を支出した場合の課税の特例の適用があること(措法68の67)は、単体納税の場合と同様である。

第2節　税額控除

法人税の税額控除としては、まず、①利子・配当等について源泉徴収された所得税額の控除(法68)、②外国税額控除(法69)および③仮装経理に基づく過大申告の更正に伴う法人税額の控除(法70)があげられる。①は源泉徴収された所得税額を法人税の前払いと認めて二重課税を排除するための措置であり、控除し切れない金額は還付される(法78)。②は外国法人税額と法人税額の間での国際的な二重課税を排除するための措置であり、控除し切れない金額は繰り越して控除することができる(法69②、③)。これに対して③は法人(内国法人に限る)が仮装経理(粉飾)により過大申告を行い、これについて税務署長が減額更正をしたときの処理である。一種のペナルティとして減額更正による過誤納金を一度に処理せず、更正の日の属する事業年度開始の日以後5年以内に開始する事業年度の所得に対する法人税の額から順次控除することとされている。この場合、更正の日の属する事業年度開始の日前1年以内に開始した事業年度の法人税の額として確定している金額があるときはその額に達するまでの金額を還付する(法70、134の2)。

以上に加えて、租税特別措置法において政策減税としての各種の税額控除が認められている。この租税特別措置法による税額控除の対象としては、①試験研究を行った場合(措法42の4)、②エネルギー需給構造改革推進設備等を取得した場合(措法42の5)、③中小企業者等が機械等を取得した場合(措法42の6)、④事業基盤強化設備を取得した場合(措法42の7)、⑤沖縄の特定地域において工業用機械等を取得した場合(措法42の9)、⑥沖縄の特定中小企業者が経営革新設備等を取得した場合(措法42の10)、⑦情報基盤強化設備等を取得した場合(措法42の11)があげられる。これらについては、還付又は繰越控除の適用はない。

連結納税を選択した場合も、連結親法人の納付する連結法人税額に対して、①利子・配当等について源泉徴収された所得税税額の控除(法81の14①)、②外国税額控除(法81の15)および③仮装経理に基づく過大申告の更正に伴う法人税額の控除(法81の16)が適用される。グループとして税額控除を行うための規定の詳細については、第3編第1章第2節「連結納税制度」に記述している。また、租税特別措置法による政策的な税額控除についても単体納税の場合と同様に適用される。この場合、控除限度額の計算は、試験研究費の税額控除の場合の税額控除については連結グループ全体で計算されるが(措法68の9①、68の15の2)、その他の特別措置の場合は個々の法人ごとに計算される(措法68の10〜68の15)。

第2章
法人税の申告と納付

第1節　申告納税制度

法人税法は申告納税制度を採用している。法人は、税法の規定に従い、納税申告書を課税庁に提出しなければならない(法71、74、81の19、81の22、82の8、82の10)。法人の納税申告書の提出は、公法行為の一種であり、納付すべき税額を確定する効果を持つ。

納税申告書の提出先となる課税庁は、原則として、提出時における法人の納税地を所轄する税務署長である(通法21①)。このため法人には納税地が定められている(法16～20)。

また、納税申告書にはそれぞれ提出期限が法定されている。これを法定申告期限という。法定申告期限内に行われる申告を期限内申告(通法17)とよび、法定申告期限後に行われる申告を期限後申告(通法18)とよぶ。

1. 納税地

法人税を申告、納付すべき場所を納税地といい、法人は納税地の所轄税務署長に申告・納付しなければならない。内国法人の納税地は、本店又は主たる事務所の所在地であり(法16)、外国法人の納税地は、事務所等の所在地である(法17)。これらの納税地が法人の事業又は資産の状況からみて不適当であると認められる場合には、当該納税地の所轄国税局長は、納税地を指定することができる(法18)。

2. 確定申告・中間申告と法定申告期限

(1)確定申告と法定申告期限

法人税の法定申告期限は、法人の各事業年度又は連結事業年度終了の日の翌日から２月を経過する日である(法74､81の22､82の10)。法人は、各事業年度終了の日の翌日から２月以内に、確定した決算に基づき、課税標準である所得金額又は欠損金額および法人税額等の事項を記載した申告書を提出しなければならない(法74①)。これを確定申告という。

法定申告期限までに申告書を提出しなかった場合、税務署長の決定があるまでは、期限後申告書を提出することができる。期限後申告(結果的に納付も期限後となる)に対しては、延滞税、無申告加算税が課される(通法60､66)。

連結納税を選択した場合は、連結親法人は、各連結事業年度終了の日の翌日から２月以内に連結確定申告を行わなければならない(法81の22)。この場合、連結子法人も、各連結事業年度の確定申告書の提出期限までに、連結事業年度に係る法人税の負担額として支出すべき金額又は法人税の減少額として収入すべき金額等(個別帰属額等という)を記載した書類に、連結事業年度の貸借対照表および損益計算書等を添付して、これを所轄税務署長に提出しなければならない(法81の25)。

なお、単体納税の場合も連結納税の場合も共通して、申告期限を延長できる制度が法人税法および国税通則法に設けられている。このうち法人税法が定める申告期限の延長その１は、災害その他やむを得ない理由により決算が確定しないため期限内に確定申告書が提出できない場合である。要件に該当する場合、事業年度終了後45日以内に税務署長に申請して承認を受ければ、指定期日まで申告書の提出期限が延長される(法75､81の23)。延長期間については利子税が課される(法75⑦､通法64)。次に法人税法が定める期限延長のその２は、会計監査人の監査を受ける等の必要から決算が確定せず、法定申告期限内に確定申告書を提出できない場合である。この場合は毎年同じ事情が生じることになるため、事業年度終了の日までに税務署長の承認を受ければ、以後の各事業年度の申告期限が原則として１ヶ月間延長される(法75の２､81の24)。この場合も延長期間について利子税が課される(法75の２⑥､措法66の３､通法64)。

これに対して国税通則法は、災害その他やむを得ない理由により期限までに申告できない場合の申告期限の延長を規定しており、税務署長等に申請すればその災害等の理由がやんだ日から２月以内に限り、申告期限の延長が認められる(通法11)。また、当該災害等が都道府県の全部又は一部にわたり、国税庁長官が地域および期日を指定したときは法人の申請は不要となり、延長期間の利子税も免除される(通法63②、64③、通令3①)。

(2)中間申告

上記の確定申告とは別に、事業年度が6ヶ月を超える法人は、事業年度開始の日以後6ヶ月を経過した日から2月以内に中間申告をしなければならない。中間申告には、前事業年度の法人税額を前事業年度の月数で除しこれに6を乗じた金額に相当する法人税額(10万円以下は申告不要)を申告するもの(予定申告)(法71)と、当該事業年度開始の日以後6ヶ月間を1事業年度とみなして仮決算を行い、これを基に申告を行う(10万円以下でも申告必要)もの(中間申告)(法72)とがある。

連結納税を選択した場合も、連結親法人は、各連結事業年度の所得に対する法人税につき、連結事業年度開始の日以後6ヶ月を経過した日から2月以内に、前連結事業年度の連結確定申告に係る法人税額を基礎として中間申告をしなければならない(法81の19)。

3. 青色申告

(1)青色申告の特典

わが国は、広く自主申告納税制度を普及、定着させる趣旨から、青色申告制度を導入し、自主申告納付の基盤となる記帳義務の履行を促すこととしている。青色申告とは、税務署長の承認を受けて青色の申告書を用いて行う申告をいう(法121)。青色申告には次のような特典が与えられる。なお、連結納税の場合は、青色申告の制度はないが、連結納税の承認にあたって帳簿書類の記帳、保存状況が確認されていることから、以下にみるとおり青色申告の場合と同様の取扱いがなされる。

①推計による更正の禁止

青色申告は記帳をしていることが前提であるので、納税者の記帳を無視して推計課税を行うことはできない。すなわち、税務署長は、法人の提出した青色申告書(又は連結確定申告書等)に係る法人税の課税標準又は欠損金額(もしくは連結欠損金額)の更正をする場合、法人の帳簿書類を調査し、その調査により当該青色申告書(又は連結確定申告書等)に係る法人税の課税標準又は欠損金額(もしくは連結欠損金額)の計算に誤りがあると認められる場合でなければ更正をすることができない(法130①)。

②更正の理由附記

税務署長は、法人の提出した青色申告書(又は連結確定申告書等)に係る法人税の課税標準又は欠損金額(もしくは連結欠損金額)の更正をする場合、更正通知書にその更正の理由を付記しなければならない(法130②)。記帳をしている青色申告者に対する更正手続きを慎重に行うことを求めているものといえる。

③青色申告のみに適用される実体法上の規定

青色申告の場合は記帳に基づく申告が行われていること等を勘案し、欠損金の繰越控除(法57)、欠損金の繰戻しによる還付(法80、措法66の13)、措置法における特別減価償却(措法42の5～7、42の10、42の11、43～48、52)、準備金繰入れ(措法55、55の5～7、56～57の8、58、61の2)、特別控除(措法59、60)、法人税額の特別控除(措法42の4～7、42の9～11)などが、青色申告に限って適用される。

(2)青色申告の承認・取消しと取りやめ

法人又は特定信託の受託者である法人は、青色申告を行うために、所轄税務署長の承認を受けなければならない(法121)。承認手続きは、承認を受けようとする事業年度の開始の日の前日までに、一定の事項を記載した申請書を税務署長に提出して行う(法122①)。新設法人等の承認手続きについては特例がある(法122②)。税務署長は、青色申告の承認の申請があった場合、却下理由に該当しない限り、承認しなければならない(法123)。却下理由としては、①帳簿書類の備付け、記録又は保存が財務省令で定めるところに従って行われていないこと、②帳簿書類に取引の全部又は一部を隠蔽し又は仮装して記載していることその他不実の記載があると認められる相当の理由があること、③青色申告の承認の取消し又は青色申告の取りやめがあってから1年以内に申請書を提出したこと、があげられている。

なお、青色申告の承認の申請書が提出された場合、一定の時期までに申請につき承認又は却下の処分がなかったときは、その日に承認があったものとみなされる(法125)。青色申告の承認を受けた法人は、財務省令で定めるところにより、帳簿書類を備え付けてこれに取引を記録し、かつ、その帳簿書類を保存しなければならない(法126)。

こうしていったん青色申告の承認を受けた法人について一定の取消事由が生じた場合、税務署長は、当該取消事由が生じた事業年度に遡ってその承認を取り消すことができる(法127①)。取消事由としては、①帳簿書類の備付け、記録又は保存が財務省令の定めるところに従って行われていないこと、②帳簿書類について税務署長の指示に従わなかったこと、③帳簿書類に取引の全部又は一部を隠蔽し又は仮装して記載し又は記録し、その他その記載又は記録をした事項の全体についてその真実性を疑うに足りる相当の理由があること、④確定申告書又は清算中の所得に係る予納申告書を提出期限までに提出しなかったこと、⑤連結納税の承認が取り消されたこと、があげられている。

税務署長は、青色申告の承認を取り消した場合、これを書面によって法人に通知しなければならず、この書面には、取消処分の基因となった事実を付記しなければならない(法127③)。

一方、納税者である法人の側でも青色申告を取りやめることができる。青色申告の承認を受けた法人が青色申告を取りやめようとするときは、法定申告期限までに税務署長に財務省令で定める事項を記載した届出書を提出しなければならない(法128)。

4. 修正申告

法人は、申告後、①申告に係る税額が過少であること、②申告に係る純損失等の金額が過大であること、③申告に係る還付金の額に相当する税額が過大であること等を発見したとき、更正が行われるまで、申告に係る課税標準等又は税額等を修正する申告をすることができる。このように申告等の内容を自己の不利益に変更する申告を修正申告という(通法19①)。

また、法人は、更正・決定を受けた後であっても、①更正・決定に係る税額が過少であること、②更正・決定に係る純損失等の金額が過大であること等を発見したときは、更正・決定に係る課税標準等又は税額等を修正する修正申告をすることができる(通法19②)。

修正申告により納付すべき税額に対しては、延滞税、過少申告加算税が課される（通法60、65）。

NOTE 修正申告は、申告内容を自己の不利益に変更する申告である。申告内容を自己の利益に変更するためには更正の請求を行う必要がある（通法23）。

5. 更正の請求

更正の請求とは、申告等により確定した課税標準等又は税額等を自己の利益に変更することを税務署長に請求することをいう。更正の請求は、通則法に規定があり、①通常の更正の請求と、②後発的理由による更正の請求の２種類がある。通常の更正の請求は、課税標準等又は税額等の計算に誤りがあったことにより申告税額が過大である場合に、一定期間（原則として１年以内）に限って、税務署長に対して、課税標準等又は税額等について更正すべき旨の請求をすることをいう（通法23①一、二、三）。申告過大である場合、原則として更正の請求による以外に他の救済方法は認められない。

また、この通則法による更正の請求とは別に、法人税法80条の２において、法人が修正申告書を提出し又は更正・決定を受けたことに伴い、その該当する事業年度後の事業年度の税額が過大となる等の場合には、修正申告書を提出した日又は更正・決定の通知を受けた日の翌日から２月以内に限り、更正の請求を行うことができる規定がある。

更正の請求は、更正の請求の理由その他の事項を記載した更正請求書を税務署長に提出して行う（通法23③）。更正の請求があったときは、税務署長は、請求に係る課税標準等又は税額等を調査し、請求に理由があると認めるときは、必要な更正を行い、請求に理由がないと認めるときは、その旨を納税者に通知する（通法23④）。

後発的理由による更正の請求は、①申告等の課税標準等又は税額等の計算の基礎となった事実に関する判決（判決と同一の効力を有する和解その他の行為を含む）によりその事実が計算の基礎となった事実と異なることが確定したとき、②申告等の課税標準等又は税額等の計算において申告し又は決定を受けた者に帰属するとされた所得その他の課税物件が他の者に帰属するとする当該他の者に係る更正･決定があったとき、③その他法定申告期限後に生じたやむを得ない理由があるとき、は、それぞれの理由が生じた日の翌日から起算して２月以内に、申告等で確定した課税標準等又は税額等について更正の請求を行うものである(通法23②)。この③のやむを得ない理由としては、ⅰ)課税標準等又は税額等の計算の基礎となった事実に含まれていた行為の効力に係る官公署の許可その他の処分が取り消されたこと、ⅱ)課税標準等又は税額等の計算の基礎になった事実に係る契約が解除され又は取り消されたこと、ⅲ)帳簿書類の押収その他やむを得ない事情により帳簿書類その他の記録に基づいて課税標準等又は税額等を計算することができなかった場合にその事情が消滅したこと、ⅳ)租税条約に規定する権限ある当局の相互協議により課税標準等又は税額等に関し申告等の内容と異なる内容の合意が行われたこと、ⅴ)申告等の課税標準等又は税額等の計算の基礎となった事実に係る国税庁長官の法令解釈が審査請求又は訴えの裁決又は判決により変更され、変更後の解釈が国税庁長官により公表されたことによってその課税標準等又は税額等が異なることとなる取扱いを受けることになったことを知ったこと、が政令に定められている(通令6①)。

第2節　納付および還付

法人は確定申告等により確定した法人税等を法定納期限までに納付しなければならない。納税義務は納付によって消滅する。

1. 納付方法

法人税の原則的な納付方法は、金銭納付である。法人は、税額に相当する金額を納付書に添えて日本銀行、銀行等、郵便局又は税務署に提供すること(通法34①)又は預貯金口座からの振替納付(通法34の２)、小切手、国債証券の利札等の納税適格証券による納付(通法34①ただし書き)、電子納付(通法34①ただし書き)により納付することができる。

2. 納期限

法人税を納付すべき期限を納期限という。法人税の法定納期限は、法定申告期限と同じであり、確定申告については事業年度又は連結事業年度の終了の日から２月を経過する日(法77)、中間申告については事業年度の計算期間開始の日以後６ヶ月を経過した日から２月を経過する日(法76)とされている。連結申告の場合も同様である(法81の27、81の26)。退職年金等積立金に対する法人税、清算所得に対する法人税についても法定納期限は申告書の法定申告期限と同一とされている(法90、91、105～107)。

また、期限後申告又は修正申告をした法人はその申告書提出の日が納付の期限とされ、更正・決定があった場合はその更正決定通知書等の発せられた日の翌日から１月を経過した日が納付の期限とされている(通法35②、③)。こうした場合の納付の期限は、法定納期限と区別する趣旨から(法定納期限以外の)具体的な納期限とよばれることがある。

法定納期限は、その翌日が延滞税の計算期間の起算日となり、また徴収権の消滅時効の起算日となる点で重要である。一方、法定納期限を含む具体的な納期限は、その納付の期限までに納付がない場合は、履行遅滞となり、督促に次いで滞納処分が行われることになる。

3. 還付

法人が源泉徴収された所得税額等は確定申告において税額控除されるが、控除不足額がある場合は還付される(法78①)。同様に、法人が中間申告において納付した法人税額は確定申告において清算の意味で控除されるが、控除不足額がある場合は還付される(法79①)。

また、期限内に青色申告を行った事業年度に生じた欠損金額は、その欠損事業年度前１年以内に開始した事業年度(前１年以内に開始した事業年度が複数ある場合は、還付の対象となる事業年度以後連続して青色申告を行っている場合に限る)の所得に対する法人税のうち一定の算式(還付を求める事業年度の法人実効税率に欠損事業年度の欠損金額を乗じて計算)により算出された法人税額の還付を請求することができる。欠損金の繰戻しによる還付制度とよばれる(法80)。この欠損金の繰戻しによる還付の制度は、解散、事業の全部の譲渡、会社更生法等による更正手続きの開始、民事再生法による再生手続きの開始等の場合を除き、平成４年以後臨時措置として適用が停止されている(措法66の13)。ただし、中小企業者(措法42の４⑥)に該当する法人の設立の日を含む事業年度の翌事業年度から当該事業年度開始の日以後５年を経過する日を含む事業年度までの各事業年度については、例外の例外として欠損金の繰戻しによる還付が認められている(措法66の13①括弧書き)。

4. 延滞税、利子税、還付加算金

期限内申告により確定した法人税額を法定納期限までに納付しないときは、その法定納期限の翌日から完納の日までの期間(滞納期間)の日数に応じ、未納税額に年7.3%(納期限の翌日から２月経過後の期間については年14.6%)を乗じて計算した延滞税が課される(通法60①、②)。期限後申告を提出した場合、修正申告を行った場合および更正・決定があった場合は、いずれもそれぞれの具体的な納期限までに納付したとしても、法定納期限以後の期間を滞納期間として、上記と同様の延滞税が課される。この延滞税の性格は私法上の債務関係における遅延利息に相当し、その民事罰的性格から支払額は損金不算入とされている(法38①)。

なお、延滞税の7.3%の割合については特例基準割合の適用があり(措法94①)、また14.6%の割合についても軽減する特例が設けられている(通法63④、措法94②)。

次に、利子税は、確定申告書提出期限を延長した場合、その延長期間に対して年7.3%の割合で課されるものである(法75⑦、75の２⑥、通法64)。その性格は私法上の債務関係における約定利子に相当すると考えられ、その性格から支払額は損金算入が認められている(法38①三)。

この利子税の7.3%の割合については、市中の利子率との相違が大きいことを勘案して、平成11年度以後、各年ごとの特例基準割割合が定められている(措法等改正附則41①)。また、法人税法75条の２による申告期限の延長の場合(会計監査等を理由とするもの)には、日本銀行の基準割引率が年5.5%を超えて定められている期間内に法定納期限が到来する場合の特例が定められている(措法66の３)。

一方、還付金については、一般的に還付加算金が付されることはないが、更正・決定等による過納金については、納付の日の翌日から還付のための支払決定又は充当の日までの期間の日数に応じ、その金額に年7.3%の割合を乗じた額を還付加算金とすることとされている。これに対して、更正の請求に基づく更正等による過納金については、その更正の請求があった日の翌日から３月を経過する日とその減額更正等のあった日の翌日から１月を経過する日とのいずれか早い日の翌日から還付加算金が附される(通法58、120)。この7.3%の割合には特例基準割合が適用される(措法95)。還付加算金は、益金に算入される。

第3章

更正・決定

第1節　更正・決定の意義と納税者の権利救済

法人税の課税標準等又は税額等は、法人の申告により確定するが、税務署長は、原則として税務調査により、申告書に記載された課税標準等(欠損金の額も含む)又は税額等の計算が税法の規定に従っていない場合や税務調査で把握された事実に基づく計算と異なる場合には、課税標準等又は税額等を正当な額に更正することができる(通法24)。なお、青色申告書等に対する更正は帳簿書類を調整し誤りがあると認められる場合でないと行うことはできない(法130)。更正には、税額等が増加する更正(増額更正)と減少する更正(減額更正)があり、また、税務署長が職権で行う更正と法人からの更正の請求に基づいて行う更正がある。

一方、法人が申告義務を怠る場合、すなわち無申告の場合は、税務署長は税務調査により課税標準等又は税額等を決定することができる(通法25)。

こうした税務署長の行う更正と決定をあわせて更正・決定とよぶことが多い。税務署長は、更正・決定後の課税標準等又は税額等が過大又は過少であると認めるときは、増額又は減額するための更正をすることができる。これは再更正とよばれる(通法26)。

以上の更正・決定・再更正は課税庁の行う処分に該当するが、納税者の側で課税庁の処分に不服がある場合は国税通則法等の規定に基づき、不服申立て(異議申立ておよび審査請求)を行って行政上の救済を求めることができる(通法75)。また、不服申立てにおいても問題が解決しない(なお不服がある)場合は、裁判所に対し訴訟を提起し「訴え」をもって救済を求めることができる。

第2節　更正・決定の手続きと加算税

1. 更正・決定の期間制限と手続き

更正には期間制限があり、原則として、法定申告期限から５年を経過した日(同日前に期限後申告書の提出があった場合は、同日とその申告書提出日から２年を経過した日のいずれか遅い日)以後はすることができない(通法70①)。ただし、減額更正等については、法定申告期限から７年を経過する日まですることができる(通法70②)。また、偽りその他不正の行為により税を免れ又は還付を受けたものについての更正・決定の期間制限も、法定申告期限又は還付請求申告書の提出日から７年を経過する日とされ、通常の更正等の期間制限よりも期間が延長されている(通法70⑤)。

更正又は決定の手続きは、税務署長が更正通知書又は決定通知書を送達して行う(通法28①)。更正通知書には、①更正前の課税標準等および税額等、②更正後の課税標準等および税額等、③更正により増加し又は減少する税額又は還付金の額を記載しなければならない(通法28②)。決定通知書には、決定に係る課税標準等および税額等を記載しなければならない(通法28③)。更正又は決定が、国税庁又は国税局の調査に基づくものであるときは、その旨を更正通知書又は決定通知書に附記しなければならない(通法28②、③)。

連結親法人の提出した連結申告書に係る連結法人税の課税標準又は連結欠損金額の更正をする場合には、更正通知書に更正の理由を附記しなければならない(法130②)。同様に、青色申告に対する更正についても先述したとおり、更正通知書に更正の理由を附記しなければならない。この場合、更正の理由には、更正の原因となる事実、法の適用、結論が含まれ、附記の記述は例文的・抽象的なものでは足りず、帳簿書類との関連で更正処分の具体的根拠を明らかにするものでなければならないと解されている。また、理由の附記を欠いた処分は、無効であり、理由附記が不十分である処分は、瑕疵のある処分であると解されている(最判昭和38年５月31日、最判昭和38年12月27日、最判昭和54年４月19日参照)。

NOTE なぜ更正通知書の理由附記を求めるかについては、税務署長の判断が恣意的でなく合理的であることを明示し、処分理由を納税者に知らせて不服申立ての争点を明確にする機会を与えることと解されている。

ところで、更正・再更正は、申告又は更正・決定によって確定した税額や課税標準の内容を変更することになる。そこで租税法律関係の安定を図るため、①既に確定した税額を増加させる更正・再更正は、既に確定している税額に係る納税義務には影響を及ぼさない、②既に確定した税額を減少させる更正・再更正は、更正・再更正により減少した税額に係る部分以外に係る納税義務には影響を及ぼさない、③更正・決定を取り消す処分又は判決は、その処分又は判決により減少した税額に係る部分以外の部分の国税についての納税義務に影響を及ぼさないことが明確にされている（通法29）。

2. 加算税

修正申告又は更正により納付すべき税額が増額した場合は、増加した税額に対して10%の過少申告加算税が課される（通法65）。増加する税額が当初申告額の２倍と50万円のいずれか多い金額を超える場合は超過分に対する過少申告加算税の割合は15%となる。過少申告加算税は、申告納税制度の定着と発展を図るため、申告、納付が適正に行われない場合に特別の経済的負担を課して義務の履行を促すための附帯税とされる。こうした趣旨に鑑み、法人が調査による更正を予知したものでなく自主的に修正申告を提出した場合は、過少申告加算税を課さないこととされている（通法65⑤）。

同種の附帯税としての加算税には、他に無申告加算税と重加算税がある。無申告加算税は、法定申告期限までに申告がなされなかった場合、すなわち、期限後申告があった場合、決定が行われた場合等に課されるもので、納付すべき税額の15%が課される（通法66①）。無申告加算税についても納付すべき税額が50万円を超えるときは、超過分に対して20%が適用される（通法66②）。ただし、期限後申告又は修正申告が調査を予知して行われたものでない場合は、５%に軽減され、期限内申告書の提出がなかったことについて正当な理由がある場合は、免除される（通法66⑤、①ただし書き）。期限後申告書が法定申告期限から２週間以内に提出され、かつ、税額の全額が法定納期限までに納付されている場合等も、無申告加算税は課されない（通法66⑥）。

重加算税は、過少申告加算税又は無申告加算税に代えて課されるものである。過少申告加算税を課す場合において、課税標準等又は税額等の計算の基礎となるべき事実の全部又は一部を隠ぺいし、又は仮装していたときは、過少申告加算税に代え、その計算の基礎となる税額に対し35％の重加算税が課される（通法68①）。また、無申告加算税を課す場合において、課税標準等又は税額等の計算の基礎となるべき事実の全部又は一部を隠ぺいし、又は仮装していたときは、無申告加算税に代え、その計算の基礎となる税額に対して40％の重加算税が課される（通法68②）。

加算税の支払額は損金の額に算入されない（法55③一）。

第３節　税務調査の手続き

1. 質問検査権

上述したとおり、税務署長が更正・決定等を行うためにはその前提として税務調査が必要とされる。このため、国税庁、所轄税務署又は所轄国税局の当該職員には質問検査権が与えられている（法153～156）。質問検査権とは、課税要件事実について法人又はその関係者に対し質問し、帳簿書類その他の物件を検査する権限である。質問検査権による調査の性格は任意調査と解されているが、質問に対する不答弁・虚偽答弁および検査の拒否・妨害・忌避並びに虚偽の帳簿書類の提示に対しては、１年以下の懲役又は20万円以下の罰金という刑罰が科される（法162二、三）。こうした法人税法に規定する質問検査権は、賦課徴収に必要な資料の収集を目的とする行政調査であって、国税反則取締法の臨検、捜索、差押えと異なり、犯罪捜査のために認められたものではないことが法人税法にも明記されている（法156）（裁判例として、最決平成16年１月20日）。こうした考え方は、質問検査権の行使が、憲法35条（住居の不可侵）および38条（自己に不利益な供述）の適用対象外であるとする根拠とされる（裁判例として、最（大）判昭和47年11月22日、最判昭和58年７月14日、最判昭和63年12月20日）。

2. 税務調査の実施

質問・検査権の行使は、法人税に関する調査について必要があるときに行うことができる(法153①、②、154①、②)。「必要があるとき」とは、必要性の認定を当該職員の自由裁量に委ねることを意味するものでなく、客観的に必要性が認められるときを意味すると解されており、客観的に必要性が認められない質問・検査は違法とされる。しかし、調査の必要性は個々の調査の局面でそれぞれの事案ごとに判断されるものであり、一般的、客観的に要件を規定することは困難と考えられる。このため、この「必要があるとき」は不明確な概念で憲法の租税法律主義に違反するとして合憲性が争われることがあるが、この規定が解釈によって意味内容を客観的に明らかにすることができることから課税要件明確主義に反しないとする解釈が判例として確立している(最(大)判昭和47年11月22日、最決昭和48年7月10日、最判昭和58年7月14日参照)。

国税庁、国税局又は税務署の当該職員は、質問・検査をする場合には、身分証明書を携帯し、関係人の請求があったときはこれを提示しなければならない(法157)。

また、質問・検査の対象は、法人税の場合、原則として、①法人、連結親法人(連結子法人を含む)、②法人、連結親法人(連結子法人を含む)に対し金銭の支払いもしくは物品の譲渡をする義務があると認められる者又は金銭の支払いもしくは物品の譲渡を受ける権利があると認められる者である。①は本人調査、②は反面調査とよばれる(法153、154)。

NOTE 客観的に必要性があると認められる場合は、本人調査を経ないで反面調査を行うことが認められる(最決昭和48年7月10日、最判昭和58年7月14日)。

ところで、課税庁が公表している税務運営方針(昭和51年4月1日)においては、一般の税務調査の際には調査目的を達成することができなくなるような場合を除き、事前通知の励行に努めること、必要に応じて概括的な調査理由の開示を行うこと、プライバシーの侵害となるような行き過ぎた調査が行われないよう十分配意すること等、納税者の権利に配慮して税務調査を行うことが明記されている。当然のことといえるが、実際の調査にあたっては、ここであげられている①事前通知および②調査理由の開示が問題になることがある。質問・検査の実施日時、調査場所、調査理由等を事前に法人に通知しなかった場合に、質問・検査の要件を欠いた違法な調査になるかどうかという問題である。この点についての判例は、事前通知あるいは調査理由の開示がないことが質問検査権行使の要件とはならないことで確定している。

NOTE 質問検査の日時、場所、理由等を事前に通知・開示しなければならないか否かについて判例は消極的である(最決昭和48年7月10日、最判昭和58年7月14日)。

3. 法定調書

課税庁は適正な執行を行ううえで必要な資料情報を収集する必要があるが、その一環として租税法には支払調書、源泉徴収票の提出等の法定調書をはじめ、多くの報告書、明細書、届出等の制度が設けられている。法人税法にも、帳簿書類の備付義務(法150の2)、内国普通法人等の設立の届出(法148)、法人課税信託の受託者の変更の届出(法149の2)、公益法人等の収益事業開始の届出(法150)などのほか、租税特別措置法で、民間国外債の利子の非課税措置を適用する場合の厳格な本人確認の義務付け(措法5の2)等の措置が講じられている。また、国際取引に関しては「国外送金等に係る調書の提出等に関する法律」(平成9年法律110号)により、金融機関に告知が義務付けられ、一定額(200万円)以上の国外送金については調書を税務署長に提出することとされている。

この資料情報の提出・保存と関連して、帳簿の保存や支払調書の提出については、電子計算機を使用して作成された帳簿書類の電子データによる保存(平成10年電子帳簿保存法)、支払調書等の光ディスクによる提出(所法228の3ほか)が認められている。

4. 推計課税

税務署長は、青色申告の場合を除き、推計課税を行うことができる権限を附与されている(法131)。推計課税は、税務署長が法人税について更正･決定をする場合、直接資料に依らず、各種の間接的資料により所得を認定する方法をいう。推計課税は、質問検査権の行使によっても、なお十分な直接資料が入手できない場合の例外的措置であり、推計の必要性が認められる場合に限り許されると解されている。裁判例では、推計課税の必要性が認められる場合として、①帳簿書類等が備え付けられず、収入･支出の状況が直接資料によって明らかにされない場合(大阪地判昭和52年7月26日)、②帳簿書類等は備え付けられているが、その内容が不正確で信頼性がない場合(東京高判昭和57年5月27日)、③納税義務者又はその取引関係者が調査に協力しないために直接資料が入手することができない場合(東京高判昭和53年10月17日、最判平成8年10月2日、最判平成11年9月28日)があげられている。

法人税法は、青色申告書に係る法人税の更正･決定を除き、法人又は連結親法人･連結子法人の①財産もしくは債務の増減の状況、②収入もしくは支出の状況、③生産量、販売量その他の取扱量、④従業員数その他の事業の規模により、課税標準又は欠損金額もしくは連結欠損金額を推計して、更正･決定をすることができると規定している(法131)。

なお、推計課税は、合理的に行われなければならない。合理性を欠く推計課税は違法とされる。

事項索引

き

く

け

こ

さ

し

判例索引

昭和30～39年

最判昭30・7・26民集9-9-1151・税資20-441……100
最判昭35・10・7民集14-12-2420・月報6-11-2200・判時238-2・裁判集民45-141……56
最判昭37・6・29判時359-1・税資39-1・裁判集刑143-247……34
最判昭38・3・3月報9-5-668・税資37-171……260
最判昭38・5・31民集17-4-617・月報9-7-891・判タ145-151・税資37-653……346
最判昭38・12・24月報10-2-381・税資37-1202・裁判集民70-513……208
最判昭38・12・27民集17-12-1871・月報10-1-203・税資37-1267……346
大阪高判昭39・9・24行裁例集15-9-1716・月報10-11-1597・判時392-39・税資38-606……254
最判昭39・10・15民集18-8-1671・判時393-28・判タ169-117……226

昭和40～49年

最判昭41・6・24民集20-5-1146・月報12-7-1100・判時457-31・税資44-801……194
最(大)判昭42・11・8刑集21-9-1197・判時499-22・判タ215-132……250
最(大)判昭43・11・13民集22-12-2449・月報14-12-1447・税資53-860……56
神戸地判昭45・7・7月報16-12-1513・税資60-13……254
東京地判昭46・3・30行裁例集22-3-399・月報17-7-1166・税資62-427……254
最判昭46・11・16刑集25-8-938・判時649-15・判タ269-107・税資62-1……50
東京高判昭47・4・25民集28-6-1200・行裁例集23-4-238・月報19-3-62・税資65-800……254
東京地判昭47・8・2税資68-1003……35
最(大)判昭47・11・22刑集26-9-554・判時684-17・判タ285-141・税資84-226……348, 349
最決昭48・7・10刑集27-7-1205・月報19-9-125・税資84-296……349, 350
名古屋高判昭48・12・6月報20-5-179・税資71-1125……206

昭和50～59年

東京高判昭50・3・20月報21-6-1315・税資80-501……254
東京高判昭50・5・28高裁民集28-3-205・月報21-8-1722・判タ335-244・税資81-703……102
東京高判昭51・11・17月報22-12-2892・税資90-549……206
大阪地判昭52・7・26行裁例集28-6＝7-727・月報23-9-1635・税資95-179……351
最判昭53・2・24民集32-1-43・月報24-4-858・税資97-291……77
大阪高判昭53・3・30高裁民集31-1-63・月報24-6-1360・判時925-51・税資97-1160……49
大阪地判昭53・5・11行裁例集29-5-943……208
東京高判昭53・10・17行裁例集29-10-1838・月報24-12-2715・税資103-38……351
最判昭54・4・19民集33-3-379・月報25-8-2268・税資105-164……346
東京高判昭57・5・27月報28-12-2377・税資123-523……351
東京地判昭57・6・11行裁例集33-6-1283・税資123-601……294
最判昭58・7・14月報30-1-151……348, 349, 350
大阪高判昭59・6・29行裁例集35-6-822……254

昭和60～63年

最判昭63・12・20月報35-6-979・税資166-963……348

平成元～９年
東京地判平元・９・25月報36－２－111・税資173-859……119
福岡高判平２・７・18税資180-185……25, 226
審裁平２・12・18裁例40-104……89
東京高判平３・５・27税資183-811……326
最判平４・７・17税資192-98……327
最判平４・10・29月報39－８－1591・税資193-397……66
東京高判平５・６・28税資195-700……126
最判平５・11・25民集47－９－5278・月報40-10-2566……58
最判平６・９・16刑集48－６－537・税資203-2355……133
最判平７・12・19民集49-10-3121・月報43－３－995・税資214-870……49, 193
東京高判平８・10・２月報43－７－1699・税資221-27……351
最判平９・９・12税資228-565……327

平成10～19年
大阪地判平10・10・16民集60－１－266・月報45－６－115……262
福岡高判平11・２・17月報46-10-3878・税資240-702……194
東京高判平11・６・21高裁民集52-26・月報47－１－184・税資243-669……42, 254
東京高判平11・９・28税資244-895……351
大阪高判平12・１・18民集60－１－307・税資242-20……34, 262
東京地判平12・２・３税資246-393……194
最判平12・６・27税資247-1382……194
東京地判平12・11・30月報48-11-2785……205, 261
福井地判平13・１・17税資252-順号9121……205, 261
審裁平13・２・26裁例61-102……19
東京地判平13・11・９月報49－８－2411……254, 263
大阪地判平13・12・14民集59-10-2993・税資251順号9035……264
名古屋高判平14・５・15税資252順号9121……194
神戸地判平14・９・12月報50－３－1096……58
大阪高判平15・５・14税資253順号9341……264
最決平15・６・13判例集未登載……42
東京高判平15・９・９税資253順号9426……126
最決平16・１・20刑集58－１－26……348
東京高判平16・１・28月報50－８－2512……263
東京高判平16・３・30月報51－７－1911……23
最判平16・７・13月報51－８－2116……25, 226
名古屋地判平16・10・28判タ1204-224……267
最判平16・10・29刑集58－７－697……52
最判平16・12・24民集58－９－2637・月報52－３－1020……140
東京地判平17・９・30判時1985-40……265
名古屋高判平17・10・27判タ1204-224……267
最判平17・12・19・民集59-10-2964・月報53－８－2447……257, 264, 283
最判平18・１・24民集60－１－252・月報52-12-3656……34, 42, 103, 262
最判平18・１・24裁判集民219-285・月報53-10-2946……42, 50, 194, 208, 263
最判平18・２・23裁判集民219-491・月報53－８－2461……42
東京地判平18・10・26判例集未登載……310

名古屋高判平19・3・8判例集未登載……………………………………………………………………268
東京地判平19・3・29判例集未登載……………………………………………………………………327
最判平19・4・10判例集未登載……………………………………………………………………………309
最判平19・9・28民集61-6-2486………………………………………………………………………327
東京地判平19・12・7判例集未登載…………………………………………………………309, 314

〔著者紹介〕
本庄　資（ほんじょう　たすく）
1936年生。京都大学法学部卒業。1964年国税庁入庁、尾鷲税務署長、ジェトロ・バンクーバー事務所長、東京国税局調査一部次長、大蔵省証券局検査課長、国税庁直税部審理室長・同調査査察部調査課長、金沢国税局長、国税不服審判所次長、国士舘大学政経学部教授・同大学院経済学研究科教授（経済学博士）。慶應義塾大学大学院商学研究科特別研究教授を経て、現在、名古屋経済大学大学院法学研究科教授。専攻：租税法・国際租税法。
主要著書：『アメリカの租税政策』（税務経理協会・2007）、『アメリカ法人税講義』（税務経理協会・2006）、『国際的脱税・租税回避防止策』（大蔵財務協会・2004）、『アメリカの租税条約』（大蔵省印刷局・1997）、『アメリカの州税』（財経詳報社・1986）

藤井保憲（ふじい　やすのり）
1942年生。京都大学経済学部卒業。1965年国税庁入庁、中村税務署長、ジェトロ・サンフランシスコ事務所駐在員、仙台国税局直税部長、名古屋国税局調査査察部長、関東信越国税局総務部長、国税庁国際業務室長・同広報課長・同調査査察部調査課長、税務大学校校長、衆議院専門員を経て、現在、日本大学経済学部教授。専攻：租税法。
主要論文：「法人課税制度の変容と原則」（信山社・2008）、「移転価格税制適用のあり方と第二次調整のための制度整備」国際税務10（2007）、「わが国における地方制度および地方税制の確立」日本大学経済集志75巻1号（2006）、「移転価格税制の国内取引への適用」税大ジャーナル3号（2005）、「課税主権の交錯」日本大学経済集志74巻3号（2004）、「相続税における土地の時価評価」税大論叢31（1998）

法人税法 実務と理論

平成20年9月30日　初版1刷発行

著　者　本　庄　　資
　　　　藤　井　保　憲

発行者　鯉　渕　友　南

発行所　株式会社　弘　文　堂　101-0062 東京都千代田区神田駿河台1の7
TEL 03(3294)4801　振替 00120-6-53909
http://www.koubundou.co.jp

装　丁　笠井亞子

印　刷　図書印刷

製　本　井上製本所

ISBN978-4-335-35425-0